FINANCIAL FEMINIST

파이낸셜 페미니스트

FINANCIAL FEMINIST

어떻게 돈을 지배하고 내가 사랑하는 삶을 살 것인가?

토리 던랩 지음 | 조율리 옮김

클레이하우스
CLAYHOUSE

당신은 인생의 주인공으로 살 수 있다

2017년 말, 나는 처음으로 직장을 그만두기로 결심했다. 대학교 졸업 후 들어간 직장으로 꽤 안정적인 회사였다. 당시 나는 SNS 마케터로 일하고 있었는데, 직무를 바꾸고 싶어서 오랫동안 고민하던 차였다.

그러다 괜찮아 보이는 한 회사에 면접을 보게 됐다. 사실 그 과정에서 이미 그곳의 안 좋은 점들이 보이기 시작했지만, 어쨌든 일해보기로 했다. 아주 큰 실수였다.

첫 출근 후 일주일밖에 지나지 않았을 때, 상사가 나를 사무실로 불렀다. 아직 화장실 비밀번호를 외울 정신도 없었고, 회사가 어떻게 돌아가는지 오직 스스로 알아내야 했다. 그런데 상사는 내 얼굴 앞에 대고 앞으로 일을 잘할지 걱정된다는 둥,

고용한 게 후회된다는 둥 막말을 쏟아냈다.

그로부터 10주 동안 눈에서 눈물이 마를 새가 없었다. 이러다 잘릴지도 모른다는 생각에 어쩔 줄 몰랐다. 심지어 크리스마스에도 가족과 저녁 식사를 할 수 없었다. 그 대신 온종일 두려움에 가득 찬 채 모니터만 쳐다보면서, 모두가 회사의 운명을 결정지을 거라 말하던 프로젝트를 마무리하는 데 전념해야 했다. 내겐 아무런 힘이 없었다. 그저 상사 얼굴을 보는 게 무서웠고, 나라는 존재가 작게만 느껴졌다.

이미 내 캐릭터를 잘 알고서 이 책을 집어 든 독자라면, "상사가 무서웠고 나라는 존재가 작게만 느껴졌다"라는 표현이 나와 전혀 안 어울린다고 생각할 것이다. 나는 금융 교육 서비스를 제공하는 회사인 〈허 퍼스트 $100K Her First $100K〉 창립자이자 CEO로서 수천 명 앞에서 강연을 해왔다. 내가 진행하는 팟캐스트는 순위 상위권에 올라 있고, 틱톡과 인스타그램 구독자는 300만 명이 넘는다. 《뉴욕타임스》 표지에 사진이 실리며, 〈투데이 쇼〉 같은 방송에도 정기적으로 출연한다. 누가 무섭거나 스스로가 작게 느껴지는 일은 없다.

하지만 당시에는 매일 출근할 때마다 두려움과 수치심을 느꼈다. 때론 온몸이 마비된 것 같았다. 불안감은 매일 최고치를 경신했다.

어느 날, 나는 은행 계좌를 확인했다. 다행히 지난 수년간, 수입 일부를 긴급 자금 명목으로 저축했었다. 또한 부업으로 시작했던 〈허 퍼스트 $100K〉를 천천히 키워가면서 나만의 창업 스토리를 준비하던 중이었다. 지금까지 이렇게 모은 돈은 타이어가 펑크 났을 때, 예상치 못한 의료비가 나갈 때 쓰곤 했다. 모아둔 돈과 다른 일거리가 있었기에 나에게 악영향을 끼치는 직장을 그만둘 수 있었다. 선택의 여지가 있었고, 싫은 곳에서 계속 일하지 않아도 됐다.

날씨가 꽤 쌀쌀했던 1월의 어느 날, 나는 나에게 독이 되는 회사에 "꺼져"라고 (생각하되 표현은 더 정중하게) 말하기로 결심했다. 실업자가 되기 직전이었지만 기분은 날아갈 것 같았다. 짐을 챙겨 나오면서 몇 달 만에 처음으로 허리를 꼿꼿하게 펼 수 있었고, 문밖으로 나가는 입가에는 미소가 드리워졌다. 이제야 내 인생의 주인공으로 살 수 있을 것 같았다. 다른 사람에게 휘둘리는 게 아니라, 내가 내 인생의 통제권을 쥐고서. 너무 기분이 좋았다. **나는 모든 여성이 이런 느낌을 느껴보았으면 한다.**

운이 좋게도, 부모님은 나에게 돈을 관리하는 방법을 가르쳐주셨다. 아빠는 정기적으로 케이블 회사에 전화해 요금을 낮춰달라고 협상을 했고, 엄마는 매달 두 번씩 가계부 잔액을 꼼꼼히 살폈다. 부모님은 똑똑하게 저축하는 법, 신용카드를 책임감 있게 쓰는 법, 그리고 돈을 원하는 삶을 꾸리기 위한 도구로 사용하는 법을 가르쳐주었다.

우리는 한 팀이었다. 부모님은 성실하게 돈을 저축했고, 나는 대학교에 다니는 동안 세 가지 아르바이트를 했다. 그 덕분에 졸업하기 전에 학자금을 다 갚을 수 있었다. 부모님은 넉넉하지 못한 환경에서 자랐기에, 나에게는 감정이나 재정 면에서 안정적인 삶을 안겨주기 위해 최선을 다하셨다.

어릴 땐 이런 환경에서 자라는 게 당연한 줄 알았다. 하지만 나이가 들고 대학교에 진학하면서, 경제 교육 또한 물려줄 재산이 있는 사람들만 누리는 사치란 것을 깨달았다. 그건 특권이었다. 시스젠더(생물학적 성과 성 정체성이 일치하는 사람—옮긴이)이자 이성애자, 비장애인 백인 여성으로 중산층 가정에서 자란 것 모두가. 그리고 그 특권에는 책임감이 따랐다.

나는 도널드 트럼프가 당선되기 5개월 전인 2016년에 대학을 졸업했다. 성인 여성으로 살아가면서 성차별이 여전히 곳곳에 남아 있는 사회에서 어떻게 살아가고 경력을 쌓을지 배워나갔다. 나는 내가 어떤 사람이 되고 싶은지, 어떤 가치를 옹호하며 살아갈지 결심했다. 내가 가진 특권의 꾸러미를 풀어서 다른 사람들을 돕고 싶었다. 스물두 살의 나는 내 존재보다 더 큰 무언가를 이루고 싶었고, 그 꿈에 추진력을 더하기 위해 〈허 퍼스트 $100K〉를 설립했다. 더 많은 사람이 현명한 돈 관리를 통해 경제적 자유를 얻고 재정적 불평등에 맞서게끔 하고 싶었다.

경제적 자립을 이룬 여성보다 나에게 더 큰 영감을 주는 존재는 없다. 정말 오지게 좋아하는 것이다. 그런데 왜 여성만을 대상으로 했느냐고? 내가 여성이기 때문이다. 또한 무엇보다 노동 시장에 진입한 후, 나는 사회 곳곳에 성차별이 여전히 만연하다는 사실을 발견했다. 여성들은 자기 능력을 의심했고 자신의 가치보다 적은 돈을 받았다. 특히 유색인종 여성들에게는 기회가 잘 주어지지 않다는 걸 자주 목격했다. 미국에서 빚지는 사람 대부분은 여성이란 것도 알게 됐다. 평균적으로 여성은 남성보다 7년을 더 살지만, 마련된 은퇴 자금은 오히려 더 적다는 사실도 발견했다.

재정적 기반이 있으면 선택권이 많아진다. 언제든 휴가를 편하게 떠나 재충전하고 별다른 고민이나 죄책감 없이 사치품을 지를 수 있다. 기부를 통해 사회에 영향력을 미치는 일도 할 수 있다. 사업을 하거나 자녀를 갖거나 일찍 은퇴하는 등 인생의 중대한 결정을 내릴 선택권도 있다. 하지만 무엇보다, **돈이 있으면 나에게 독이 되는 상황에서 언제든 자유롭게 벗어날 선택권이 생긴다.** 감정적으로 학대받는 관계를 끝내거나 불안을 유발하는 직장을 자유롭게 그만둘 수 있다.

우리는 여전히 가부장적인 세계에서 살고 있다. 사회 체제는 불평등을 키우고 방조한다. 이것을 어떻게 극복할 수 있을까? 시위하거나 정당에 가입할 수도 있을 거다. 하지만, 나는 무엇보다 **개개인이 재정적으로 독립하는 것이야말로 성차별적 체제에 맞서는 가장 강력한 행위라고 생각한다.** 돈에 관한 부정적인 신념을 극복해 돈을 모으고, 빚을 갚고, 투자하며, 성취감을 느끼는 일을 찾는 것이다. 일에 끌려다니지 말고 때로는 당당하게 휴식을, 할 수 없다는 부정적 생각 대신에 해낼 수 있다는 긍정적 생각을, 이기적인 태도보다는 공감을 나누는 태도를 갖는 것이다. 그렇다. 문제는 돈이다. 우리가 경제적 안정을 얻고 만족스러운 삶을 사는 것, 즉 강한 여성이 되는 것이야말로 체제에 반기를 드는 가장 실제적이고 강력한 행동이다.

여기서 중요하게 짚고 넘어가야 할 점이 있다. 사실 개인의 경제 상황은 대부분 스스로 통제할 수 없다는 것이다. 그건 대략 20퍼센트의 개인적 선택과 80퍼센트의 상황적 선택으로 구성되어 있다. 그런데도 지금까지 전문가들은 개인이 파산하거나 빚을 졌거나 재정적 어려움을 겪는 걸 전적으로 본인 탓으로 돌리며 비난만 해왔다.

사회의 억압을 말하지 않은 채 개인의 재정 상황을 말하는 건 불가능하다. 특히 여성들은 외부 요인 때문에 재정적 어려움에 시달리는 경우가 많다. 인종차별뿐만 아니라 장애인 차별, 동성애 혐오, 불황, 자연재해, 의료 서비스, 유급 및 출산 휴가, 자녀 양육과 가사 분담 문제 등 억압은 수없이 많다.

『파이낸셜 페미니스트』는 한 여성이 성공하는 데 있어 걸림돌이 되는 그 모든 구조적 문제를 심도 있게 다루는 책이 아니다. 이 책은 불평등을 완벽히 해결하지 못하며, 자본주의의 문제점에 대한 근본적 해결책을 제시할 생각도 없다. 물론 그렇다고 자본주의를 맹목적으로 지지하는 것도 아니다. '내가 했으니까, 너도 할 수 있어!' 같은 '감동 포르노'도 아니고, 무턱대고 열심히 하면 성공한다는 식의 '허슬 문화'에는 오히려 강하게 반대한다. 이 책은 그저 **생존을 위한 안내서**다. 우리는 모두 지금의 억압적인 체제를 변화시키기 위해 노력하면서도, 다른 한편으로는 개인의 능력을 최대한 발휘해 그 체제를 헤쳐나가야 한다. **계속해서 월세를 내고, 장을 보며, 나 자신을 돌봐야 한다는 뜻이다.**

여기서 말하는 '파이낸셜 페미니스트'란 그저 개인의 경제적 자유만을 좇는 사람이 아니다. 자기 능력으로 주변 사람들을 돕고, 사회 전체의 경제적 평등도 추구하는 사람이다. 일단 나 자신을 살펴 안정적이고 만족스러운 삶을 살게 되면, 개인적으로 충만감을 느낄 뿐만 아니라 다른 사람도 충만한 삶을 살도록 도울 수 있다.

그럼, 파이낸셜 페미니즘은 어떻게 여성의 삶을 변화시키는가? 유럽으로 출장을 가서 피렌체의 한 미술관 근처를 산책하던 때였다. 어떤 여성이 반갑게 인사를 건넸는데, 바로 내 강의를 들었던 다니엘레였다. 그녀는 강의를 다 듣고 창업했고, 그 덕분에 학대하는 남편으로부터 딸과 함께 탈출할 수 있었다. 경제적으로 자립한 덕에 영화 〈먹고 기도하고 사랑하라〉의 줄리아 로버츠처럼 이탈리아를 여행할 수 있었던 거다. 모지는 유능한 사원이면서도 늘 임금 협상을 두려워했는데, 강의를 듣고 난 뒤 백인 주류 업계에서 일하는 흑인 여성으로서 당당하게 자기 권리를 주장할 수 있게 됐다. 리즈는 하루 여덟 시간을 일하면서도 경제적 어려움을 겪었고, 매일 항우울제를 먹었다. 하지만 그녀는 지금 본인의 회사를 운영하면서 이전 직장에서보다 6만 달러를 더 벌고, 그 어느 때보다 자신감에 차 있다.

이 책은 전적으로 여러분을 위해 썼다. 형광펜으로 줄을 치고 여백에 메모하고 책의 모서리를 접어도 좋다. 마음에 닿는 구절이나 인용구가 있으면 그것만 골라 읽어도 좋다. 구글 독스를 열거나 메모할 공책을 가까이 두는 것도 추천한다.

대신 책은 여러 번에 나눠 천천히 읽는 걸 추천한다. 단숨에 이 책을 읽으려고 하지 말라. 변화에는 늘 충분한 시간이 필요하다. 자신을 너그럽게 대하면서 중간중간 잘 쉬자. 그렇게 하면 책장을 다 덮을 즈음엔, 돈에 대한 감각이 놀랍도록 향상되어 있을 것이다.

단, 책을 읽기만 하고 실천하지 않는 수동적인 태도는 바람직하지 않다. 이 책에 담긴 자료를 사용하여 당신의 인생을 실제로 변화시켜 보자. 지금 재정적 어려움을 겪고 있다면, 빠른 해결책을 찾기 위해 장을 건너뛰려는 충동이 들 수도 있다. 하지만 나는 여러분이 충분히 시간을 들여서 돈과의 관계를 바꿔 나가도록 순서를 고안했다. 그러므로 가급적 천천히 차례

차례 읽는 것을 권한다.

이 책에는 여러 전문가의 인터뷰와 함께, 프로젝트에 참여한 여성들의 이야기도 중간중간 편집해 넣었다. 그 이유는 다음과 같다. 첫째, 독자에게 다양한 관점을 보여주고 이를 확장하기 위해서다. 특히나 소외된 집단의 관점을 다루고 싶었다. 경제적으로 힘든 시기에, 다른 누군가가 자신과 비슷한 경험을 했단 걸 알게 되면 마음이 편해지고 동기부여도 받을 수 있다. 둘째, 나는 이 세상에서 제일 중요한 사람도 아니고 모든 분야의 권위자도 아니다. 그래서 다른 전문가들을 초빙했다.

내가 제일 좋아하는 문구는 이것이다. **"필요한 걸 갖췄는가? 그러면 울타리를 높이는 대신 긴 식탁을 만들어라."** 파이낸셜 페미니즘의 사명은 이처럼 여성들이 자기 힘으로 튼튼하고 아름다운 식탁을 만들게 하는 것이다. 그리고 그 자리에 홀로 앉지 않고, 다른 사람들을 초대하게끔 돕는 것이다. 식탁에 앉은 모든 사람이 배를 든든하게 채우고 나면, 우리를 둘러싼 울타리를 함께 허물 힘도 생길 것이다. 먼저 자기 자신을 보살필 때만 우리의 권리를 박탈한 체제의 문제점을 바꿀 수 있다. 이 책을 통해 여러분이 그런 힘을 얻기를 바란다. 돈에 대한 감각을 기르고, 재정 관리에 도움이 되는 여러 도구를 손에 넣길 바란다.

자, 나의 식탁에 앉은 여러분들을 진심으로 환영한다. 이제 파이낸셜 페미니즘이 뭔지 본격적으로 살펴보도록 하자.

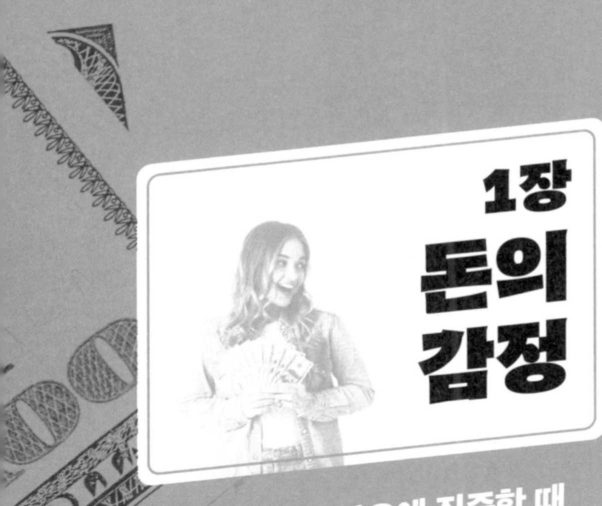

1장 돈의 감정

내 마음에 집중할 때,
돈은 말을 걸기 시작한다

EMOTIONS OF M

당신이 매일 불평만 늘어놓는 이유

크리스틴은 제일 친한 친구이자 이 세상에서 내가 제일 좋아하는 사람이다. 우리는 무려 여섯 나라를 함께 여행했다. 최소 500시간 동안은 비행기와 차에서 함께 시간을 보냈을 거다. 서로의 일이 잘 풀리면 내 일처럼 기뻐했고, 일이 잘 안 풀릴 땐 내 일처럼 안타까워했다. 우리는 대학교를 졸업하고 들어간 첫 직장에서 만났다. 그곳의 문화는 너무나 거지 같았기에 나는 1년 반 후에 탈주했지만 말이다.

어느 날 저녁, 크리스틴은 내게 전화를 걸어 또 다른 끔찍한 이야기를 들려주었다. 나는 그만뒀지만, 그녀는 여전히 같은 회사에서 일하고 있다. 7년이 지난 지금도 그녀는 예전과 다를 바 없는 문제로 골머리를 앓고 있다.

크리스틴의 이야기에 가만히 귀 기울이는 동안, 계속 마음 속에서 떠나지 않던 생각이 있다. '그냥 지금 당장 회사를 그만두라고 어떻게든 설득하자. 그러면 모두가 훨씬 더 행복해질 거야.'

어쩌면 이런 광경이 꽤 익숙할지도 모른다. 친구가 자기 문제에 대해서 불평할 때, 우리는 그 문제를 고칠 방법을 이미 잘 알고 있다. 단계별 세부 지침이 담긴 PPT를 건네줄 수도 있다. 친구들의 기분이 나아지고 고통이 해소될 수 있는 실질적인 조언을 건네고 싶은 기분이 들지 모른다. 하지만 알고 있는가? 친구는 그런 충고를 들으려고 우리에게 고민을 토로하는 게 아니란 걸 말이다.

적어도 불평을 늘어놓고 있는 '지금'은 충고할 시기가 아니다. 친구는 구체적인 계획을 세우려는 게 아니라, 단지 불평할 수 있는 사람, 자기 이야기를 말할 수 있는 사람, 공감해주고 "야, 너무 안됐다. 같이 헤쳐 나가보자"라고 말해주는 사람이 필요한 것이다.

크리스틴 역시 해결책이 필요해서 전화한 게 아니었다. 그저 직장에서 겪는 골치 아픈 상황으로 생긴 **감정**을 해소하려고 전화한 것이다. 그런 감정이 들 때 가장 필요했던 것이 내게 전화를 거는 일이었다고 생각하면 얼마나 감사한 일인가!

내가 코칭을 처음 시작했을 때도 비슷한 일이 있었다.

처음 교육을 시작했을 때, 나는 내가 제일 좋아하는 명쾌한 솔루션을 곧바로 제공하려 했다. 구체적으로 실천할 수 있는 조언을 건네주고, 목표 설정과 예산, 투자 전략에 관한 정확한 지침만 제공하면 모두가 성공적으로 돈을 관리할 수 있으리라 믿었다. (약속하건대, 이런 구체적 전략들은 뒷부분에서 충분히 다루도록 하겠다.) 하지만 정작 코칭이 끝나면, 고객들은 빠르게 예전 습관으로 되돌아갔다. 다시 무의미하게 지출하고, 자기 자신에게 부정적인 말을 했으며, 오히려 정보 과잉으로 인해 자신의 상황을 냉철하게 분석하지 못했다. 그들을 최대한 빨리 도우려 했던 것이었지만, 오히려 그 때문에 고객들의 근본적인 문제를 처리하지 못한 것이다.

이때 깨달은 게 있다. 바로 돈 관리를 위한 궁극적인 변화를 바란다면, 먼저 돈에 관한 내 감정부터 하나하나 쪼개서 살펴봐야 한다는 것이다. 크리스틴과 나도 마찬가지다. 우리는 서로 이렇게 묻는 법을 배웠다. "지금 필요한 게 충고는 아니지? 먼저 거지같은 우리 기분을 좀 풀까?"

왜 돈의 감정인가?

어쩌면 이 장을 건너뛰고 싶은 마음이 들지 모른다. 돈에 관한 감정을 파고드는 건 다소 불편할 수 있기 때문이다. 그 마음을 충분히 이해한다. 하지만 돈에 관한 자신의 감정을 살펴보는 일은 앞으로 자신감 있게 돈을 관리하기 위해 꼭 필요한 과정이다. 문제의 근본 원인을 솔직하게 살펴보기 전까지는 돈에 대한 관념을 바꾸긴 어렵다. 돈에 관한 감정적인 문제가 본인에게 어떤 영향을 미치는지 이해하지 못하면 돈을 올바르게 다루는 방법을 배울 수 없다. 레시피를 익히지 않고 요리 경연 프로그램에 참여하는 격이랄까. 물론 레시피 없이도 아주 운이 좋으면 빵이 구워질 수 있겠지만, 대부분은 바싹 태우거나 반죽이 덜 익은 질척거리는 빵이 나올 것이다. 수치심 전문가이자 내 인생 전반에 큰 영향을 준 심리학자 브레네 브라운 박사는 이런 말을 남겼다. "만약 당신의 감정에 제대로 이름을 붙이지 않으면, 감정에 압도당하고 말 것이다."

돈에는 여러 심리가 얽혀 있다. 다시 한번 강조해서 말하지만, 돈에는 여러 가지 심리가 작용한다. 돈을 바라보는 관점이나 특정 순간에 느끼는 감정은 재정적 결정에 직접 영향을 주며, 이는 장기적인 결과에 큰 영향을 미친다. 빚이든, 투자든, 급여든 간에 우리는 돈의 모든 측면에 관해 긍정적이거나 부정적인 감정을 느낀다. 나는 내 감정과 재정적 결정이 어떻게 연결되는지 이해하려고 노력했다. 물론 그러한 노력에도 불구하고, 여전히 필요는 없지만 자꾸만 갖고 싶은 티셔츠를 살까 말까 고민하면서 수많은 밤을 보내지만 말이다. (제길, 메이드웰Madewell에는 뭔가가 있는 게 분명하다. 거기 옷은 자꾸만 사고 싶다.)

아직 한 번도 사용하지 않은 향초가 많이 남아 있는데도 새로운 향초를 사고 싶다. 감당할 수도 없는 비싼 집을 부동산 플랫폼 앱에서 살펴보며 괜히 우울해한다. 그러다 문득 화가 난다. 저 커다란 정원과 야외 베란다가 달린 430만 달러짜리 주택을 살 여유가 없는 건 '분명' 저 재스민 향초를 잔뜩 사들여서 그럴 거야!

이런 더러운 기분을 완전히 가시게 할 방법은 없다. 돈 관리 전문가인 나도 가끔 감정적인 결정을 내리니까. 나만 그런 게 아니라는 것도 알고 있다. 지난 한 달을 돌아보며 어떤 종류의 결정을 내렸는지 생각해보라. 자랑스러운 결정도 있을 것이고, 떳떳하지 못한 결정도 있을 것이다. 그중 얼마나 많은 결정이 우리의 정신과 감정 상태에 영향을 받았는가? 거의 전부라는 데 내 손목을 건다.

감정은 일상적인 씀씀이를 비롯해 일상 곳곳에 영향을 미친다. 커다란 재정적 결정이나 돈과 돈을 가진 이들을 바라보는 방식에도 영향을 미친다. 너무 당연하다. 이 세상에 감정을 완전히 떼어놓고 결정을 내릴 수 있는 사람은 없으니까. 예를 들어보자. 겨우 스물두 살 때부터, 나는 집을 사야 한다는 엄청난 압박감을 느꼈다. 감정적이나 재정적으로나 집을 장만할 준비가 당연히 되지 않았지만, 꼬박꼬박 월세를 내는 게 돈을 길바닥에 버리는 것 같아서 너무 아깝고, 언제 이사를 나가야 할지 전전긍긍하는 것도 두려웠기 때문이다.

내 고객들도 비슷한 이야기를 털어놓는다. 예를 들면, 장애가 있는데도 가사도우미를 고용하는 데 죄책감을 느낀다. 학자금 대출 현황을 확인하는 게 무서워서 대출금이 얼마나 남았는지 확인하지 않는다. 투자 리스크가 두려워 수백만 달러를 은행 계좌에 그냥 내버려 둔다던가, 임금 협상 테이블에 앉는 게 두렵다는 이야기를 털어놓는 이도 있다. 그들 대부분은 돈을 떠올리면 부정적 감정이 먼저 들기 때문에, 그 감정을 피하고 싶어서 돈 문제를 외면한다. 이 책을 읽고 있는 여러분은 어떤가? 돈 관리하는 법을 공부하고 원리를 이해해서 행동에 옮기는 게 왠지 부담스럽고 머리가 아파서 아예 피하고 싶지는 않은가?

투자, 협상, 채무 상환, 저축 등 더 많은 재정적 지식을 배우려고 **노력한** 여성은 종종 양날의 검을 움켜쥔 것 같은 기분이 들 것이다. 왜냐하면 우리 사회는 자기 상황을 개선하려고 노력하는 여성을 돕기는커녕 '응징'하기 때문이다. 예를 들어, 마땅히 받아야 할 정당한 연봉을 요구하면 '고마움을 모른다'라는 비난을 받는다. 우리 삶의 질을 개선하는 제품이나 서비스에 돈을 쓸 때는 쓸데없이 과소비를 한다며 수치심이 들게끔 한다.

사회는 돈에 관한 여성의 감정을 무기로 사용한다. 소비자의 주머니를 노리는 기업들은 경제 교육을 덜 받은 여성들을 이용한다. 예를 들어, 특정 브랜드나 체인점에서만 사용할 수 있는 신용카드를 적립카드인 척 가장한다. '떡상하는 주식 매수하고 부자 되세요!' 부류의 사기를 치고, 다단계 회사에 가입하라고 권유하며 비공식 학자금 대출을 받으라고 유혹한다. 이러한 회사는 여성의 두려움과 불안감을 이용해 돈을 벌고 있다. 잡지나 미용 회사, 다이어트 산업이 내내 써왔던 전략이다. 여성은 자신의 모습이 '여성이라면~ 해야 한다'라는 식의 사회가 원하는 모습과 다를 때 생기는 수치심을 피하기 위해 제품을 소비한다.

전문가의 한마디	**알렉시스 로클리**Alexis Rockley
	긍정 심리학 코치, 『끝내주게 좋은 걸 찾아라Find your F*ck yeah』 저자

수치심은 사회적이고 보편적인 감정이다. 모든 사람이 주기적으로 이 감정을 느끼지만, 그걸 터놓고 얘기하는 것은 두려워한다. 수치심은 분명 '대화 자리가 불편해지는 주제' 상위권에 오르는 화두지만, 그래도 나는 사람들이 이 감정에 대해 더 자주 이야기했으면 좋겠다. 왜냐하면 말하지 않을수록 수치심은 오히려 우리를 더 강력하게 통제하기 때문이다.

수치심 연구로 유명한 심리학자 브레네 브라운과 메리 라미

아는 수치심이 단절에 대한 두려움에 뿌리를 두고 있다고 말한다. 매우 고통스럽고 예측하기 어려운 부정적 감정이다. **'사회의 기대에 부응하지 못하면, 혼자 남겨지고 다른 사람들도 나를 거부할 거야.'**

우리는 수치심이 '나는 모자라' 또는 '나는 너무 ~해'라고 자신을 비난할 때 받는 느낌과 비슷하다는 걸 알 수 있다. 스스로 가치가 없는 사람이라는 생각이 들 때, 사람들이 나를 좋아하지 않고 거부할 때 느껴지는 고통이다. 원하지 않은 일을 겪거나 다른 사람들 앞에서 약점이 **드러나거나** 드러날 위협에 놓일 때 드는 통제 불능의 느낌이다.

자기 약점을 드러내고 싶은 사람이 있을까? 인간은 타인과 연결을 원하고, 그들로부터 지지를 갈망하는 사회적 동물이다. 어떤 대가를 치르더라도 고립을 피하고 싶은 건 당연하다! 그렇기에 수치심은 삶에서 강력한 동기를 불어넣는다.

다른 감정과 마찬가지로, 수치심에는 **동기를 부여하려는 목적이 숨겨져 있다.** 지금까지의 연구 결과에 따르면, 수치심은 인간의 중요한 진화를 위해 탄생했다. 수치심이나 다른 부정적인 감정도 마찬가지다. 수치심 덕분에 인간은 타인과 관계를 맺을 수 있게 됐다.

물론 수치심은 너무 불편한 감정이어서 긍정적인 감정을 **방**

해하기도 하고 수치심을 주는 대상에서 **주의를 돌리게도** 한다. 다른 말로 하면, 수치심은 일종의 신호다. 뇌가 "야! 집중해! 이런 일은 피해야 해. 이 일은 절대 하면 안 돼!"라고 경고하는 것이다.

하지만 수치심이 뇌가 보내는 메시지에 불과하다면, 그게 왜 폭력, 공격성, 괴롭힘, 우울증, 중독, 섭식 장애와 높은 상관관계를 보일까? **왜냐하면 우리는 감정을 그저 뇌가 보내는 메시지 중 하나로 인식하는 방법을 배우지 못했기 때문이다.**

우리는 부정적인 감정에 대해 거의 배운 게 없다. 그저 두려워하고 차단하기에 급급하다. 부정적인 감정이 들면 그게 일시적 감정일 뿐인지, 아니면 **스스로가 매사 부정적인 사람이라서 그런지** 헷갈린다.

그런 착각은 어떤 결과를 불러올까? 인간의 진화와 완전히 반대되는 악영향을 미친다. 다른 사람들과 연결되게 돕기는커녕, 개인을 움츠러들게 하고 마음의 문을 닫고 외톨이가 되게끔 만든다. 사회와 타인이 요구하는 '사회적 규범'을 우리 스스로 재평가하고 수행하기보다, 규범의 형식에 집착하게끔 만든다.

수치심은 온갖 종류의 자기 검열로도 나타난다. 수치심이 우리에게 가장 먼저 요구하는 건 현실에 순응하는 것이다. 수치심은 남과 나를 비교하라는 미끼를 던지고, '나는 남에 비해 모자라'라는 익숙한 감정의 소용돌이에 빠지게 만든다. 아무런 생각도 의도도 없이, 그저 20분만 SNS를 스크롤하다 보면 내가 직업을 잘 선택한 게 맞는지 고민이 된다. '아니, 지금 툴룸(멕시코 칸쿤 근처에 있는 휴양지-옮긴이)에 있다고? 어떻게 걔네들은 사진발이 저렇게 잘 받지? 돈이 어디서 나서 그렇게 자주 휴가를 가는 거야? 저 사람들은 아는데 나만 모르는 비밀 같은 게 있나?'

수치심이 던지는 비교의 미끼는 우리에게 무해하다고 느껴진다. **'영감을 받고 싶어서 그래! 그냥 걔가 뭘 하는지 알고 싶어서 그런 거라니까!'** 하지만 매번 내가 실패하는 것처럼 느껴진다.

수치심이 우리에게 두 번째로 요구하는 건 완벽함이다. 수치심이 들면 성공할 수 없다고 느낀다. 무지는 타파하면 되고 다들 실수에서 교훈을 얻는다는 걸 인정하면, 정체성 위기에 빠지지 않는다. 하지만 우리가 수치심의 미끼를 물면, 자기혐오의 구렁텅이로 한없이 가라앉게 된다.('나 따위가 뭐라고?') 거기서 빠져나오는 건 굉장히 어렵다.

자기 비하의 미끼 때문에 사람들, 특히 여성은 부자가 되고 싶다고 암시하는 말을 피한다. 이게 바로 우리가 주변 사람들과 임금 격차를 논의하기보다 쪽팔렸던 19금 일화에만 열광하는 이유다. '내가 그 사람을 불편하게 하면 어쩌지? 돈 이야기

는 너무 속물 같고 예의 바르지 못한 거야….'

수치심이 던지는 겸손의 미끼는 언뜻 무해한 것처럼 보인다. '다른 사람들에게 부담을 주어선 안 돼!' 하지만 실제로는 모르는 걸 모른다고 인정하는 게 두려워서 무지의 덫에 빠지는 걸 택한 것이다.

수치심은 나 자신에게 완벽하거나 순응할 것을 요구한다. 하지만 수치심이 주는 감정적 경보('돈에 대한 감각이 떨어지는 것 같아. 어떻게 해야 할까?')와 자아상('정신 차리는 건 불가능해. 그냥 돈 관리에 소질이 없나 봐')을 헷갈리면 안 된다. 그렇게 되면, 수치심이 찾아올 때 느껴지는 불편함을 실패의 증거라고 잘못 믿게 된다. 수치심의 속임수에 넘어가는 것이다.

분명한 건, 거절당할 때 느끼는 고통은 실재한다는 점이다. 사회 전반이 나를 거부하는 느낌, 즉 소외감이 주는 육체적·감정적 고통은 **실재**한다. 수치심은 강력한 동기를 주며, 동시에 자기 보호의 진화된 형태이기도 하다. 수치심을 느낀다고 해서 당황할 필요 없다(메타인지를 발휘해, 수치심이 드는 그 상황 자체가 정말 수치스러운가 스스로에게 물어보라).

우리는 수치심이 가하는 고문을 받을 필요가 없다. 수치심을 나만 느끼는 건 아니다. 세상에 완벽한 건 없으며, 순응은 바람직한 목표가 아니다. 우리는 모두 부족한 지식을 채우고 실수로부터 배우면서도, 동시에 다른 사람의 응원을 받을 가치가 있다. 우리 모두는 지금 이 지구에서, 사회에서 어떻게 살아야 할지 답을 찾으려 노력한다. 때론 엉망진창이지만 최선을 다하고 있다.

수치심을 무거운 감정의 짐이 아닌, 그저 단순히 뇌가 보내는 한 신호에 불과하다고 재정의해보라. 그러려면 다른 사람과 교류를 시작하고 연결감을 느끼는 게 중요하다. 모르는 걸 인정하는 사람, 다른 사람과의 차이를 너그럽게 받아들이는 사람, 내 안의 욕구의 다양성을 인정하는 사람과 짝을 지어라. 토리와 〈허 퍼스트 $100K〉 커뮤니티는 그런 교류를 시작하기에 아주 좋은 장소 같다. 그렇지 않은가?

돈 애기를 부끄럽게 만드는 5가지 편견

수치심은 부정적인 감정 중 가장 파괴적이다. 특히, 수치심이 우리에게 어떤 메시지를 보내는지 모른다면 더더욱 그렇다. 최근 한 연구에 따르면, 남성보다는 여성이 수치심을 경험할 가능성이 더 크다고 한다. "부분적인 이유로는 사회적·문화적 기준이 여성들에게 엄격하게 부과된 걸 들 수 있다. 그런 기준을 충족하지 못했다고 여길 때, 여성들은 자기 자신에게 좀 더 가혹하고 부정적인 평가를 내린다." 이때 수치심은 우리가 올바른 행동을 하도록 도움을 주기는커녕, 부정적인 행동을 계속하게끔 유발한다.

이러한 수치심의 사이클에 빠지면, 오히려 재정 상황을 개선하기가 어렵다. 인터넷 뱅킹에 로그인해 금융 계좌를 보지 않는 이유는 어떤 결과를 마주할지 두려워서다. 우리는 401(k)가 뭔지 모르는 게 부끄러워서, 그게 뭐냐고 묻지도 않는다(미국 퇴직연금 제도로 국세청IRS의 코드를 따서 이름을 붙였다—옮긴이). 스스로 '임금 인상을 요구할 자격이 있을까?'라고 여기기에 임금 인상을 요구하는 것이 불편하다.

브레네 브라운 박사에 따르면, 취약성을 받아들이면 수치심을 해소할 수 있다. 모르는 것을 마주하고, 불편하고 익숙하지 않은 일을 하며, 모든 걸 알지는 못한다는 사실을 그냥 인정하는 것이다. 그것이야말로 우리가 할 수 있는 가장 용감한 선택이다. 나는 이 책 곳곳에서 자신의 취약함을 받아들이라고 거듭 요구할 것이다. 두렵거나 압박감을 느낄 수 있겠지만, 나의 지침을 믿어주기를 바란다. **또한, 무엇보다 자기 자신을 신뢰해줬으면 좋겠다.**

이 책은 여러분의 재정 상황이나 불편한 감정을 내보여도 수치심을 주지 않는 안전한 곳이다. 우리는 이제 취약성을 인정하면서, 돈의 감정적인 측면(좋고, 나쁘고, 추악하다)을 살펴볼 것이다. 동시에 어떻게 하면 돈을 활용해 기쁨과 편안함, 안정성을 얻을 수 있을지 중점적으로 다룰 것이다.

먼저 우리가 돈에 관해 느끼는 감정 중 가장 흔한 감정, 즉 수치심과 자기비판의 목소리를 살펴보자. 나는 이걸 '가부장제의 다섯 가지 내러티브'라고 이름 붙일 것이다. 이것은 일종의 편견으로 여성들이 제대로 된 경제 교육을 받지 못하도록, 안정적인 삶을 살고 자신감 넘치는 사람이 되는 것을 막으려고 사회가 만들어낸 편견이다. 우리가 재정적 기반을 다지려면 반드시 뛰어넘어야 하는 장애물이기도 하다.

이러한 내러티브들을 하나씩 살펴보면서, 그것에 무릎 꿇은 적이 있는지 살펴보자. 우리는 이것들이 돈과의 관계에 어떤 영향을 미쳤는지 살펴봐야 한다. 돈의 감정적인 측면은 개인적일뿐 아니라, 정치적·사회적인 측면과도 밀접하게 연관되어 있다. 어느 날, 뜬금없이 내 안에서 감정이 생긴 게 아니다. 사회가 오랫동안 주입한 편견 때문에 그러한 감정이 생긴 것이다.

이제 다섯 가지 편견을 살펴보도록 하자.

첫째, 돈 얘기를 남에게 물어보는 건 바보 같다

이 내러티브는 이런 식으로 표현된다. "왜 일찍 이걸 몰랐지? 난 정말 바보야." "잘 이해가 안 되네. 다시 물어보면 바보 같아 보이겠지?" "왜 나는 다른 사람들처럼 척척 해내지 못하지?"

수강생들에게 "바보 같은 질문을 해서 죄송한데요…"라는 말을 할 때마다 5센트씩 받았다면, 나는 지금보다 훨씬 어마무시한 부자가 되었을 것이다.

성인이라면 다들 기본적으로 재정 관리 능력을 갖추고 있을 것 같지만, 사실 전문적으로 재정 관리하는 법을 배운 사람은 극히 드물다. 돈 관리법을 가르쳐줄 가족이 있었고, 고등학교에서 재무 수업을 들었던 나 같은 사례가 오히려 드물다. 당연히 사회생활을 오래한 성인도 돈 관리에 서툰 것이 정상이다. 내 팟캐스트 〈파이낸셜 페미니스트〉에서 재정전문가 티파니 알리체는 이런 말을 했다. "다리가 부러졌는데 '왜 나는 뼈를 붙게 못하지?'라고 자책하는 사람은 한 명도 없습니다. 그런데 왜 우리는 돈 관리에 있어서는 그렇게 자책하는 걸까요?"

새로운 지식을 배우게 된 걸 기뻐하는 대신, 여성들은 무언가 (아직) 알지 못하는 상태를 실패로 정의하면서 자신을 잔인하게 몰아세운다. 그러나 태어났을 때부터 이탈리아어를 구사하거나 튜바 같은 악기를 다룰 줄 아는 사람은 한 명도 없다. 그런데 왜 빚을 잘 다루는 법과 주식을 고르는 법은 자연스럽게 알 거라고 기대하는가?

사회는 사람들이 마치 연금술사라도 된 것처럼, 모두가 돈을 효율적으로 관리할 거라고 기대한다. 남성들은 이러한 기대치에 상응하는 교육을 받지만, 여성들은 그런 교육을 받지 못하고 있다. 왜 그럴까? 미국의 사회 체제는 백인 남성을 위해 설계되었기 때문이다. 평균적으로 여성은 남성보다 돈 다루는 법을 잘 모른다. 선천적 차이 때문이 아니다. 남성은 어렸을 때부터 성인이 되어서까지 여성과는 다른 방법으로 돈 관리하는 법을 배운다. 골프장, 위스키 바, 온라인 커뮤니티 게시판은 주식이나 부동산 투자에 관한 팁들로 가득하며, 연봉이나 보너스에 관해 자유롭게 이야기한다. 남자들이 이런 주제로 이야기하고 부를 좇는 건 사회적으로 자연스럽게 받아들여진다. 아니, 그걸 넘어 권장된다.

하지만 미국 사회에서 1974년까지 여성은 남성 연대 보증인이 없으면 자기 명의의 신용카드조차 발급 받을 수 없었다. 그로부터 14년 후인 1988년이 되어서야 남성 연대 보증인 없이 은행에서 사업 대출을 받을 수 있었다. 그리고 오늘날 이성애 커플이나 부부의 경우, 재정적으로 큰 결정을 내리는 건 주로 남성이다. 이런 예시는 숱하게 많다. 아직까지도 우리의 사회 체제는 여성을 외면하고 있고, 그러면서도 여성이 돈을 다루는 법을 잘 모른다고 무시하고 수치심을 안긴다.

아무도 가르쳐주지 않았으면서도 여성은 마법처럼 돈을 잘 관리해야 한다는 말을 듣는다. 그래서 바보처럼 보이거나 너무 순진해 보일까봐 돈에 관한 질문을 두려워한다. 저명한 돈 관리 전문가들은 오히려 이러한 감정을 강화하고, 다시 떠올리게 해서 우리를 위축시킨다. 그들은 유용한 정보를 주고 성공 가도의 발판을 마련해주는 대신, 여성이 스스로를 멍청하다고 느끼게 해 존재감을 작게 만든다. 예를 들어보겠다. 재정 전문가 수지 오먼은 자신의 쇼에서 이혼 후 고령의 부모님과 자녀 셋을 혼자 돌보는 여성에게 소리를 질렀다. 그녀는 의대에 진학하기 위해 거의 25만 달러에 달하는 학자금 대출을 받았었다. "자기 팔자를 자기가 어떻게 꼈는지 자녀들에게 한번 얘기해보세요. 현실적인 책임을 지지 않을 때 무슨 일이 일어나는지 자녀들이 꼭 알아야 해요!"

사회의 억압과 교육의 부재에 수치심까지 더해졌으니, 여성이 돈 관리에 서툰 게 당연하다. 돈이라고 하면 먼저 부정적인 감정이 드는 것도 당연하다.

뭔가를 배우려면 연습할 시간을 투자해야 한다. 또, 스스로 취약성을 받아들이는 자세도 필요하다. 뭔가를 새롭게 도전하는 건 뭐든 어렵다. 서툴 걸 알기 때문이다. 스케이트를 아무리 잘 타는 사람도 처음에는 빙판 위에서 똑바로 걷는 것조차 힘겨워 했을 것이다. 새로운 것을 배우는 데에는 인내심이 필요하다. 또, 전반적으로 나 자신에게 친절할 필요가 있다. 브라운 박사는 "확신이 없고, 불확실한 상태가 용기의 토대를 이룬다"라고 말한다.

돈에 관한 교육을 받고, 왜 수치심이 드는지 이유를 알면, 애초에 그런 감정이 들게끔 만든 부당한 체제에 대한 정당한 분노로 바꿀 수 있다. 일단 수치심을 분노로 바꾸기만 하면 그걸 다시 행동으로 바꾸는 건 아주 쉽다. 수치심을 행동으로 옮긴다면, 끝내주게 강력한 변화를 이룰 수 있을 것이다.

둘째, 돈 얘기를 꺼내는 건 무례하다

분명 살면서 이런 말을 들어봤을 것이다. 어린 시절부터, 특히 여성들은 돈에 관해 이야기하면 무례하다는 말을 듣기 시작한다. 이 내러티브는 어른이 되어서도 계속된다. 얼마나 버는지, 순자산이 얼마인지, 얼마 주고 그 물건을 샀는지 묻는 건 수준이 낮고, 피해야 하는 질문이라고 배운다.

또 다른 불편한 주제인 섹스, 죽음, 정치, 종교 이야기를 하는 게 더 쉽다. 작년에 얼마나 벌었냐고 묻는 것보다, 말 그대로 나를 빨가벗기는 질문이 훨씬 쉽다. 우리는 아주 친해야만 돈 이야기를 할 수 있으며, 그러지 않고 그 주제를 꺼내면 관계의 선을 넘는다고 생각한다.

나는 사회가 여성들을 쉽게 통제하기 위해 이런 관념을 계속 주입해왔다는, 음모론 같지 않은 음모론을 믿는다.

여성의 침묵은 가부장제에 이득이 된다. "돈 이야기하는 건 눈치 없는 거다"라고 여성들을 가스라이팅해 저임금을 받고 과로하게끔 만든다. 하지만 돈 이야기를 하지 않으면, 나와 비슷한 경력의 남성 동료가 연봉은 20퍼센트나 더 높단 걸 모르게 된다. 빚을 진다는 게 수치스럽게 느껴지고, 나 혼자만 빚에 허덕인다고 생각하게 된다. 결혼 전까지 파트너와 돈 이야기도 투명하게 못하게 된다. 이런 식의 내러티브가 여성에게 어떻게 해를 끼치는지 보여주는 예시는 수없이 많다. 경제적 잠재력을 발휘하거나 많은 수입을 올리지 못하게 하며 인생의 목표를 달성하거나 좋은 관계를 이어가는 데에도 해롭다.

우리가 돈에 관한 대화를 꺼리는 이유는 이런 내러티브가 낳은 하나의 증상일 수 있다. 우리는 순수입이 곧 자기 자신의 가치라고 여긴다. 뉴욕 대학교의 인류학자 케이틀린 잘룸은 정곡을 찌르는 말을 했다. "급여와 계좌 잔액이 인간으로서 당신의 가치를 일정 부분 규정한다." 하지만 나에게 내재한 가치가 물질적 가치와 연관 있다고 믿으면, 경제적 취약성을 드러내고 돈에 관해 이야기하는 일이 아주 불편할 것이다.

나는 이 책을 읽고 여러분이 돈에 관한 이야기를 더 자유롭게 주변 사람들과 나누면 좋겠다. 돈에 관한 지식을 쌓는 일은 개인의 삶을 바꿀 뿐 아니라 사회를 변화시켜 나갈 수 있는 아주 위대한 방법이다. 앞으로 그 구체적인 이유를 더 자세히 살펴보자.

셋째, 열심히 일만 하면 부자가 될 거야!

이 말을 못 들어본 사람은 없을 거다. 궁극적으로는 수치심을 불러일으키는 말이다. 열심히 일하고 돈을 절약해서 빚만 지지 않으면 백만장자가 될 수 있다는 잘못된 기대를 품게 한다. 이 내러티브는 믿을 수 없을 정도로 해롭다. 기를 쓰고 열심히 일하는 사람들에게 특히 해로울 뿐만 아니라, 가난의 대물림과 사회적 차별 등 개인이 통제할 수 없는 다른 힘들을 간과하는 한계가 있다. 투잡을 뛰면서도 충분한 돈을 벌지 못하는 싱글맘에게 더 열심히 일하라고 말하는 게 올바른 조언일까? 싱글맘에게는 재정적·사회적 지원과 사회 시스템의 변화가 필요하다.

물론 아메리칸드림, 그러니까 '나 혼자 힘으로 어려움을 극복해 성공했다' 식의 내러티브는 예전부터 존재해왔다. 17세기 초 영국 식민지로 항해하던 청교도들은 열심히 일한 사람이 게으른 사람보다 더 많은 보상을 받을 자격이 있으며, 열심히 일한 사람만이 번영하여 신의 은혜를 세상에 내보일 수 있다고 믿었다. 또, 이 내러티브의 뿌리에는 인종차별이 있다. 백인 대지주들은 '더 게으른 인종'을 지배하는 백인이 부와 토지로 보상받는 게 당연하다고 믿었다. 아이러니한 점은 우리에게 익숙한 아메리칸드림의 이미지(흰색 울타리로 둘러싸인 새집 앞에 자랑스러운 표정을 지으며 서 있는 젊은 부부)는 제2차 세계대전 종전 무렵 의회가 GI 법안(제2차 세계대전 후 본국에 돌아온 군인 220만 명이 사회에 적응하고 직장을 구할 수 있도록 재정과 교육을 제공하는 프로그램—옮긴이)을 제정한 뒤에야 생겨났다는 것이다. 자금을 지원받은 군인들이 주택을 매입할 수 있었기 때문이다. 다시 말해, 거의 백인 남성들만이 정부 지원을 받고

'아메리칸드림'을 이뤘다.

더 최악은, 여성들이 돈에 관한 조언을 구할 때 찾아가는 전문가들이 이런 내러티브를 열심히 지지한다는 거다. "지금 빚에 허덕이고 있습니까? 진심과 열정을 다해 일하는 사람만이 그 해결책을 깨달을 수 있습니다." 데이브 램지는 진짜로 트위터에 이런 식의 글을 올렸었다.

우리는 이런 말들이 실은 하나마나 한 소리, 아니 뼛속까지 개소리란 걸 알고 있다. 이런 말들은 우리가 자신의 가치에 대해 의문을 품게 한다. (잠들기 전에 '음, 티모시 샬라메를 만났는데 내가 섹시하다고 생각하지 않으면 어떡하지?'라고 고민하는 일과 비슷하다.)

여성들은 가스라이팅을 당하고 있다. 거짓말쟁이 취급을 받고 게으르거나 정신이 나갔다고 비난받는다. 가스라이팅을 당하면 "내가 충분한 시간을 일하고 있는 걸까?", "몇 시간 더 일하겠다고 상사한테 말할까?"라고 자신에게 질문을 던지게 된다. 여성들은 이런 심리적 미끼에 낚이기 쉽다. 이런 말을 듣고 그냥 코웃음을 칠 수도 있지만(사실 그래야 한다), 그렇다고 아무 영향도 주지 않는 건 아니다. 원하든 원하지 않든, 부정적 감정이 우리에게 스며든다.

'열심히 일하기만 하면 누구나 부자가 될 수 있다'라는 말은 틀렸다. 부를 쌓는 데에는 훨씬 더 복잡한 요소들이 관여한다. 우리의 통제 범위 안에 있는 것도 있지만 대부분은 그 밖에 있다. 우리가 개인적 차원에서 통제할 수 있는 것은 개선하되, 사회적 차원에서는 체제상의 문제를 바꾸기 위해 노력해야 한다.

넷째, 여자가 돈만 밝히는 건 이기적이다

돈에 관한 부정적 내러티브 중 제일 말도 안 되는 게 이것이다. 여성들은 돈 관리법을 배울 때뿐만 아니라, 성공적으로 돈 관리를 할 때도 이런 말을 듣는다. 부를 축적하거나 빚을 갚고 투자 수익을 계산할 때도 여전히 수치심을 느낀다. **지금 너무 잘 하고 있는데도 말이다.** 어렸을 때부터 사회적 조건화가 된 것이다. 전반적으로 잘 하고 있을 때도 다른 사람이 나를 어떻게 바라볼지 마음이 편치 않다. "튀면 안 돼", "남을 먼저 배려해" 같은 생각이 떠오르는 것이다.

국제적으로 인정받는 돈 관리 전문가인 **나 역시도** 이런 수치심을 느낀다. 재산을 막 쌓기 시작했을 때, 사업 매출이 백만 달러 규모로 성장했을 때, 빚을 갚았을 때에도 나는 수치심을 느꼈다. 많은 사람이 돈 문제로 끙끙대고 있는데 나만 쉽게 돈을 벌었다는 생각에 수치심을 느낀 것이다. 부유한 삶을 산다는 건, 어쩌면 내가 충분히 기부하지 않았다는 걸 의미하진 않을까 하는 생각에 수치심을 느꼈다.

내적 수치심은 우리 사회의 문화가 돈을 가진 여성에게 보내는 메시지의 결과물이다. 하지만 떼를 지어 다니며 SNS에 악플을 달던 트롤(인터넷에선 불필요한 논쟁을 일으키는 사람들—

옮긴이)들은 나에 대해 온갖 말을 덧붙이면서, 돈이 있는 여성은 수치심을 느껴야 한다는 내러티브를 강화했다.

우리는 여성을 배려심과 모성애가 넘치며, 스스로를 희생하는 사람이라고 생각하는 경향이 있다. 수많은 연구가 계속해서 여성이 배려심이 넘치고 모성애가 강하며 자기 희생하는 경향이 있음을 주지시켜왔다. 예를 들어 《인간 본성 연구Nature Human Behavior》 저널에 게재한 연구에 따르면, 여성의 뇌는 돈을 타인과 나눌 때 더 크게 반응한 한편, 남성의 뇌는 자신을 위해 돈을 쓸 때 더 활발하게 활동했다고 한다.

물론 나는 여성이 본성적으로 배려심 넘친다는 결론이 자랑스럽다. 하지만 여성성의 많은 부분이 그렇듯, 이건 태생적이라기보다는 사회적 조건화를 통해 나타난 결과물일 뿐이다. 그리고 여성이 배려심이 있는 것과 여성이라면 누구나 마땅히 남에게 베풀어야 하고, 모두가 이타적 본성을 가져야 한다고 기대하는 건 완전히 다른 문제다.

먼저, 나는 기회만 있다면 돈과 시간을 기부하는 게 아주 중요하다고 말하고 싶다. 상호 교차적이지 않은 페미니즘, 타인을 돕지 않고 체제의 불평등을 변화시키려고 노력하지 않는 페미니즘은 페미니즘이 아니다. 하지만 우리는 사회가 남성에게는 다른 수준의 이타심을 기대한다는 점을 주목해야 한다. 여성은 '자연스레' 자신의 욕구를 소홀히 해도 되고 받은 걸 사회에 돌려줘야 하지만, 남성은 '원래' 이기적이니까 그런 요구를 받지 않는다는 게 뭘 뜻할까?

어린 시절부터 남자아이에게는 레고나 변신 로봇 등 무언가를 짓고 만드는 장난감을 쥐어준다. 창의성과 자립심을 길러주는 장난감들이다. 반면 여자아이에게는 무엇을 쥐어주는가? 인형이나 과자를 굽는 오븐, 병원 놀이 장난감 같은 것들이다. 사회는 심지어 말할 줄도 모르는 여자아이에게도 독창성을 발휘하는 것보다 다른 사람에게 봉사하는 게 가치 있다고 가르친다. 말 그대로, 아이에게 다른 '아이'를 돌보라고 하는 것이다. 어린이 장난감을 다룬 연구에서, 주디스 일레인 블레이크모어 심리학과 교수는 이렇게 밝혔다. "여자아이가 갖고 노는 장난감은 신체적 매력을 가꾸거나 돌봄 및 가사 활동과 관련 있다. 한편, 남자아이가 갖고 노는 장난감은 폭력적이고 경쟁적이며 흥미진진하고 다소 위험한 것들이다. 가장 교육적이라고 평가된 장난감은 일반적으로 젠더 중립적이거나 다소 남성성이 가미되어 있다."

나이가 들수록 성 역할을 고정하는 사회화는 계속된다. 부의 불평등에 관한 전문가 마리코 창 박사는 말한다. "여자아이는 성장하면서 부자가 되려는 야망을 품는 게 바람직하지 못하다고 사회화된다. 이와 반대로, 남자아이는 그게 바람직하다고 사회화된다. 여자아이에게는 다른 사람을 돌보는 역할을 맡으라고 격려한다."

그 결과는 어떤가? 간호나 교육 등의 분야에서 여성 종사자 비율은 남성을 과하게 앞지른다. 무급 가사 노동을 하는 주부도 많다. 경제는 여성이 많이 종사하는 중요 직업들을 평가 절하한다. '전통적인 성 역할'은 여성이 집안에서 가사를 맡게 할 뿐만 아니라, 여성이 많이 종사하는 일자리는 다른 직업보다 박봉이다. 우리가 살아가는 자본주의 사회의 경향성은 여성의 경제 상황을 더 악화시킨다.

우리 사회는 이런 식으로 '여자가 부자가 되고 싶다고? 그런 건 용납할 수 없지'라는 메시지를 던진다. 남자가 열심히 번 돈으로 휴가를 가거나 멋진 시계를 사는 것은 괜찮지만, 여성이 같은 행동을 하면 이런 반응을 마주한다. "다른 사람 기분을 먼저 생각하는 게 어때?" 그런 말을 듣고, 그렇게 하지 않으면 수치심이 든다. 하지만 남자는 남자에게 그런 기대를 애초에 하지 않는다.

여성이 경제적으로 독립하면 어떤 일이 생길까? 자신이 번 돈을 자신을 위해 사용하면? 여성이 돈을 벌고 지식을 쌓기 시작하면, 가부장제는 더 이상 여성의 삶을 통제할 수 없게 된다. 여성의 경제적 독립은 현 체제에 대한 위협이 된다. 그래서 여성에게 자신이 아니라 남을 위해 돈을 쓰라는, 일종의 '세금'을 부과한다. 여성들의 이타심을 무기로 삼는 것이다.

최근 연구에 따르면, 사람들은 여성이 이타적으로 행동하리라는 기대를 가진다. 남성보다는 여성이 훨씬 더 남을 돌보고 순종적인 역할을 사회에서 맡기에, 그러한 사회적 규범에서 벗어나면 훨씬 더 큰 비난을 받는다. 결국 이러한 강압에 의해 여성은 본능적으로 이타주의를 내면화하는 것이다.

그 결과 여성은 돈을 벌어도 나를 위해 쓰고 싶다는 말을 쉽게 꺼내지 못한다. 돈을 벌면 가족이나 다른 이들을 위해 써야 한다. 내 친구이자 동료인 재정 전문가 폴라 팬츠는 이렇게 설명한다.

> 사회는 여성들에게 무급으로 일하거나 노동의 가치를 제대로 보상받지 못해도 된다고, 대신 노동 행위 안에 고귀함이 담기는 게 중요하다고 가르친다. 돈을 청구할 때는 나를 위해서가 아니라 다른 사람에게도 도움이 될 것을 전제로 한다. 예를 들면, 나는 "○○○달러를 청구합니다. 직원들의 처우를 위해서요"라고 부연 설명을 덧붙이지 않고 "○○○달러를 청구합니다"라고만 말하는 게 어렵다. 여성이 버는 돈에는 설명이 붙어야 한다.
>
> 그뿐만 아니라 돈을 쓸 때도 부연 설명이 붙는다. 얼마나 돈을 벌었든, 우리는 그 돈을 다른 사람을 위해 써야 한다. 고급 유모차를 샀다고 하자. 아이를 위한 물품이기에 그 누구도 허투루 돈을 쓴다고 비난하지 않을 것이다. 하지만 내가 입을 비싼 청바지라면? 사람들의 반응이 달라질 것이다.

사람들이 부자를 비난하는 이유가 종종 선의에서 비롯된

다는 걸 안다. 불평등이 만연한 시대에, 부를 축적한 사람을 높게 사는 건 충분히 껄끄러울 수 있다. 하지만 나는 부자에 대한 반발이 여성을 향하는 현상은 잘못됐다고 생각한다. 불평등이 생긴 이유 중 하나는 애초에 사회의 부와 권력이 남성 위주로 분배되었기 때문이다. 오늘날 여성이 마침내 권리를 '찾게' 되었다고 해서 그 상황은 변하는 게 없다. 결국 불평등의 궁극적인 해결을 위해서는 여성이 남성의 성 역할을 변화시키기 위해 도전해야 한다. 그러지 못하면, 아무리 경제적 풍요를 누리는 여성이 많아져도, 결국에는 자기중심적이고 싸가지 없는 개인주의자들만 가득한 사회로 전락하고 말 것이다. 파이낸셜 페미니즘는 타인을 위해 봉사하라는 사회적 압력에서 여성을 해방시키고, 소비의 결정권을 되찾는 것이다. 그뿐만 아니라, 사회적으로 부를 가진 이들(즉, 대개 남성)에게 평등과 봉사의 깨달음을 전하는 것도 포함한다.

여성들은 불평등 격차를 해소하기 위해 노력한다. 그런데 경제적 안정이 그걸 가능하게 만드는 해답이라면 어떨까? 소외된 사람들에게 충분히 쉴 시간과 예쁜 물건을 살 여유를 보장해주는 사회를 만들기 위해, 한 걸음씩 더 나아가면 어떨까? 그러고도 남에게 기꺼이 베풀 수 있는 경제적 능력이 있다면?

남을 해치는 않는다면, 그 어떤 이유로도 돈을 원해도 괜찮다. 자기 마음대로 돈을 쓰는 것뿐만 아니라, 안전하고 건강한 주거 환경을 위해, 나에게 독이 되는 가정이나 일터를 박차고 나올 능력을 갖추기 위해 돈을 쓸 때, 사회가 여성에게 가하는 비난은 터무니없다. 이는 다음 내러티브와도 맞닿아 있다.

다섯째, 돈으로는 진정한 행복을 살 수 없다
(또는, 돈은 나쁘다)

오래전부터 내려오는 말이 있다. "돈으로는 행복을 살 수 없다." 말도 안 되는 헛소리다. 일시적 만족감을 얻으려고 물건을 지르는 건 대체로 바람직한 행동이 아니기에, 일반적으로는 맞는 말일 수 있다. 하지만 핵심을 살펴보면 거짓말이란 걸 알 수 있다. 개인의 잠재력을 박탈하고 적은 돈을 받고 과로하게 만들기 위해, 그래서 계속 가난한 상태를 유지하게끔 만든 거짓말이다.

2007년부터 매년 미국심리협회가 시행한 설문조사에 따르면, 재정 불안은 미국인에게 스트레스를 유발하는 요인 1위다. 2022년, 미국인의 3분의 2는 돈 때문에 스트레스를 받고 있다고 응답했다. 18세에서 43세 사이의 남녀 중 돈 걱정을 한다고 응답한 비율은 무려 80퍼센트에 달했다. 재정적 여유가 없거나 스트레스를 받는 사람에게 '돈으로 행복을 살 수 없다'라는 말은 심각한 가스라이팅이다. 감정이 재정 상태에 영향을 주는 것처럼, 당연히 재정 상태도 감정에 영향을 준다. 밥값을 어떻게 마련할지 고민하고, 돈을 빌미로 학대당하며, 주체할 수 없는 학자금 대출에 허덕이는 사람들이 부정적인 감정에 사로

잡히는 건 너무 당연하다. 돈이 없어서 경제적으로 불안한 상황은 겪어보지 못한 사람은 모른다. 정말 기분이 거지 같다.

빈곤과 뇌 활동의 관계성을 밝힌 연구에 따르면, 경제적 자원이 부족한 상황은 인지와 스트레스 수준, 그리고 의사 결정에 부정적인 영향을 미친다. 최근 연구에 따르면, 가난한 여성이 자녀를 낳은 첫해에 현금 보조금을 주면 아이들의 인지 발달이 놀랍게 향상된다. 우리는 연구를 통해 소득이 높을수록 삶의 질이 향상된다는 걸 알고 있다(물론 어느 액수까지 삶의 질이 향상되는지 그 논쟁은 계속되고 있지만, 요점은 변하지 않는다). 그래서 누군가가, "글쎄, 돈으로 행복을 살 수는 없어"라고 말한다면, 수긍할 게 아니라 이렇게 생각해야 한다. **'음, 정말 그런지 안 그런지 내기할래? 개자식아?!'**

돈이 있으면 안전한 곳에서 살며 건강한 음식을 먹을 수 있다. 이처럼 인간의 기본적인 욕구를 충족시킬 뿐만 아니라, 언제든 휴식을 취하며 몸과 마음에 영양분을 공급할 수 있다. 나를 해치는 부정적인 상황을 쉽게 박차고 나올 수 있다. 돈으로는 수많은 안정감과 선택지를 살 수 있다. 다시 말해, 언제든 행복해질 수 있다.

본래 돈 자체에는 가치가 없다. 우리가 바라는 건 그저 정부가 발행한 종이 더미가 아니다. 선택지다. 돈으로 살 수 있는 수많은 것을 원한다. 수많은 여성이 부자가 되기를 꿈꾸는 이유는 자유로워지고 싶어서다. 왜냐하면 정부와 사회가 주지 못하는 선택지를 돈으로는 살 수 있기 때문이다. 나에게 해가 되는 관계를 탈출하고, 악의적인 클라이언트와 관계를 끊으며, 부정적인 상황으로부터 자유로워지고 싶어 한다. 얼마나 많은 고객이 이런 목표를 말했는지 일일이 기억나지도 않는다. 더 큰 집으로 이사가 자녀들이 각자의 방을 가질 자유를 원한다. 연로하신 부모님과 더 많은 시간을 보낼 자유를 원한다. 언제나 꿈꿔왔던 사업을 시작할 수 있는 자유를 원한다. 스쿨버스를 타고 전국을 여행할 수 있는 자유를 원한다. 또는 홀푸드(유기농 슈퍼 체인으로 고가의 건강한 식료품을 판다 — 옮긴이)에 당당하게 들어가 매주 저녁 술 모임에 놓을 고급 치즈를 살 자유를 원한다.

여성이 재정 교육에 관심을 보이고 힘을 얻기 시작하자, 가부장제는 '돈으로 행복을 살 수 없다'라고 말한다. 우리가 좁은 시야로 돈을 판단하길 바라는 심보가 투영되어 있다. 연봉 협상 없이 회사에서 제안하는 걸 그대로 수락하고, 주식이나 부동산 투자는 남성 파트너가 대신하게 내버려 두고, '직장을 자주 옮기는 사람'이라는 꼬리표를 붙여 더 많은 돈을 주는 직장으로 이직하지 못하게끔 말이다. 가부장제는 우리가 이 체제에 순응할 때, 우리를 통제할 수 있을 때 기뻐한다. 그래서 지금 이 상태에 머물면서 계속 좁은 안목으로 살기길 바란다.

가부장제가 상상할 수 있는 최악의 악몽은 그들이 우리를 통제할 수 없는 상황이다. 그들의 관념이 우리에게 더 이상 영향을 주지 않는 상황이다. 우리가 힘을 가지고 자신과 다른 사람을 변호하는 상황이다.

감정의 뿌리에 집중하라

이쯤 해서 "돈 관리를 배우는 데 이런 내러티브들을 왜 알아야 하나요?"라는 의문이 들 수도 있다.

돈을 쓰는 습관 대부분은 만 일곱 살에 형성된다. 그렇다. 만 일곱 살이라는 정말 어린 나이에 말이다. 초등학교 2학년 때, 이미 당신은 어떻게 돈을 바라보며 관리할지 대부분 정해졌다. 연구에 따르면, 심지어 다섯 살짜리 아이도 돈에 대한 자기감정을 확실히 말할 수 있다고 한다.

전문가의 한마디	**브래드 클론츠 박사** Dr. Brad Klontz
	돈 심리학자·작가

임상심리학 박사과정을 마친 후, 나는 10만 달러의 학자금 대출을 갚아야 했다. 그때 한 친구가 주식 거래로 1년에 10만 달러를 버는 걸 보았다. 정말 기가 막히다고 생각했다. 그 친구는 주식 시장에 대해 아무것도 몰랐다. 나 역시 똑같았기에, 친구

처럼 해낼 수 있으리라고 믿었다. 자산을 영혼까지 끌어모아서 데이 트레이딩(단기 시세차익을 노리는 개인 투자자들이 장 마감 직전 보유주식 대부분을 파는 행위－옮긴이)을 시작했다. 몇 달 동안은 수입이 아주 좋았다. 그러다가 IT 기업에 끼었던 버블이 터졌다. 나는 속수무책으로 폭락을 지켜봐야만 했다. 왜 이렇게 멍청한 짓을 했지? 절망감이 들었다. 그래서 그때부터 돈과 관련된 사람의 심리에 관심을 가지게 되었고, 본격적으로 이 학문에 뛰어들었다.

나는 돈 관리에 어려움을 겪는 이들을 위한 치료 프로그램을 만들려고 노력했다. 그 일환으로 '돈에 대한 믿음 척도'를 개발했다. 나는 세계 최고의 돈 심리학 전문가가 되기까지 어림잡아 몇 달밖에 안 걸렸다는 농담을 한다. 왜냐하면 심리학자 중에 돈 이야기를 하는 사람은 거의 없기 때문이다.

돈에 대한 믿음은 다음 네 가지 범주로 나눌 수 있다.

첫 번째는 **돈을 피해야 한다**는 믿음이다. 돈을 회피하는 사람들은 부자는 탐욕스럽고, 돈은 부패했으며, 돈을 버는 게 아니라 아끼며 사는 게 미덕이라 생각한다. 사회·경제적 지위가 낮은 집단이 정말 흔하게 가진 믿음이다. 아이러니하게도, 이들은 내심 부자가 되고 싶어 한다. 하지만 돈을 벌기 시작하면 친구와 가족으로부터 거리감을 느끼기에 돈을 혐오한다. 가까운 사람들의 원망과 질투를 살 수도 있다. 이는 불안감을 유발하고, 마음이 불편해서 무의식적으로 다시 궁핍한 상태로 돌아오려는, 잘못된 결정을 내린다. 이는 부의 사다리를 올라가려는 사람들에게 흔히 보이는 패턴이다.

두 번째는 **돈을 숭배해야 한다**는 믿음이다. 앞선 믿음과 반대로 더 많은 것을 가질수록 모든 문제가 해결하고 행복해진다고 믿는 것이다. 반드시 부정적이거나 긍정적인 믿음이라고 볼 수 없다. 하지만 이러한 믿음이 강한 사람은 오히려 소득과 순자산이 적으며, 신용카드 빚을 많이 진다.

세 번째는 **돈으로 지위를 살 수 있다는 믿음**이다. 나는 이를 '뱁새가 황새 따라가다 다리 찢어지는 현상'이라고 부른다. 즉, 끊임없이 남과 비교하면서 뒤처지지 않으려는 것이다. 이런 믿음을 가지면 자산이 곧 내 모든 가치를 대변한다고 착각한다. 돈으로 지위를 얻고자 하는 사람들은 '신상품이 아니면 안 사', '명품이 아닌데 왜 사', '사람들이 얼마나 버냐고 물으면 내가 버는 것보다 더 많이 번다고 말해야지'라고 생각한다. 남에게 보여주는 자신의 재정 상태와는 관계없이, 이러한 태도는 최악의 재정적 결과로 이어진다. 넉넉하지 못한 형편에서 자란 사람들은 이러한 믿음에 더 취약하다.

네 번째는 **돈을 지켜야 한다는 믿음**이다. 그래도 긍정적인 믿음이 하나 있어서 다행이라고 생각되지 않는가? '비상시를 대비할 돈이 없다면 불안해서 죽을걸', '누가 나에게 얼마나 버는지 물어보면 실제로 버는 돈보다 더 적게 말해야지' 같은 믿음이다. 크라이튼 대학교에서 실시한 연구에 따르면, 사람들에게는 '돈에 대한 플래시포인트 경험'이 있다. 그것은 어린 시절 겪은 돈에 관한 경험으로, 기억 속에 깊이 각인되어 성인이 되어서까지 영향을 미친다. 이를 바탕으로 돈에 대한 믿음이 생기는데, 그 믿음을 살펴보면 나중에 이 사람이 어떻게 돈 관리를 할지, 어떤 재정 상황이 초래될지 예측할 수 있다고 한다. 돈에 관한 특정 행동은 플래시포인트 경험을 낳고, 자신의 믿음을 강화한다. 기본적으로 인지삼제(자기 자신과 세상, 미래에 대한 부정적인 생각—옮긴이)를 가리킨다. 우리는 다음과 같은 질문을 던져서 플래시포인트 경험을 알 수 있다. 부모님이 돈에 대해 가르쳐준 세 가지 가르침 무엇인가? 아버지가 남긴 세 가지 가르침은 무엇인가? 돈에 대한 가장 고통스러운 기억은 무엇인가? 가장 즐거웠던 기억은 무엇인가? 곰곰이 생각하고 답을 써보자.

나는 부모님께 이 질문을 던져보았다. "엄마는 어릴 때 돈 하면 어떤 생각이 들었어요?"라고 물었다. 이처럼 자신의 성장 환경보다 좀 더 깊이 파고 들어가는 게 좋다. 부모님의 성장 배경은 어떤가? 부모님이 어떤 일을 겪었는지 모르고, 나에게까지 전달되어 내려오는 트라우마를 이해하지 못하더라도, 이러한 질문을 통해 부모님이 돈에 관해 느끼는 감정을 인식할 수 있을 것이다.

많은 사람이 돈에 관한 트라우마에 시달린다. 또한 가난한 양육 환경은 돈에 대한 만성적인 트라우마를 형성한다. 트라우마는 왜 이러한 믿음을 가지게 되었는지 설명해주고, 믿음을 살펴보면 행동을 예측할 수 있다.

믿음은 아이의 마음과 비슷하게 작동한다. 어린 시절에는 상황을 거시적으로 바라볼 수 없다. 예를 들면, 부유하지만 부모님이 늘 돈 문제로 싸우는 집에서 자랐다고 치자. 어느 날 친구 집에서 저녁을 먹는데, 형편은 넉넉하지 못해도 친구 부모님이 화목하게 대화하는 모습을 본다면? 그런 경험을 한 아이는 오히려 돈이 있으면 가정 불화가 생긴다고 여길지 모른다. 이게 바로 아이 같은 마음이 작용하는 방식이다. 그런 환경에서 자란 사람은 돈을 혐오하며 살아갈 확률이 있다. 돈이 많으면 갈등이 생긴다는 결론에 도달했기 때문이다. 정말 강력한 믿음이 잠재의식에 새겨지게 된다.

돈을 둘러싼 역사적·세대적 트라우마는 지금까지 영향을 미치고 있다. 예를 들면, 부모님이 대학을 다녔다면 자녀가 대학에 들어갔을 때 어떻게 행동해야 하는지, 어떻게 하면 성공적인 대학 생활을 할지 가르쳐줄 수 있다. 이는 엄청난 도움이 된다. 또 다른 예는 사회와 정부에 대한 신뢰 부족이다. 미국에서 유색인종은 오랫동안 차별로 피해를 봤기 때문에 투자에 대해 불안해하는 모습이 자주 목격된다. 사회가 자신을 이용해 부당한 이득을 취할까봐 이런 반응을 보이는 것이다.

나는 사람들에게 더 개방적인 자세로 돈 관리하는 법을 공부하라고 말한다. 재정 상황을 개선하기 위한 실천법은 인터넷만 검색해도 쉽게 나온다. 하지만 어떻게 하면 그 조언을 정말로 실천할 수 있을까? 배운 내용을 삶에 녹여낼 방법은 뭘까? 어떻게 해야 돈을 관리하며 뿌듯함을 느끼고, 한계를 깨고 멋진 미래를 만들 수 있을까? 이러한 질문들에 하나씩 답해보자. 그러지 않으면, 얼마 동안은 일정 부분 성공을 거둘지 몰라도 결국에는 성장이 멈추고 말 것이다.

아주 이상하게도, 이 말을 들으면 어느 정도의 안도감이 느껴진다. 그렇지 않은가? 어디서 처음 들었는지 기억나지 않아도 돈에 관한 근거 없는 편견을 가지게 된 것처럼, 그런 여러 요인이 내 안에 깊이 배어들어 있음을 깨닫는다면, 스스로에 대한 비난이 줄어든다. 여성들은 돈에 대한 부정적 감정이 다

자기 탓이라고 생각한다. 자신이 무능해서 돈을 모을 줄 모르고 돈 관리도 못 한다고 생각하거나, 돈이 있어도 그게 삶에 부정적인 영향을 끼친다고 생각한다.

클론츠 박사를 비롯한 심리학자들은 '돈에 관한 각인'이 부모가 돈을 다루는 방식을 보면서 생긴다고 한다. 이러한 믿음은 적극적으로 노력하지 않는 한 바꿀 수 없다. 부모나 가족이 어떤 방식으로 돈을 두고 논의했는가? 똑똑한 돈 관리 습관을 심어주고, 돈을 절약하고 잘 쓰는 법에 대해 알려주는 부모님을 두었는가? 아니면 가족들이 돈 때문에 스트레스를 받고 걱정하는, 더 일반적인 분위기 속에서 자랐는가? 빚이나 저축과 같은 개념에 관해 이야기를 꺼내지도 않는 분위기라, 아무것도 배울 수 없었는가?

감정을 제대로 소화하려면 감정의 뿌리를 찾아가야 한다. 우리의 어린 시절로 돌아가보자. 어쩌면 심리상담 같은 느낌이 들 수도 있다. 세상에서 가장 우아하게 나이 든 배우이자 가수인, 아카데미 수상자 줄리 앤드루스가 부른 노래의 한 소절처럼 우리는 처음부터 다시 시작해야 한다.

내가 돈 관리 코칭을 할 때 가장 좋아하는 건, 가장 처음 생각나는 돈에 관한 기억을 일기장에 적게 하는 것이다. 일기를 쓰면 돈을 바라보는 관점이 바뀐다. 스스로 어떤 재정상의 문제점이 있는지 어디서부터 재정적 기반을 강화해야 하는지 살펴볼 수도 있다. 공책을 꺼내거나 구글 독스를 켜라. 만약 메모한 글을 한곳에 적어두고 보고 싶다면, 이 책의 마지막 장에도 메모할 만한 공간이 있다.

첫째, 돈에 관해 가장 먼저 생각나는 기억은 무엇인가?

의식적으로 돈에 대해 '처음' 생각해본 때가 언제였나? 돈을 저금해야겠다는 생각이 처음 든 적은? 돈을 의식적으로 쓰기 시작한 시기는 또 언제인가?

먼저 내 사례를 풀어보겠다. 나는 연극과 뮤지컬 덕후다. 직접 연극과 뮤지컬 공연을 하면서 자랐고, 대학에서도 연극을 전공했다. 네 살 무렵, 내가 살던 지역에서 제작된 뮤지컬 〈애니〉를 정말 보고 싶었다. 하지만 부모님은 관람권을 사려면 먼저 저축해야 한다고 말씀하셨다. 나는 두 달 동안 열심히, 길에서 떨어진 동전을 발견할 때마다 빈 사탕 캔에 동전을 모았다. 여름에 집 앞에서 레모네이드를 팔면서 번 돈도 빠짐없이 넣었다. 공연을 보던 날, 나는 아마도 5달러쯤 모았을 것이다. 입장료는 사실 25달러였지만 말이다.

기대하던 공연을 본다는 마음에 흥분한 나머지 전날 밤에는 잠을 이룰 수 없었다. 공연장에 도착해 차를 세울 때까지만 해도 굉장히 들떴었다. 하지만 차를 세운 순간, 저금통을 집에 놓고 왔다는 사실을 깨달았다. 그날 가장 극적이었던 장면은 공연의 한 장면이 아니라, 차에서 있었던 일이었다. '애써 모은 돈을 집에 놓고 오다니, 바보 아냐?' 나는 공연을 볼 수 없다는 생각에 뒷좌석에 앉아 목청 높여 울어댔다. 왜 우는지 이유를 알게 된 어머니는 상냥한 목소리로 본인이 입장료를 내주겠다고 안심시켰다. 부모님이 이런 연습을 시킨 건 진짜 입장료를 직접 벌어 사라는 의도가 아니라, 원하는 걸 가지려면 저축이 필요하다는 개념을 알려주기 위해서였다.

매우 좋은 교육이었다고 생각한다. 나는 원하는 것을 얻기 위한 저축이 얼마나 값진 일인지 알게 됐다. 사람들에게 돈에 관한 '최초'의 기억들을 떠올려보라고 하면, 보통 부정적인 돈의 기억을 떠올리는 경향이 있다. 부모님이 신용카드 명세서를 놓고 싸우는 모습을 떠올리는 이도 있고, 생활비가 모자란다는 사실을 가족들이 알게 되는 장면을 기억해내는 이도 있다.

돈에 관한 초기 기억을 떠올릴 때는 이야기의 사실성이 아니라 그 순간과 그 이후의 느낌이 어떠했는지에 집중하자. 그 기억은 긍정적인가, 아니면 부정적인가?

둘째, 앞선 기억이 현재 나와 돈과의 관계에 어떤 영향을 끼치는가?

돈에 관한 초기 기억을 돌아본 뒤, 나는 내 행동들이 완전 이해됐다. 나는 아주 어릴 때부터 절약하는 방법을 배웠고, 돈이 없으면 뭔가를 살 수 없다는 사실을 깨달았다. 이러한 믿음은 나이가 들면서 더 깊숙이 새겨졌다. 예를 들어, 고등학교 때 친구와 신용카드를 어떻게 쓸지 진지하게 이야기한 적이 있었는데, 그때 그러한 믿음이 더 굳어졌다. 저축을 잘하면 불필요하게 큰 빚을 지는 걸 피할 수 있다는 걸 알게 됐다. 내가 돈과 현재 맺고 있는 관계는 이처럼 초기 교육의 큰 영향을 받았다.

물론 그 기억들이 모두 긍정적인 건 아니다. 어린 시절 돈에 얽힌 다른 기억을 살펴보면, 부모님이 위험보다 안정성을 더 중요하게 생각했고 이러한 믿음이 나에게 주입됐음을 알게 됐다. 물론 아버지가 9시에 출근해서 5시에 끝나는 직업, 퇴직연금과 건강보험이 보장되는 직업을 가진 걸 감사하게 생각한다. 또 가정주부였던 어머니의 노고 덕분에 안정적인 양육 환경에서 자랄 수 있었다.

하지만 이렇게 형성된 리스크보다 안정성이 중요하다는 믿음 때문에 나는 오랫동안 직장을 그만두지 못했다. 그 일은 인생에서 내린 가장 두려운 결정 중 하나였다. 은행에 돈을 충분하게 저축해놓고 있었고 사업이 슬슬 추진력을 받았음에도 불구하고, 부모님께서는 단도직입적으로 "뭐가 됐든 안정적인 직장을 그만둬서는 안 돼"라고 말씀하셨다. 돈에 대한 긍정적인 기억조차도 이처럼 마음에 그림자를 남기고, 미래의 선택에 영향을 미친다.

만약 돈에 대한 초기 기억이 트라우마라면 어떨까? 집이 경제적 어려움을 겪는 걸 보고 자라서, 반대로 돈을 쌓아놓기만 하는 습관이 들었을 수도 있다. 아니면 부모님이 너무 돈을 아꼈던 바람에 돈을 닥치는 대로 쓰게 되었을지도 모른다.

돈에 관한 초기 기억과 현재 자신의 돈 관념과의 연관성을 찾았다면, 이제 세 번째 질문으로 넘어가보자.

셋째, 돈과의 관계를 어떻게 바꾸고 싶은가?

처음 코칭을 시작했을 때, 매달 수입의 90~95퍼센트를 저축하는 고객이 있었다. 정말 놀라운 저축률이었지만, 그 정도로 저축률은 오히려 위험 신호다. 소득의 90퍼센트를 저축할 수 있는 사람은 세상에 없다. 그래서도 안 된다. 이유를 물어보니 트라우마가 있었다. 너무 가난하게 자란 탓에, 엄격하게 돈을 절약하게 된 것이다. 하지만 그렇게 절약을 하는데도 자신감이 들기는커녕, 충분한 금액을 저축하지 않고 있다는 느낌이 든다며 코칭을 받으러 온 것이다. 사실 그녀의 처지 정도면 돈 관리에 대한 압박감은 떨쳐버려도 됐다. 그런데도 돈을 쓸 때마다 죄책감을 느꼈다. 전체의 5~10퍼센트 정도만 차지하는, 꼭 지출해야 하는 경비에도 죄책감을 느낀 것이다.

그런 식의 저축은 지속 가능한 방법이 아니다. 또 그렇게 하면서 즐겁지도 않았다. 우리가 돈을 관리할 때 명심해야 할 점은 저축과 지출의 균형을 맞추는 것이다. 미래를 위해 저축을 하면서도, 동시에 지금 가진 돈을 잘 쓰고 즐길 수 있어야 한다. 그녀와 나는 재정적 안정감을 유지하면서도 죄책감 없이 돈을 쓸 계획도 함께 세웠다.

이런 질문을 던지고 싶다. 돈과의 관계가 어떻게 성장하고 발전하기를 바라는가? 더 많은 돈을 저축하고 싶은가? 지금 가진 벌이에 만족감을 느끼고 싶은가? 돈 그 자체나 돈 있는 사람들은 대체로 나쁘다고 생각하는가? 혹은 이런 생각들 중에서 바꾸고 싶은 부분이 있는가?

넷째, 어떻게 하면 그 변화를 이룰 수 있을까?

돈과의 관계를 바꾸려면 필요한 게 뭘까? 어떻게 하면 그 변화를 이룰 수 있을까?

계획 없는 목표는 그저 소원만 비는 것과 같다. 너무 당연하게 들리지만, 내가 변하지 않는 이상 돈과의 관계가 변할 일은 없다. 어떤 버튼을 눌렀더니 갑자기 재정 관리의 천재가 되었다는 마법은 현실에서 일어나지 않는다. 침대에서 일어나서, 행동해야 한다.

돈과의 관계를 개선하려면 시간과 에너지를 투자해 교육을 받아야 한다. 그런 점에서 여러분은 일단 바람직한 출발을 하고 있다. 이 책을 읽고 있기 때문이다(안녕!). 자, 이제 책장을 넘기면서, 메모하며 숙제를 해보자. 돈에 관해 이야기하는 팟캐스트나 유튜브 영상을 듣고, 친구와 대화를 나눠도 좋다. 예금계좌나 은퇴연금계좌가 없다면 그것부터 개설하자. 모든 빚을 적어보고, 예리한 시각으로 예산을 재조정해보자. 신용카드 명세서도 꼼꼼히 살펴봐야 한다. 이 과정에서의 구체적인 팁은 나중에 살펴보겠다.

다섯째, 돈과의 관계가 바뀐다면 내 삶은 어떻게 될까?

자, 어느덧 마지막 질문이다. 이 질문을 읽은 후에는 잠시 눈을 감아보자. 먼저 질문을 읽고 난 다음 가만히 눈을 감으면 된다. 앞으로 돈과의 관계가 바뀌면, 나의 하루는 어떤 모습일까? 인생은 어떻게 달라질 것이며, 사고방식은 어떻게 바뀌었을까?

돈과의 관계가 변한 덕분에 나는 겨우 스물다섯에 10만 달러를 모을 수 있었다. 3년 전, 나는 10만 달러가 어떻게 삶을 바꿀지 정확히 알고 있었다. 그건 그냥 무작위로 뽑은 숫자가 아니다. 충분한 분석 끝에 10만 달러만 통장에 가지고 있으면, 직장을 그만두고 사업에 전념할 수 있으리라 생각한 것이다.

그 결정은 어떤 의미였을까? 내 하루 전체가 바뀐다는 뜻이다. 아침 6시 30분에 일어나서 출근길에 나서고 여덟 시간 넘게 책상에 앉아 다른 사람을 부자로 만들어줄 필요가 없다는 뜻이다. 휴가를 가고 싶을 때 휴가 신청서를 제출할 필요가 없다는 뜻이며, 매일 하고 싶은 일을 할 수 있다는 뜻이다. 상사의 히스테리를 감당하는 대신, 사업상의 모든 결정을 나만의 판단을 통해 내리는 것이다. 또한, 사업을 한다는 건 여성들의 삶을 변화시키는 사회적 공헌도 할 수 있다는 걸 뜻하기도 했다.

여러분이 이 질문에 아주 구체적으로 답해주었으면 한다. 자, 지금부터 함께 시각화를 해볼 것이다. 질문을 조금 더 아름답게 재구성해보겠다.

눈을 감고 이런 상상을 해보자. 더 이상 빚이 없을 때 매일 아침햇살이 어떻게 느껴질까? 내가 잠든 사이에도 내가 투자한 돈이 돈을 벌어다 준다는 것, 이런 사실을 알면서 잠에서 깨어나는 기분은 어떨까? 그 어떤 돌발 상황에도 충분한 자금으로 대처할 수 있고, 언제 어디로든 휴가를 떠날 수 있는 기분은 또 어떨까? 남은 인생은 어떻게 변할까? 마음가짐은 어떻게 달라질까? 정신 건강은 어떨까? 재정적 기반이 마련된 지금, 나에게 놓인 선택지는 무엇일까?

뿌리를 바꾸면 인생이 수월해진다

사고방식을 바꾼다는 건 어린 시절 생긴 돈에 관련된 부정적 믿음을 극복한다는 뜻이다. 돈과의 관계가 바뀌길 바란다면, 감정의 뿌리부터 들여다봐야 하는 이유다. 어디서부터 돈과의 관계가 망가졌는지 충분히 살펴보자.

일단 돈에 대한 기억, 부모님으로부터 물려받은 돈에 대한 편견, 돈에 관한 내러티브들을 하나하나 풀어내기 시작하면, 수치심과 잘못된 판단을 떠나보낼 수 있다. 지금 당장 내가 돈과의 관계를 바꾸기 위해 할 수 있는 일에 집중할 수 있게 된다.

돈에 대한 통제권을 쥔다면, 평생을 지배했던 돈에 관한 부정적이고 거지같은 믿음을 이해하고 받아들이며 극복한다면, 우리의 삶은 어떻게 바뀔지 생각해보라. 꿈꾸고 환상을 품어보자.

이게 바로 돈이 가진 또 다른 감정적인 측면이다. 수치심이나 스트레스, 두려움을 주고 잘못된 판단을 이끌 수도 있지만, 스스로에 대한 자부심과 경외심, 희망, 기쁨을 가져다줄 수도 있다.

돈 덕분에 나는 인생의 숱한 기쁨과 기회들을 누릴 수 있었다. 나는 지금 프랑스 에어비앤비 숙소에서 이 장을 쓰고 있다. 나는 두 달 동안 이곳에서 작가들을 위한 캠프에 참여했다. 치즈를 많이 먹고, 버건디를 마시며, 한낮에 정원을 걷는다. 쉼이 필요할 때는 글쓰기를 잠시 멈추고 낮잠을 잔다. 충분히 쉬고 일하면서도 나와 나의 팀은 수백만 달러의 매출을 올린다.

이게 바로 돈으로 살 수 있는 것들이다. 안정감과 선택지를 주고 살고 싶은 삶을 살게 해준다. 모든 가능성을 열어주고, 편안하게 해주며, 작은 사치 하나하나를 누릴 수 있게끔 한다. 타이어 바람이 빠지거나 결혼식에 가거나 지나치게 술을 마시는 바람에 밤늦게 택시를 타야 하는 등 예상치 못하게 돈이 들어갈 때도 별다른 부담 없이 돈을 쓸 수 있다. 잠깐 불편한 일에도 돈을 쓰면 편안함을 얻을 수 있다. 인생이 정말로 수월해진다.

돈과 돈이 주는 선택지는 내게 정말 큰 기쁨을 가져다주었다. 그보다 더 좋은 건, 무엇이든 할 수 있다는 강한 자신감을 심어주었다는 거다. 나는 내 코칭을 받은 모든 사람이 기뻐하고 자신감 넘치는 모습을 보았다. 대학을 졸업하고 첫 직장을 구한 디애나는 회사와 협상 끝에 임금을 6퍼센트나 올리고 더 많은 복지 혜택도 받을 수 있었다. 열여덟 초보 엄마였던 애나는 소파 뒤에 떨어진 잔돈을 찾을 정도로 가난에 허덕였지만, 이제는 딸이 열여섯이 되면 줄 차를 현금으로 구매했다. 라틴계 미국인 일세대인 테리는 현재 퇴직연금에 10만 달러를 적립한 후, 다섯 살 아이에게 물려줄 재산을 불리는 데 집중하고 있다.

나는 지구상의 모든 여성이 이러한 느낌을 느껴보기를 간절히 바란다.

전문가의 한마디	**신네아 엘아민**Cinneah El-Amin
	빚지지 않는 여행과 자산 증식을 목표로 하는 〈플라이낸스드FLYNANCED〉 창립자

나는 돈에 관한 이야기를 금기시하는 걸 사회가 가르쳤다는 사실을 깨달았다. '돈을 얼마나 버는지, 돈이 얼마나 있는지 이야기해서는 안 된다.' 지금도 나는 이 내러티브에 맞서 싸우고 있다.

내가 물려받은 또 다른 내러티브는 돈이 한계가 있다는 관념이다. 나는 학교에서 돈이 한정적인 자원이라고 배웠고, 그런 믿음에 익숙해져 있었다. 말 그대로 월급을 받아 다달이 생활하던 때부터 돈을 잘 버는 지금까지, 평생 그런 사고방식으로 살아왔다. 그걸 바꿔보려는 노력 또한 현재 진행형이다.

돈은 우리 삶의 큰 부분을 차지한다. 그에 관한 새로운 사고방식을 세우려면 꽤 오랜 시간이 필요하다. 그래서 나는 내가 종종 과거의 패턴으로 되돌아가더라도, 조급해하거나 비관하지 않고 스스로를 너그럽게 대하기로 했다. 선의와 친절함으로 나 자신을 포용하기로 했다.

돈은 내가 하고 싶고 좋아하는 일에 대한 두려움을 없애주었고 내가 빛날 수 있도록 도와주었다. 그 덕분에 더 자주 여행하고, 쾌적하지만 물가가 비싼 도시에도 살 수 있게 되었다. 부모님과 살지 않아도 됐다. 나는 자립했다. 커리어에 대한 선택권도 가질 수 있었다.

오늘날 나는 부를 통해 삶에 대한 다양한 선택권을 가지게 됐다. 할머니 때라면 이미 내 나이에 자녀를 낳았을 것이다. 과거의 여성들에게 자녀를 낳고 기르는 건 여성으로서 지극히 자연스러운 삶이었다. 정말 자녀를 낳고 싶어서가 아니라, 사회가 그러한 기대와 요구를 했다. 하지만 지금은 다르다. 재정적으로 안정된 여성은 '여성성'을 스스로 정의할 능력을 갖게 된다. 재정적 안정은 세상과 사회를 다른 관점으로 살아갈 수 있게 도와준다. 더 이상 돈이 한정적인 자원이라고 생각하지도 않는다.

내가 선택의 자유를 가장 크게 느끼는 순간은 여행을 떠나 영적인 변화를 느낄 때다. 재정적으로 안정된 이후, 나는 자유롭게 여행을 다닐 수 있게 되었다. 말 그대로 필요한 것만 챙겨서 떠날 결심만 하면 됐다. 여력이 있으니, 단지 가고 싶다는 마음만 들면 얼마든지 멕시코로 떠날 수 있다. 그래서 곧 멕시코로 떠날 예정이다!

경제적 안정 덕분에 이러한 생각과 행동을 할 수 있다고 생각한다. 지금 나는 내가 하는 선택과 인생의 방향에 관해 생각할 때 아주 행복하다. 생활비를 어떻게 댈지 전전긍긍했다면, 월급을 받아 다달이 간신히 살아갔다면, 이런 삶은 불가능할 것이다.

경제적 안정 덕분에 나는 내 삶을 더 편하게 하는 물건을 사고 서비스를 받는다. PT를 받고, 영양사로부터 개인 식단표도 받는다. 한마디로 돈 덕분에 더욱 건강하고 행복한 삶을 누린다. 예전에는 수입 대부분을 빚을 갚고 파산을 면하는 데 썼지만, 여유가 있으면 나를 위한 선택을 할 수 있다. 배우자나 부모님에게 기대지 않아도 된다. 인생의 즐거움을 위해 그 누구에게도 의존할 필요가 없다. 나는 자유롭다.

1. 지금 나에게 돈에 관한 어떤 믿음이 있는지 알아보자.

머릿속에서 가장 강하게 떠오르는, 수치심이 드는 문장을 적어보자. 그다음에는 자신에게 최대한 동정심을 발휘해 문장을 재구성해보자.

"나는 충분히 ______________________ 지 않아."

"나는 충분히 ______________________."

내가 쓴 확언과 어울리는 몇 가지 문장을 더 써보자. 메모지에 써서 거울에 붙이거나, 잘 보이는 곳에 놔두자. 책갈피로 사용해도 좋다.

____

____

____

____

2. 5가지 내러티브

당신은 가부장제 내러티브를 내면화하고 있는가? 그것이 어떤 식으로 돈과 관련한 행동에 영향을 주었는가?

돈 얘기를 남에게 물어보는 건 바보 같다.

돈 얘기를 꺼내는 건 무례하다.

일만 열심히 하면 부자가 될 거야!

돈만 밝히는 건 이기적이야.

돈으로는 진정한 행복을 살 수 없지.

3. 돈에 관한 초기 기억

여태까지 돈에 대한 초기 기억에 관해 생각해본 적 없다면, 바로 지금이 적기다.

돈에 관해 가장 먼저 생각나는 기억은 무엇인가?

앞선 기억이 현재 나와 돈과의 관계에 어떤 영향을 끼치는가?

돈과의 관계를 어떻게 바꾸고 싶은가?

어떻게 하면 그렇게 바꿀 수 있을까?

돈과의 관계가 변한다면 내 삶은 어떤 모습일까?

2장
소비

스타벅스 커피를 마시면서
부자가 되는 법

SPENDING MONE

남자와 여자는 부자 되는 방법이 다를까?

본격적으로 재정 관리를 하겠다고 마음먹었을 때, 나 역시 나침반으로 삼을 만한 조언을 찾고 있었다. 무조건 호통부터 치는 구식 스타일 대신, '여성들은 이렇게 돈을 관리해야 합니다'라고 친절하게 알려주는 조언을 찾고 있었다. 그렇게 온갖 자료를 검색하다 보니, 흥미로운 점을 하나 발견했다.

남녀에 대한 조언이 완전히 달랐던 것이다. 남성을 대상으로 하는 경제적 조언은 주식에 투자하고, 월급을 협상하며, 당장 부동산을 사라는 식이다. 조언들은 적극적으로 재산을 늘리고 돈을 더 많이 버는 것에 초점이 맞추어져 있었다. 내용도 모두 훌륭했다!

하지만 여성을 향한 재정 조언은 늘 어딘가 재수가 없다. 늘

약간씩의 비하와 혐오가 묻어나 있다. 여성은 '원래' 돈 관리하는 법을 잘 모른다는 걸 전제로 하면서, 일상적으로 돈 관리하는 법이나 생활비 예산을 관리하는 법을 알려줬다. 예컨대 이런 식이다. 식료품 장보기, 할인 쿠폰 모으기, 지출 줄이기….

돈과 재산에 관한 조언은 성별에 따라 완전히 달랐다. 그들은 늘 여성과 지출을 연결 짓고 있었다. 너무 자주 쇼핑하고, 쓸데없이 비싼 가방을 사며, 커피를 마시고 네일을 받으러 가느라 제대로 돈을 모으지 못한다는 것이다. 누군가가 이런 식으로 여성을 비하할 때마다 내가 티모시 샬라메에게 DM을 보냈다면, 나는 진작 차단당했을 것이다.

여성을 향한 조언은 돈을 더 많이 버는 걸 강조하지 않고, 소비를 줄이는 데에 초점이 맞춰져 있다. '여자들이 부자가 되지 못하는 이유는 쓸데없는 데 너무 돈을 많이 써서 그렇다'는 프레임을 씌운 것이다. 최근 한 연구에 따르면, 여성에게 재정적 조언을 해주는 300편의 기사 중 90퍼센트가 저축에 초점이 맞춰져 있다고 한다. 그러한 기사 중 3분의 2는 여성들이 과도한 소비를 한다며 이상한 꼬리표까지 붙인다. 남성을 위한 조언이 '떡상할 만한 주식 종목 다섯 개'라면, 여성을 향한 조언은 '5달러 미만으로 만들 수 있는 다섯 가지 요리'라는 식이다.

여성에게는 늘 할인 쿠폰을 모으고 지출을 줄이며 꼼꼼하게 예산을 세우는 게 '모범답안'이다. 10센트까지 지출을 빠짐없이 추적하라는 둥, 허리띠를 조이는 게 답이라는 둥, 21세기에도 이런 내러티브는 여전히 힘이 세다. 남성은 전략적이고 장기적인 관점에서 재정적 결정을 내려서 차이를 만들어내고 부를 축적한다. 반면, 여성은? "디올 가방을 사면 안 된다니까. 어휴, 멍청이들!"

정말일까? 국가 경제에서 여성의 구매력이 상당한 부분을 차지한다는 것은 사실이다. 여성은 어릴 때부터 많은 마케팅에 노출되는데, 특히 가게와 쇼핑몰은 전적으로 젊은 여성의 지갑을 열게끔 설계되어 있다. 아이러니하지 않은가? 마케팅 대부분을 여성 대상으로 하면서, 정작 돈을 쓰면 수치심을 느끼게 만든다니!

사회가 여성의 돈을 뜯어내는 방법

우리는 가부장제가 어떻게 여성의 잠재력을 꺾고, 자존감을 저하시키며, 시스템에 굴복하게 했는지 살펴보았다. '조언'으로 위장한 여성 혐오는 여전히 곳곳에 만연하다. 이러한 조언은 '꼭 필요한' 소비(욕구)에 대한 압박을 무시하고, 즐거움을 가져다주는 소비에 수치심을 느끼게 한다.

하지만 여성이든 다른 누구든, 여전히 반드시 써야 할 비용이란 게 있다. 누구나 월세를 내거나 식료품을 구매하거나 교통비를 지출한다. 그러한 비용을 줄이는 방법을 생각해보는 것도 나쁘지는 않지만, 그걸 줄이는 건 생각보다 어렵다. 앞서 말했다시피, 나는 돈을 절약하는 법을 알려주는 기사나 강연을 엄청나게 많이 접했다. 그중 가장 흔한 조언은 예컨대 자전거로 출퇴근하라는 거였다('건강에도 좋답니다!'). 아아, 바게트를 자전거 앞 바구니에 넣고 '위, 메르시!'라고 외치는 장면이 떠오른다. 소박하고 평화롭게 들리겠지만, 현실적으로 실천하기 어려운 방법이다. 1년 중 4개월 이상은 오후 5시에 해가 진다. 특히 밤길에 여자 혼자 자전거를 타거나 걷는 건 위험하다. 또, 정작 교통비를 절약해서 큰 혜택을 볼 만한 재정 상태의 사람들은 직장이 몰려 있는 시내에 살 만큼 돈이 많지 않다. 그런 사람들에게 매일 엄청나게 먼 거리를 자전거로 출퇴근하라는 건 말도 안 된다.

성소수자에게 호의적인 도시는 일반적으로 물가가 비싸다. 생활비가 많이 들 수밖에 없다. 장애인은 ADA(1990년에 재정된 미국의 장애인 차별 금지법—옮긴이) 규정에 따라 구조를 바꾼 집에서 살아야 하기에 추가 비용이 든다. 흑인은 채무 상환 능력이 적다는 편견 때문에 평균적으로 더 높은 주택담보대출 이자를 부담한다. 이처럼 사회적 약자들은 백인 시스젠더 남성이 생각해볼 필요도 없는 문제를 해결하기 위해 많은 비용을 지출한다. 쓰고 싶어서 돈을 쓰는 게 아닌데도 지출을 경솔하다고 속단하고 비난하는 '조언'들을 마주하면 또다시 좌절하게 된다.

돈을 쓰고 싶지 않아도 돈을 쓰게 되는 사례는 또 있다. 완벽하게 보여야 한다는 압박감에 여성이 지갑을 여는 현상이다. 특히 미국에서, 남성은 그저 셔츠만 바지에 넣어 입어도 되지만, 여성에게는 최소한으로 꾸며야 하는 사회적 미의 기준이 있다. 미국의 배우 에이미 폴러와 함께 골든글러브 시상식 사회를 본 티나 페이는 이런 말을 했다. "〈폭스캐처〉 촬영 당시 스티브 카렐이 머리를 하고 가짜 코를 붙이며 메이크업하는 데 두 시간이 걸렸다고 하네요. 오늘 제가 '여자' 역할을 하기 위해 든 시간은 세 시간입니다." 현실을 냉철하게 꼬집으면서도 유머가 살아 있는 말이다.

내가 잡지 표지 사진을 찍었을 때 쓴 돈을 하나하나 따져보겠다. 일단 옷, 액세서리, 신발에만 수백 달러가 들었다. 게다가 나는 특별히 가슴을 잘 받쳐주는 브라도 입어야 했다(가슴 큰 여성들은 잘 알겠지만, 일반 브라보다 50달러 이상 비싸다!). 촬영 당일에는 머리를 드라이하고 메이크업을 받았다. 그 전날에는 멀리 떨어진 미용실까지 가서 머리를 자르고, 피부 관리를 받고, 눈썹을 정리했다. 이런 준비에 걸리는 시간이 얼마나 긴지는 말도 마라. 머리를 자르고 염색하는 것만 네 시간은 걸린다.

어떤 사람은 그게 다 내가 선택한 게 아니냐고 반론할 수 있겠지만, 절대 그렇게 느껴지지 않았다. 대부분 여성은 외모를 '준수하게' 꾸미지 않으면 커리어에 타격이 간다는 걸 알고 있다. 도서 판매량은 부진할 거고, 미디어 출연이나 강연 기회를 놓칠 것이다. 가부장제는 메이크업이나 멋진 옷에 돈을 낭비하지 않으면, 여성에게 '피곤해 보인다'던가 '프로답지 못하다'라는 꼬리표를 붙인다. 꾸미지 않았다고 수치심을 주고 '어리석다'며 비난까지 한다. 현실적으로 맨얼굴로 나섰을 때 다른 사람으로부터 존경을 받는 건 너무 힘들다. 이중 잣대가 너무 심하다. 사람들은 유색인종, 특히나 흑인 여성에게 그걸 엄격하게 들이민다. 최근 연구에 따르면, 사회적으로 흑인(특히 흑인 여성)의 곱슬머리는 '덜 예쁘고 매력이 떨어지며 프로답지 못하다'라는 편견이 있다고 한다.

외모에 관한 사회적 압박이 더더욱 짜증나는 이유는 같은 물건을 사고 같은 서비스를 받는데 여성이 남성보다 더 많은 돈을 낸다는 것이다. 이런 차별적인 관행을 '핑크 텍스'라고 한다. 뉴욕소비자보호원이 실시한 연구에 따르면, 성인 여성과 소녀를 대상으로 한 마케팅 상품은 남성과 소년을 대상으로 한 상품보다 평균 7퍼센트 비싸다고 한다. 이 금액을 평균 내보면, 같은 상품을 사용해도 여성은 남성보다 연간 1300달러를 더 쓰게 된다. 면도기 값만 해도 여성은 남성보다 20퍼센트 높은 가격을 지불한다. 자, 마지막으로 빵 터질 준비를 하자. 탐폰에는 세금이 붙을까 안 붙을까? 정답은 '사치재'로 분류되어 세금이 부과된다!

이러한 이유로 여성은 소비를 좀 더 줄일 필요가 있다는 주장은 불평등하다. 이처럼 사회적 기준에 따라 반강제로 요구되는 외모 유지비용에 이어, 출세하기 위해 써야 하는 비용도 있다. 야근 후 집에 무사히 들어오려면 택시를 잡아야 하고, 범죄율이 낮은 동네는 월세가 비싸다. 안전을 보장하는 데 드는 비용은 빌어먹을 카페라테를 마시는 비용보다 훨씬 큰 부담이다! 여성이 부자가 되지 못하는 이유는 테이크아웃 커피를 마셔서가 아니다. 이전 장에서 살펴보았듯이, 체제가 여성을 억압하고 제대로 된 재정 교육을 받을 기회도 막기 때문이다. 시장은 특정 노동의 가치를 폄하하고, 사회는 여성에게 어떻게 행동해야 하고 어떻게 행동해서는 안 된다는 식의 기준을 강요한다. 나는 여성의 존재감을 짓밟는 이런 문화가 마음에 들지 않는다.

세상에 경솔한 지출은 없다

친구 빅토리아가 브라이덜 샤워를 앞두고 나에게 전화를 건 적이 있다. 그녀는 브라이덜 샤워에 예쁘게 입을 명품 원피스를 샀는데 목소리는 울먹거렸고 불안에 떨고 있었다. 사람들이(특히 SNS에 추가되어 있는 사람들이) 왜 이렇게 비싼 옷을 샀냐고 이러쿵저러쿵 할까봐 불안했다는 것이다. "이거 환불 해야 하나? 더 싼 드레스를 살까? 이렇게 많은 돈을 들여 비싼 드레스를 사다니 나 진짜 멍청한 거 아냐?"

여성이라면 뭔가를 샀을 때 주변으로부터 비난받을지 모른다는 불안감을 느껴본 경험이 다들 있을 것이다. 특히나 '경솔한 지출'로 치부되는 걸 살 때는 더더욱 그러하다. 그런 비난을 받게 되면, 여성으로서 소비에 대한 정당한 이유를 내놓아야 하기 때문이다. 빅토리아는 나중에 다른 행사에서도 이 드레스를 리폼해 입을 거라고 부연 설명하거나, 할인해서 산 거라고 해명해야 한다는 압박감을 느꼈다.

그때 나는 빅토리아에게 만약 약혼자인 맥스가 결혼식을 위해 롤렉스 시계를 사면 주변 사람들이 어떤 반응을 보일 거라 생각하는지 물어봤다. 아마도 쉽게 예상할 수 있을 거다. 인스타그램에는 이런 답변이 달릴 거다. "이야, 시계 멋진데! 요새 완전 잘 나가나 봐." 한편 빅토리아의 드레스 사진에는 이런 답변이 달릴 것이다. "그 드레스를 얼마 주고 샀다고?! 겉멋만 들어가지고는!"

"나 진짜 이 원피스를 반품하고 다른 드레스를 살까 말까 고민했어." 빅토리아는 압박감을 털어놓았다. "하지만 다시 생각했지. 아냐, 난 그동안 정말 뼈 빠지게 일했는걸. 이 옷을 입고 싶어. 입으면 정말 예쁠 거야!"

빅토리아는 원피스를 반품하지 않았다. 그 옷을 입은 빅토리아는 정말 아름다웠다. 자신의 선택에 당당했으며, 다시 후회하지 않았다.

무엇이 필요해서든, 무엇이 부족해서든 간데 돈을 쓰는 건 나쁜 게 아니다. 다시 한번 독자에게 강조하겠다. 돈을 쓰는 건 나쁜 게 아니다!

"당신은 저축하는 사람입니까, 소비하는 사람입니까?"라는 식의 고전적인 질문은 저축하는 사람의 기분을 좋게 하고, 소비하는 사람에게는 수치심을 안겨준다. 단적으로 말해 이런 말은 그냥 헛소리다. 자, 비밀을 하나 알려주겠다. 돈을 안 쓰는 사람은 없다. 내가 저축한 모든 돈은 결국 쓰일 것이다. 지금 소비하지 않더라도 언젠가는 소비될 것이다. 비상금으로 저축해둔 돈은 타이어에 바람이 빠졌을 때 쓰일 거고, 보증금으로 모아놓은 돈은 보증금에 쓸 것이다. 은퇴 후, 나보다 훨씬 어리고 섹시한 필라테스 강사 루카와 크로아티아에서 휴가를 보내는 데 그 돈은 결국 쓰일 것이다(사실, 이게 정말 내 은퇴 계획이다. 섹시한 루카에 대한 이야기는 나중에 기회가 되면 더 자세히 풀겠다). 지금부터 10년~20년 후의 일이긴 하지만 말이다.

전문가의 한마디	폴라 팬트Paula Pant
	재정 전문가, 〈어포드 애니씽Afford Anything〉 창립자

전통적인 전문가들은 기초 생활비 외에 쓰는 '불필요한' 선택적 비용을 설명할 때 여성의 예시로 도배한다. 나 역시 죄책감이 느껴질 정도로 여성의 예시를 많이 든 것 같다. "핸드백과 옷, 네일, 칵테일에 돈을 쓰지 마세요!"라는 식이다. 그런데 잠깐 멈춰서 생각해보자! 왜 골프를 치러 가거나, 축구 경기 VIP석 예매에 관해서는 이야기를 꺼내지 않을까? 조언은 한쪽 성별에만 치우쳐 있다. 이 사회는 남성이 공구나 엑스박스 게임에 쓰는 돈 얘기는 하지 않고, 여성의 소비가 얼마나 경솔했는지에 관한 기사만 쓴다.

1년 전, 영국 왕세자 윌리엄 케임브리지 공작과 케이트 미들턴 공작부인의 대화 내용을 다룬 기사를 읽었다. 둘은 차세대 기술을 주제로 한 심포지엄에 참가하고 있었다. 그 기술을 사용하면 소비자가 TV를 볼 때, 영화 주인공이 입은 옷이나 등장하는 가구 등을 구매할 수 있었다. 윌리엄은 케이트를 바라보며 이렇게 말했다. "근데 말이야, 저 기술 좀 위험하다. 당신이 TV에 나오는 옷을 죄다 사고 싶어 할 텐데." 케이트는 바로 맞받아쳤다. "음, 그러게. **자기도** 계속 헬리콥터를 사고 싶어 할 것 같은데?"

이게 바로 요점이다. 소비를 말할 때 그 누구도 남성을 무책임한 구매와 연결 짓지 않는다.

경솔하다는 꼬리표가 붙는 소비에는 주관적 판단이 투영돼 있다. 구매자가 생각한 가치만큼 그 물건이 가치 있다고 생각하지 않을 때 그런 평가를 하는 것이다. 사정을 잘 알지도 못하면서.

소비의 가치는 개인의 관점에 따라 다르다. 자신의 재정 상황과 소비를 통해 얻을 수 있는 게 뭔지 곰곰이 생각한 후, “나한텐 다른 것보다 이게 더 가치가 있어!”라고 말할 수 있다면 정말 멋진 소비를 한 거다. 내 영혼을 풍요롭게 해줄 게 뭔지 고민하고 어떤 물건을 샀다고? 아주 잘했다! 그 물건이 뭔지는 상관없다. 뭔가를 사기 전에 충분히 생각했다면, 개인적인 의도를 가지고, 또 의식적인 소비를 한 거라면 경솔한 소비가 아니다.

돈은 내가 살고 싶은 삶을 꾸려나가기 위한 강력한 수단이다. 즉, 돈은 쓸 때 의미가 있다. 첫 직장을 다닐 때 시애틀의 파이크 플레이스 마켓에서 사 먹은 초콜릿 크루아상. 힘든 시기를 겪고 있을 때 혼자 하와이로 떠나 재충전했던 여행. 아울렛 쇼핑몰 티제이 맥스에서 잔뜩 산 크리스마스 캔들. 최근 파리 여행에서 난생처음으로 산 명품인 **끝내주게 멋있는** 돌체앤가바

나 선글라스. 이것들을 질렀을 때 기분을 생각하면, 그보다 더 멋진 순간은 없었다.

대부분의 재정 관리 전문가는 소비에 부정적이다. 소비를 줄이거나 아예 허리띠를 단단히 졸라매라고 충고한다. 수즈 오르만은 퍽이나 사랑스러운 명언을 남겼다. "밖에서 커피를 사 마시는 건, 백만 달러어치의 소변을 하수구로 흘려보내는 꼴입니다." 호주 부동산업계의 큰손, 팀 거너는 사람들이 집을 못 사는 이유가 아보카도 토스트에 돈을 너무 많이 써서라고 했다. 이들이 공통으로 내비치는 핵심이 무엇인가? **수치심**을 불러일으켜 이득을 취하고, 부정적인 감정을 이용해 재정적 성공을 도출하려 한다는 점이다.

이 전략이 과연 먹힐까? 재정 관리는 다이어트와 같다. 연구에 따르면 다이어트를 시도한 사람의 98퍼센트는 장기적으로 실패한다. 예전 식습관으로 되돌아가기 때문이다. 당신이 치킨을 먹지 말라고 얘기하면 얘기할수록, 치킨을 먹고 싶은 마음은 더 커질 것이다. 마찬가지로 돈을 쓰면 안 된다고 말할수록 돈을 쓰고 싶은 마음은 커질 것이다. 이는 '의지'의 문제가 아니다. 사람의 심리는 원래 그렇게 작동한다.

나는 원하는 걸 사지 말라고 하지 않을 것이다. 그런 말은 도움이 안 될 뿐더러, 정작 나도 사고 싶은 물건을 지르는 걸 좋아하기 때문이다! 소비를 무턱대고 막는 건 지속 가능하지도 않을뿐더러 즐겁지도 않다. 대신 그 물건을 합리적으로 살 방법을 같이 찾아보도록 하자. 건전하게 소비하는 방법만 배우면 된다.

목적 있는 소비의 기쁨

그럼 건전한 소비의 핵심은 뭘까? 바로 마인드풀한 돈 관리, 그러니까 재정 관리 차원에서 '알아차림'과 '마음 챙김'을 실천하는 거다. 나는 돈을 벌려고 정말 뼈 빠지게 일한 이들에게 높은 투자 수익을 안겨주고 싶다. 물건을 사거나 소비할 때 올바른 결정을 내리고, 자신의 결정에 만족하면 좋겠다. 돈의 본래 의도에 맞게 잘 사용함으로써 자신이 원하는 삶을 빚어 나가길 바란다.

돈을 잘 관리하자는 말은 돈을 그만 쓰자는 얘기가 아니다. 중요하지 않는 일에 돈을 낭비하지 말자는 뜻이다.

전혀 중요하게 생각하지 않는 일에 돈을 쓰는 경우는 여러 가지다. 일하다 말고 바람을 쐬고 싶어서 마시고 싶지도 않은 커피를 사러 나간다고 핑계를 대거나, 충동적으로 인스타그램에서 광고하는 35달러짜리 주름 방지 스티커를 장바구니에 넣는 게 그 예다(내 실제 경험에서 우러나온 사례들이다). 박물관을 좋아하지도 않으면서 "로마에 갔으면 박물관에 가야지"라는 말에 혹해 박물관 입장료를 내는 것이다. 모두 돈 낭비다. 그 자체가 낭비라는 뜻이 아니라, 자신의 관심과 가치에 어긋나는 일에 돈을 썼기에 낭비라는 뜻이다.

내 목표는 여러분이 **자신이 살고 싶은 인생을 빚어나갈 수 있도록 돈을 현명하게 관리하고 목적이 있는 소비를 하도록 돕는 것**이다. 돈이 우리를 통제하는 게 아니라 우리가 돈을 통제하는 삶으로 안내하는 것이다. 사실은 원하지도 않는 물건에 돈을 써왔다면, 이제 변화할 때다. 돈을 수단으로, 자원으로 잘 활용해 소비로 누릴 수 있는 기쁨을 최대한 누려보자.

전문가의 한마디	**라밋 세티**
	《부자가 되는 법을 가르쳐드립니다》 저자

사람들에게 "풍족한 삶이 뭐라고 생각하나요?"라고 물으면 가장 흔히 듣게 되는 답변이 있다. "제가 원하는 일을 하는 삶이요." 그럼 나는 이렇게 되묻는다. "좋네요. 근데 뭘 하시고 싶으신데요?" 이 질문에는 대개 침묵이 돌아온다.

사실 우리의 진짜 문제는 '풍족한 삶'의 의미에 대해 20분 정도 시간을 내서 생각해보는 일도 없다는 거다. 어떤 주제든 간에, 우리는 하기 싫은 일이 뭔지만 생각한다. "저는 대형 트럭을 운전하기 싫어요." "야근하고 싶지 않아요."

무엇을 하고 싶냐는 질문에 생생하고 세세한 묘사를 할 수 있어야 한다. 예를 들어, "여행을 가고 싶어요!"라고 답한다면 나는 이렇게 되묻는다. "어디로 여행 가고 싶으세요? 무슨 비행기 좌석을 예약하고 싶으신데요? 이탈리아에 도착한 날 저녁 식사 메뉴는 생각해보셨어요? 누구랑 같이 가고 싶으세요?" 여러분도 대답해보자. 대부분 풍족한 삶을 살고 있지 않을 뿐 아니라, 그게 뭔지 자세하게 생각해보지도 않았다는 걸 알 수 있다. 내가 원하는 걸 생생하게 그려낼 수 있을 때, 우리는 풍족한 삶을 살 수 있게 된다.

돈에 대한 조언 대부분은 뭔가를 제한하거나 죄책감이나 불안을 조장한다. 커피값을 줄이라는 조언이 대표적이다. 이러한 조언은 개인이 스스로 재정적 책임을 져야 한다는 방향으로 귀결된다. 각자 자신의 돈을 관리할 책임이 있다는 건 당연한 말이기도 하고 동의하는 바이지만, 체제나 구조적 문제를 간과하는 측면이 있다.

나는 돈을 다른 관점에서 바라볼 수 있다고 생각한다. 씀씀이를 제한하거나 죄책감이나 불안감을 불러일으키는 대신 즐겁고 모험적인 태도로, 또 너그럽게 돈을 쓸 수 있다. 이러한 마음가짐을 내면화하면 죄책감을 느끼지 않고 마음 편한 소비를 할 수 있을 것이다. "죄책감 없이 한 달에 한 번은 마사지를 받을 거야", "죄책감 없이 30퍼센트 팁을 줘야지" 같은 것이 그러한 소비의 예다. 한편으로 "차에 들어가는 돈을 줄여야지. 새 차는 내게 별로 중요하지 않아"라고 할 수도 있다.

이러한 과정을 통해 내가 좋아하는 것들에 돈을 쓰고, 좋아하지 않는 것에는 쓰지 않을 수 있다. 사람들이 풍족한 삶을 살아가지 못하는 이유는 30만 달러 가치를 더해줄 수 있는 질문이 아니라, 어떻게 하면 3달러 소비를 줄일까 같은 질문을 하기 때문이다. "어떻게 하면 돈을 더 벌 수 있을까요?", "어떻게 하면 투자와 저축을 자동화할 수 있을까요?" 같은 질문이 바로 30만 달러 가치가 담긴 질문이다.

돈의 원리를 잘 이해하면, 그걸 잘 쓰는 데 있어 주목할 만한 성과를 거둘 수 있다. 예를 들면, 교통비를 아끼거나 라테를 마셔도 되는지 고민할 필요가 없다. 정당한 노동의 대가를 지급하는 직장을 찾거나, 재정 관리의 기초 원리를 배우거나, 투자와 저축을 자동화할 방법을 고민하자.

풍족한 삶이란 우리 각자가 그리는 이상적인 삶이다. 여느 날과 다를 바 없는 화요일 저녁, 문득 "그래, 내가 살고 싶었던 삶은 바로 이거지"라고 말하는 삶. 풍족한 삶이란 1000달러짜리 캐시미어 스웨터를 편하게 입을 수 있고, 오후 3시에 학교로 딸을 데리러 갈 수 있는 삶이다. 수입의 14퍼센트를 좋은 일에 기부하는 삶이 될 수도 있다. 가격을 보지 않고 슈퍼에서 사고 싶은 소소한 물건들을 사는 삶이 될 수도 있다.

당신은 삶을 원하는 대로 풍족하게 만들 수 있다. 나나 다른 사람은 그 삶의 구체적 형태를 정의할 수 없으며, 부모님이나 친구들이 당신의 삶을 대신 살아주지도 않는다. 풍족한 삶이란 자신에게 딱 맞는 수제 장갑처럼, 삶을 원하는 대로 설계하는 것이다.

아마 독자는 이 글을 읽으면서 머리를 살짝 갸우뚱할지도 모른다. 그 물건이나 소비가 나에게 진짜 중요한지 어떻게 알 수 있을까? 어떻게 하면 돈을 탕진한 상태와 재정적 목표를 달성하는 상태의 균형을 이룰 수 있을까? 어떻게 하면 사고 싶은 물건마다 장바구니에 넣지 않고, 현명하게 돈을 쓸 수 있을까? 라밋이 말한 것처럼, 어떻게 하면 풍족한 삶을 살 수 있을까?

소비 일기의 마법

〈리파이너리29〉라는 온라인 소비 일기 사이트가 있다. 그곳에선 다양한 배경의 사람들이 매주 자신의 지출 내역을 기록한다. 우리는 이 개념을 한 단계 더 끌어올릴 것이다.

한 달 동안 내가 쓴 돈과 내가 산 물건 하나하나가 얼마였는지를 써보자. 꼭 필요한 물건을 사는 데 쓴 비용과 선택적 비용을 모두 써야 한다. 전기요금이나 넷플릭스 구독료 등 자동 이체되는 돈과 인앱 구매 등의 비용도 포함해야 한다.

하지만 뭘 샀는지, 그 가격이 얼마였는지를 적는 것만으로는 왜 그걸 샀는지 결정하게 만든 감정의 뿌리를 알아보기 어렵다. 그래서 나는 소비 습관을 변화시키는 두 단계를 더했다. 즉, **왜** 그런 걸 구매 했는지, 어떤 **느낌**을 받았는지도 써볼 것이다. 예를 들어보자.

구매한 물건: 스타벅스 카페모카

가격: 4.5달러

구매 이유: 친구를 만남

기분: ☺

우리는 모두 감정과 정신이 소비에 엄청난 영향을 끼친다는 걸 이미 알고 있다. 자신의 생각과 느낌, 감정을 마인드풀하게 살펴보는 작업은 소비 습관을 분석하는 데 중요하다. 물건을 살 때나 산 뒤에 어떤 생각이 드는지, 느낌이 어떤지 살펴봐야 한다. 뭘 샀는지 적어보고, 이를 인지해야 한다. 늘 이를 염두에 두면서 소비할 때마다 스스로에게 질문을 던져라.

소비 일기에 '구매 이유'와 '기분'을 적을 때에는 구매와 관련된 모든 상황을 고려해야 한다. 가령 4.5달러짜리 카페모카를 마셨을 때 기분이 좋았던 이유는 음료가 맛있었기 때문일까? 맛은 그냥 평범했지만, 오랜만에 친구를 만나서 기분이 좋았던 걸까?

'기분'을 적을 때는 이모티콘으로도 충분하다. 중요한 건 여러분이 지치지 않고 소비 일기를 쓰는 것이다. 한 달 내내 뭔가를 살 때마다 박사학위 논문을 적듯 긴 글을 적는 건 쉽지 않다. 솔직하되 짧게 써라.

불필요한 물건을 살 때보다 필요한 물건을 살 때 상황이 더더욱 중요하다. 구매 이유에 '식사해야 했음' 또는 '살려면 먹어야 했음'이라고 적기보다는 왜 그 슈퍼에서 장을 본 건지, 왜 이 아파트나 주택을 이 돈을 주고 살고 있는지 써보라. 앞서 살펴보았듯, 필수로 지출하는 비용과 선택적 비용은 서로 영향을 미치기에 경계가 흐려질 수 있다. 그래서 우리는 두 비용 모두 살펴볼 것이다.

그럼 소비 일기를 쓸 때 제일 중요한 건 뭘까? **중간에 섣부른 판단을 내리지 말고 일기를 계속해서 쓰는 것이다.** 마치 인류학자라도 된 것처럼 자기 인생의 종적을 살피면서 꼼꼼하게 일기를 써보자. **'하, 별로 필요하지도 않고 막 사고 싶지도 않았던 신발을 지른 이유는 대체 뭐지? 맞아, 아침에 상사 때문에 기분을 잡쳤기 때문이야!**

자책하고 수치심을 느끼게 하려고 이런 일을 시킨 게 아니다. 그냥 자신의 소비 흐름을 살펴보는 것뿐이다. 소비 일기를 쓰는 연습은 돈이 어디로 흘러 들어가는지, 돈에 대한 감정적인 반응을 유발하는 트리거가 무엇인지 찾아내는 데 아주 효과적이다. 땀 흘려 번 돈을 내가 중요하다고 생각하는 일에 잘 쓰고 있나? 아니면 좌절하거나 지루할 때 탕진하고 있지는 않은가? 약간 편리하자고 과도하게 돈을 쓰진 않나?

나는 여러분의 돈이 저축이나 투자에서 뿐만 아니라 지출에서도 큰 수익률을 거두길 바란다. 미니멀리스트이자 세계적 정리 전문가 곤도 마리에의 말처럼, 설레지 않으면 사지 말자. 이런 마음가짐을 가지면 돈을 모으거나, 내 마음을 설레게 하는 물건을 살 수 있다.

당신은 돈을 벌기 위해 뼈 빠지게 노력했다. 이렇게 땀 흘려 번 돈이 나중에는 샀는지 안 샀는지 기억조차 희미해진 물건을 사는데 써서야 되겠는가? 여러분은 돈을 쓰면서 최대한으로 기쁨을 느껴야 한다.

소비 일기를 쓰는 일이 처음엔 시간 낭비라는 생각이 들 수 있다. 하지만, 일단 버릇을 들이면 거침없이 쓴 내용을 적게 된다. 그래서 나는 여러분이 **오늘부터** 이 일기를 썼으면 한다.

다이어리 플래너 맨 뒤쪽에 있는 공란을 이용하거나 구글 독스에서 새 워드 문서를 만들어도 좋다. 핸드폰 메모장도 훌륭하다. '정답'은 없으니 가장 편하고 적합한 방식을 찾아보자. 목적은 지속할 수 있는 습관을 들이는 것이므로 내용은 짧아야 한다. 그러면서도 친절해야 한다.

적어도 몇 주는 써보는 걸 추천하지만, 가장 이상적인 안은 한 달 내내 쓰는 것이다. 너무 길다고 느낄 수도 있겠지만, 구매 및 소비 습관 패턴을 살피려면 충분한 표본이 필요하다.

한 달 후, 다 쓴 소비 일기장을 꼼꼼히 살펴보는 일도 중요하다. 필수 지출부터 살펴보자. 이 지출에는 주거비용, 장 보는 비용, 교통비, 의료비, 자동차 보험비 등이 포함된다. 기본적으로 내가 숨쉬며 살아가는 데 드는 필수 비용이다.

하지만 이 영역에서도 소비 욕구가 필요해서인지, 아니면 '원해서인지' 살펴보길 추천한다. 앞에서 언급했듯 원해서 사는 물건과 필요해서 사는 물건의 경계는 흐릿하다. 예를 들면 유기농 슈퍼마켓에서 장을 보는 걸 떠올려보자. 장을 본 물건이 정말 '필요해서' 사는 거라면 좀 더 저렴한 슈퍼마켓을 이용하면 되지 않을까? 매달 마사지를 받는 이유는 호사스러운 마사지를 '원해서'인가, 아니면 내 건강을 유지하기에 '필요해서'인가 한번 물어보자.

이 질문의 답을 내가 해줄 순 없다. 자신이 어떤 상황에 놓여 있고 어떤 삶을 사는지, 삶의 양식과 가치관은 무엇인지 아는 건 오직 나 자신 뿐이기 때문이다.

전문가의 한마디

키어린 왕 Kieryn Wang

마케팅 에이전시 〈얼모스트컨설팅Almostconsulting〉 설립자

내 인생은 2018년에 바닥을 찍었다. 수입 대부분을 차지하던 클라이언트와의 관계가 끝났고, 어떻게 수입을 올릴지 막막하기만 했다. 당시 모아둔 비상금으로는 한 달에서 한 달 반 정도 버틸 수 있었다. 나는 한 달에 필요한 생활비가 얼마인지도 몰랐다. 한 달의 소비조차 가늠할 수 없다는 건 정말 큰 문제다. 그저 매달 그달 번 돈으로 그달의 생활비를 대는 사람은 삶을 장기적인 관점으로 꾸리지 못하기 때문이다.

내가 가지고 있던 돈에 대한 오해는 은행 계좌 잔액을 확인하지 않으면 모든 문제가 없을 거라는 점이었다. '그냥 지금 쓰는 대로 쓰고, 버는 대로 벌자'라고 스스로에게 말했지만, 사실 이것만으로는 충분하지 않았다. 현실적으로 돈 관리를 하는 것이 아니라 '이 상태도 괜찮아. 우주가 필요한 돈을 갖다 줄 거야'라는 식의 마음가짐을 가졌던 것 같다.

나는 절망 속에서 토리의 머니 코칭을 예약했다. 뭘 어떻게 해야 할지 몰랐지만, 코칭을 받고 소비 일기를 써보면서 마음가짐이 바뀌었다. 사실, 처음에는 소비 일기를 쓰는 게 너무 싫었다. 모든 책임을 한꺼번에 마주하라고 시키는 것 같았기 때문이다. 하지만 그걸 쓰면서, 나는 차분히 어디에 돈을 쓰는지 생

각할 수밖에 없었다. 토리가 내준 과제에서 제일 마음에 들었던 건 돈과 감정의 관계를 살펴보는 연습이었다. 내가 어떤 기분이 들었을 때 돈을 썼는지 살펴보면서, 스트레스를 받으면 어디에 돈을 쓰는지 알게 됐다. 나는 슬플 때 음식이나 대마초를 샀다! 소비 일기를 통해 한 달 생활을 꾸려나갈 돈이 얼마인지도 알게 됐다.

소비 패턴과 행동 패턴을 살펴보면서 깨달음을 얻는 과정은 정말 중요하다. 그동안 나는 한심할 정도로 돈에 무지했고, 그 결과 무분별한 소비 패턴과 습관을 방치했다. 수치스러운 일이라서 회피해버렸다. 소비 패턴을 마주한 후에서야 이제 내가 어디에 돈을 쓰는지 알게 됐다. 그걸 알게 되니, 책임감도 생겼다.

소비 일기는 한 걸음 물러나 제3자의 관점에서 나의 소비를 살펴보는 연습이다. 거리를 두고 바라보면 더 큰 통찰력을 얻을 수 있다.

독자에게 주고 싶은 팁이 하나 있다. 어떤 물건을 살 때, 다른 사람이 아니라 '나 자신에게' 그 물건을 왜 샀는지 정당한 이유를 대고 납득시켜 보라는 것이다. 그 이유가 점점 길어진다면, 그 지출을 재평가할 시점이다. 외식을 자주 해서 사놓은 음식을 버리는 일이 잦은데도 고급 슈퍼마켓에서 장을 보는가? '건강을 위해' 헬스장에 등록했지만 안 간 지 몇 주가 지났는가? 감당하기 힘든 비싼 월세를 내고 있지 않은가? 사실 다른 곳에 살아도 그만큼의 기쁨과 안전을 누릴 수도 있는데 말이다.

나 자신에게 솔직해지자. 선입견을 내려놓고 구매 이력을 꼼꼼하게 살펴보자. 다만 잊지 말아야 할 점이 있다. 사회는 여성이 경솔하게 소비를 한다는 꼬리표를 붙여왔고, 그 결과 여성은 무언가를 살 때마다 그 이유를 대야 했다. 그저 원해서 사는 건지, 아니면 필요해서 사는 건지 스스로 물어보면 그 함정을 피할 수 있다.

불필요한 지출을 막고 싶다면

꼭 필요하다고 생각되는 지출도 꼼꼼히 살펴보면, 협상이 가능한 부분이 보인다. 예를 들어, 집주인이 월세를 올리는 경우가 그렇다.

2020년 초, 내 집주인은 월세를 올리겠다고 말했다. 하지만 여러분도 잘 알다시피, 그해에 코로나19 팬데믹이 시작됐다. 월세를 그대로 유지해달라고 요구하기엔 정말로 완벽한 타이

밍이었다. 아래에 내가 2020년 12월에 쓴 이메일을 그대로 첨부한다.

안녕하세요. 잘 지내고 계시지요?
지난 2년간 이 아파트에서 정말 만족하면서 살았습니다. 그래서 최소 6개월은 임대를 연장하고 싶습니다. 그런데 저번에 월세를 올릴 계획이라고 말씀해주신지라, 혹시라도 임대 계약 갱신 시 월세를 그대로 유지할 수 없을지 의논드리고자 이 메일을 씁니다.

1) 시애틀 주변 지역의 월세는 꾸준히 감소해왔습니다.[자료첨부] 지난 3월부터 10월까지 시애틀에 있는 주택과 아파트의 월세는 14퍼센트 감소했고 최근 2달간은 증가세 없이 감소하기만 했습니다.
2) 저는 매달 월세를 밀리지 않는 믿을 만한 세입자입니다. 팬데믹이 경제에 악영향을 미친다고 해도, 저는 지금처럼 월세를 단 한 번도 밀리지 않는 믿을만한 세입자로 남을 자신이 있습니다.

저는 이 집에서 사는 게 너무 좋고, 계속 여기서 살고 싶습니다. 하지만 월세를 인상하신다면 이 집을 떠날 수밖에 없을 것 같네요. 다른 곳들의 월세가 현저하게 낮아졌고, 새로 입주하는 사람들에게는 혜택을 주기 때문입니다.

한번 고민해보시고 말씀해주시면 감사하겠습니다. 대화를 나눈 후 함께 타협점을 찾으면 좋을 것 같습니다!

감사합니다.

토리 드림.

나는 왜 월세를 올리면 안 되는지를 뒷받침하는 자료를 보여줬을 뿐만 아니라, 내가 책임감 있고, 집을 깨끗이 쓰며, 상대를 편하게 해주는 사람임을 상기시켰다. 보통 집주인은 불확실한 새로운 세입자보다 믿을 만한 기존 세입자를 선호하기 때문이다.

내 전략은 먹혔다. 집주인은 월세를 올리지 않았고, 나는 계속 그 집에서 살 수 있었다. 이 대본은 인터넷 사용료나 핸드폰 요금 조정 등 다른 경우에도 활용할 수 있다. 고객센터에 전화해서 다음과 같이 말해보자.

안녕하세요. 다름 아니라 상의드릴 일이 있어서 전화드립니다. 저를 도와주실 수 있을 것 같아서요. 최근 경쟁사 ○○의 요금제를 보았는데 가격이 훨씬 더 싸더라고요. 그래서 혹시 할인 혜택이 있는지 해서 연락드렸습니다. 조건이 비슷하다면 계속해서 단골이 되고 싶거든요. 혹시 저에게 주실 만한 할인 혜택이 있을까요?

항상 공손한 어투로 이야기하고, 문제점을 명확하게 이야기하며, 내 요청에 대한 근거를 제시해야 한다. 이런 구체적인 협상 기술은 6장에서 더 살펴보겠다.

행복 투자 수익률을 높여라!

고객을 코칭할 때, 나는 선택적 비용을 세 가지 영역으로 분류한다. 선택적 비용이란 인생에서 꼭 필요한 지출은 아니지만, 원하는 물건이나 경험을 얻는 데 쓰는 비용이다. 이 세 가지 영역은 삶에서 기쁨을 가져다주며, 행복 투자 수익률이 가장 높다.

내가 가치 있다고 생각하는 세 가지 영역은 다음과 같다.

① 여행

② 외식

③ 집 꾸미기(식물, 실내 장식용품, 로봇 청소기 등)

즉, 내 선택적 비용의 대부분은 프렌드문(크리스틴과 매해 떠나는, 신혼여행처럼 호사스럽고 로맨틱한 여행)과 외식, 그리고 귀여운 식물들을 사는 데 나간다.

커피, 옷, 화장품 등 그다지 좋아하지 않는 것들에 대한 소비는 별로 없다. 다시 한번 말하지만, 우리의 목표는 소비를 멈추는 게 아니다. 그다지 좋아하지 않거나 별로 중요하다고 생각하지 않는 것에 돈 쓰는 걸 멈추는 거다. 가치 있는 것, 나에게 정말 중요한 부분에 돈을 써야 한다. 이 전략을 적용한 끝에, 나는 처음으로 10만 달러를 모을 수 있었다. 포기하는 것도 별로 없었고, 수치심도 없었으며, 나 자신과 타협하지 않아도 됐다.

재정 관리에서 맞추어야 할 초점은 개인마다 다르다. 내가 선정한 가치 있는 세 가지 영역은 여러분이 가치 있다고 생각하는 영역과 다를 수 있다. 개인의 가치에 맞게 돈을 관리하는 게 바로 바람직한 재정 관리다! 다수의 재정 관리 전문가들은 모두가 걸어야 할 단 하나의 길이 있다고 말하지만, 틀렸다. 우리는 함께 결핍을 채워주고, 욕구를 충족시키며, 각자의 목표에 알맞은 재정 관리 계획을 설정해야 한다.

가치 있는 세 가지 영역을 아직 정하지 않았다면, 지금 곰곰이 생각해보자. 어디서부터 시작할지 모르겠다면 소비 일기장을 펼쳐 내가 어디에 돈을 가장 많이 쓰는지, 가장 큰 기쁨을 선사하는 소비는 뭔지 살펴보자. 소비 일기 전체를 검토할 때,

"어느 소비를 줄여야 그 돈을 다른 데 쓸 수 있을까?"라는 질문을 던져보자. 정말 좋아하는 세 가지 영역을 고른 후, 여기에 할당한 돈은 자유롭게 써라.

언젠가 자신에게 가장 중요한 영역은 구제 의류라고 답한 고객이 있다. 그녀는 구제 의류를 사고 옷을 리폼하고 수선하는데도 돈을 쓰며 행복을 느꼈다. 나는 이 말을 듣고 이렇게 말했다. "정말 멋지네요! 원한다면 선택적 비용 전체를 구제 의류에 쓸 수도 있어요."

하지만 주의할 점이 있다. 〈허 퍼스트 $100K〉에 참여한 사람들을 살펴본 결과, 영역 간의 경계를 너무 유동적으로 설정하는 경우도 있었다. 돈 쓸 때마다 즐겁다고 말하거나, 가치 있는 세 가지 영역의 범주를 너무 넓게 설정하는 바람에 모든 소비가 그 범주에 포함되는 경우다. 예를 들면 '오락'은 불명확하다. 콘서트 입장권, 술집에서 술을 마시는 일, 스카이다이빙, 외식, 이탈리아 자동차 여행, 라스베이거스에서 〈태양의 서커스〉 입장권을 사는 것 모두가 같은 '오락'이라는 범주에 포함되기 때문이다.

흔히 볼 수 있는 또 다른 예는 '쇼핑'이라는 범주다. 너무 범주가 넓은 나머지 거의 모든 것이 쇼핑으로 치부될 수 있을 정도다.

가치 있는 세 가지 영역을 정한 이유는 건전하고, 주의 깊으며, 죄책감을 불러일으키지 않는 소비를 촉진해 저축과 균형을 이루기 위함이다. 그러므로 선택적 비용 하나하나를 가치 있는 영역으로 분류하는 건 불가능하다. 정말로 본인에게 즐거움을 선사하는 소비가 무엇인지 충분히 생각한 후, 범위를 정하고 그 영역에 해당하는 돈은 자유롭게 쓰자.

전문가의 한마디	**폴라 팬츠**
	재정 전문가, 〈어포드 애니씽Afford Anything〉 창립자

〈어포드 애니씽〉 창립은 여행을 하다 떠올린 생각에서 이루어졌다. 나보다 돈이 많은 친구는 정말 많았다. 하지만 그들은 "나도 여행 너무 가고 싶다. 근데 돈이 없어"라고 말하곤 했다. 나는 혼란스러웠다. 친구들은 항상 돈을 쓰고 있었기 때문이다! 근사한 아파트에서 살고, 멋진 차를 몰았으며, 주말에는 술집에서 거나하게 들이켰다. 나는 친구들에게 질문을 던지기 시작했다. 그들에게 여행 갈 돈은 분명히 있었지만, 다른 데에다가 돈을 쓰고 있었기 때문이다.

이때, 〈어포드 애니씽〉의 컨셉이 떠올랐다. 내가 쓰는 1달러는 다른 것과 교환한 무언가라는 생각에서 출발했는데, 한마디로 모든 소비에는 대가가 즉 기회비용이 따른다는 것이다. 시간이 지나면서 나는 이 개념을 돈뿐만 아니라 시간, 에너지, 주의력 등 모든 한정적인 자원으로 확장했다.

마찬가지로, 우리는 뱉는 말 하나하나도 선택할 수 있다. 너무 많은 사람이 "나는 ○○할 수 없어"라고 하지만, 이런 말은 내가 가진 힘을 빼앗는다. 누구에게도 필요하지 않으며, 특히 소수자들이 들어선 더욱 안 된다. "나는 ○○할 수 없어"라는 말은 "나는 ○○하고 싶지 않아"라고 재정립하자. 만약 정말 원하는 일이라면 이렇게 말하자. "어떻게 하면 그걸 가능하게 만들 수 있을까?"

스스로 가치 있는 일에 돈을 쓰면, 그 돈은 내 관점이나 가치를 물리적으로 상징하는 매개체가 된다. 예컨대 수입이 정말 적다면, 가장 중요한 소비는 음식, 집, 의료비 등 가장 기본적인 것에서만 이루어질 것이다. 소비는 그 사람이 가장 중요하다고 생각하는 가치의 연장선이다. 이런 의미에서, 우리는 돈을 통해 나의 가치를 더 잘 표현할 수 있게 된다.

돈을 쓰기 전에 해야 할 5가지 질문

소비 일기는 자신이 가치를 두는 영역을 알아볼 수 있는 효과적인 방법이다. 이미 돈을 가치 있게 소비하고 있을 수도 있지만, 몇 가지 소비에 변화를 줘야 할 수도 있다.

예를 들어, 옷과 화장품, 커피가 가치 있는 영역이라고 했다고 치자. 그런데 여기에 거의 돈을 쓰지 않는다면, 무언가 잘못됐다는 표시다. 정말 자신에게 가치 있는 게 뭔지 알아차리지 못했거나, 진짜 좋아하지 않는 곳에 돈을 쓰고 있을 수도 있다. 다시 강조하지만, '진짜 좋아하지 않는 것'이란 순간의 기쁨은 주지만, 장기간으로 행복을 선사하지는 못하는 충동적이고 감정적인 지출이다.

좋아하지도 않는 것에 돈을 쓰는 현상은 아주 흔하다. 여론조사기관 해리스폴에 따르면, 응답자 2000명 중 절반에 가까운 인원이 저번 달에 충동적인 과소비를 했다고 답했다.

이처럼 감정적으로 소비하는 습관을 버리기 위해, 나는 돈을 쓰기 전 나 자신에게 몇 가지 질문을 하는 습관을 들였다.

질문1. 지금 내 감정 상태는 어떤가?

우리는 앞장에서 감정이 재정 상태에 얼마나 큰 영향을 미치는지 살펴보았다. 물건을 사기 전, 내 감정이 어떤지 스스로 물어보면 감정이 재정에 미치는 영향을 더 분명하게 알 수 있다.

우리는 지난 몇 년간 코로나 팬데믹의 폭풍을 지났다. 다들 비슷하겠지만, 나 역시 이런 특수 상황에 대처하는 데 익숙하지 않았다. 팬데믹이 시작되었을 때, 나는 수면 베개를 하나 질렀다. 보통 임산부가 쓰는 커다란 베개로 가격은 무려 70달러였다. 완전 말도 안 되는 구매였지만 내게는 정말 가치 있었다. (참고로 나는 이 책의 마지막 퇴고를 보는 중에도 그 베개를 꼭 안고 있었다. 정말 도움이 되는 투자이지 않은가?)

절망감이 과소비의 유일한 원인은 아니다. 나는 흔쾌히 돈을 쓰는 경향이 있다. 예를 들어, 금요일 밤에 좋아하는 친구들과 놀 때가 그렇다. 인생이 끝내준다고 생각하면서 과음한다. 기분이 너무너무 좋아지면 평소에 시키지도 않는 비싼 칵테일을 마구 마시고, 배고프지도 않은데 치킨 텐더를 시키며, 별생각 없이 친구들에게 몇 차를 쏜다. 아뿔싸.

이런 식의 소비는 자기 자신에게 해를 끼친다. 뭔가를 사서 감정을 변화시키는 건 정말, 정말 쉽다. 우리는 특정 물건들이 엄청난 기쁨을 선사한다는 걸 알고 있지만, 사실 그 순간에만 기분이 좋은 소비도 정말 많다.

나 자신에게 한번 물어보자. 인생의 공허함을 채우려고 이 물건을 사는가? 이 물건은 나쁜 감정을 아주 잠깐, 일시적으로 유예하는 것 이상의 뭔가를 선사하는가? 감정적인 이유로 아무 생각 없이 돈을 쓰자는 유혹에 빠진 건 아닌가?

이런 질문을 던진 후, 자신의 소비에 대해 인지해보자. 감정적인 이유로 소비하지 않는 사람은 없다! 하지만 모두가 감정적인 소비를 한다고 해서, 나도 괜찮다는 식의 태도는 취하지 않았으면 좋겠다. 가끔씩 이런 소비를 하는 건 괜찮다. 왜냐하면 인생이 빌어먹을 정도로 고달플 때가 있기 때문이다. 하지만 계속해서 감정적 소비를 한다면, 문제가 있는 거다. 계좌에만 큰일이 난 게 아니라, 나 자신에게도 큰일이 난 거다. 상사가 난리를 칠 때마다 뭔가를 산다면, 근무 환경이라는 근본적인 문제를 고치지 않고 임시방편으로만 문제를 때우는 것이다. 감정적인 소비는 어디까지나 일시적인 방법으로, 삶의 질을 개선하지는 않는다. 나는 여러분이 임시방편에 기대지 않았으면 좋겠다. 문제를 때우려고만 하면, 근본적이고 장기적인 해결책에서 멀어지기 때문이다. "이게 정말 도움이 될까? 어떤 문제에 도움이 될까?"라는 질문을 던지고 솔직하게 대답하면서 장기적인 해결책을 마련하자.

질문2. 이 돈으로 타코 몇 개를 살 수 있을까?

아마 위와 같은 조언을 이미 들어봤을 것이다. 무슨 소리인지 혼란스러울 이들을 위해 지금부터 부연 설명을 하겠다.

몇 년 전, 나는 재정 관리의 판도를 바꾼 블로그 글을 읽었다. 『재정 관리의 과학Science Finance』의 저자, 린지 반 소메렌Linsay Van Someren이 제일 좋아하는 음식은 타코다. 그 어떤 음식보다 타코를 좋아한다. 그래서 타코가 아닌 걸 살 때, 그녀는 자기 자신에게 이렇게 묻는다고 한다. '음, 이 돈으로는 타코를 몇 개 살 수 있지?'

예를 들어, 사고 싶은 외투는 50달러이고 타코는 5달러라고 하자. 그럼 외투는 타코 열 개에 해당하는 금액이다. 이 외투를 사거나 아니면 열 개의 타코를 먹을 수 있다.

린제이는 타코로 환산했지만, 나는 여행으로 환산했다. 여행을 좋아하기에 무언가를 살 때 "이 돈이면 어디를 갈 수 있지?"라고 물었다. 예를 들면 100달러짜리 외투라면 "시애틀에서 로스앤젤레스로 여행할 수 있는 돈이네." 또는 "이탈리아 에어비앤비에서 하룻밤 묵을 수 있는 돈이네"라고 말하는 식이다.

이런 질문을 던지다 보면, 어떤 소비가 가치 있고, 또 어떤 소비가 가치 없는지 알 수 있다. 타코로 환산해도 좋고, 항공권이나 피부관리, 식물 값으로 환산해도 좋다. 정말 '나'에게 중요한 가치를 기준으로 삼는 거다. 지금 사려고 하는 물건의 값어치를 좋아하는 물건의 값어치로 대치해보면, 사려던 물건의 가치를 가늠할 수 있게 되고, 내가 '정말로' 가치 있다고 생각하는 걸 포기하면서까지 이걸 사고 싶은지 묻게 된다.

질문3. 나는 소비의 가치를 정확하게 평가하고 있는가?

내가 무언가를 '가치 있다'라고 평가할 때, 여기서 가치에는 여러 의미가 있다. 가격표에 명시된 가격만큼의 가치가 있는가? 내가 낼 돈에 물건의 품질이 상응하는가? 이 물건을 사면 어떤 가치를 얻을 것인가? 지금 이 돈을 낼 가치가 있는가, 아니면 할인을 기다릴 것인가?

어떤 물건을 할인가로 판다고 하면, 그걸 사는 게 마치 횡재처럼 느껴진다. 하지만 정가가 100달러인 물건이 70퍼센트 할인한다고 할지라도 30달러를 지출한다는 사실은 변하지 않는다. 만약 예전에 사려고 계획했던 물건이라면, 싸게 산 거다! 하지만 필요도 없던 물건을 샀다면, 아무리 할인을 많이 했어도 돈을 낭비했다는 사실은 변하지 않는다.

사려는 물건이 나에게 얼마나 가치 있는지를 계산하려면, 그걸 쓸 때마다 내가 부담하는 비용이 얼만지 계산해보자. 물건 값을 내가 사용할 수 있는 횟수로 나눠보면, 현명한 소비인지 아닌지 가늠할 수 있다. 예를 들면, 최근에 스무디에 꽂혀서 60달러짜리 뉴트리블렛 믹서기를 샀다고 치자. 평일마다 만들어 먹는다고 쳤을 때 대략 261일로 나누면 한 번 쓸 때마다 재료비에 더해 0.23달러를 쓰는 셈이라는 계산이 나온다. 음, 이 정도면 개인적으로 꽤 현명한 소비 같다!

나는 옷을 살 때도 이렇게 계산해본다. 특히나 비싼 옷에 투자할 때 더더욱 말이다. 500달러짜리 고급 코트를 살 때, 품질이 좋고, 몇 년 동안 계속해서 입을 걸 안다면, 한 번 입을 때 부담하는 비용은 줄어든다. 그래서 좀 더 편안한 마음으로 살 수 있다.

질문4. 습관적인 구매인가 아니면 루틴의 일부인가?

내 고객 중에는 실제로 커피를 좋아하긴 하지만, 사실은 그저 일하다가 잠깐 숨을 돌리기 위해 커피를 사러 간다는 사람이 정말 많았다. 그냥 사무실에서 잠깐 나와 바람을 쐬기 위해 매일 3시 커피를 사러 나갔다. 아무런 핑계 없이 휴식을 취하면 마음이 불편하니(자본주의, 참 고오맙다!) 매일 좋아하지도 않는 5달러짜리 커피를 마시는 것이다. 당연히 지갑 사정에 이로운 습관은 아니다(몸에 카페인을 과도하게 공급한다는 점에서도 그렇다).

사용하지도 않는 스트리밍 서비스를 계속 구독하거나, 도무지 정이 가지 않는 비싼 아파트에 살거나, 집에 안 쓴 공책이 열두 권이 있는데 연초에 공책을 하나 더 사는 행위(바로 내 사례다)도 비슷한 예다.

스스로에게 이렇게 질문해보자. 정말 좋아하고 즐기는 일에 돈을 쓰고 있는가? 그 시간이 기다려지는가? 아니면 단지 언제나 그렇게 소비해왔기 때문에 그냥 계속 그렇게 소비하는 걸까?

질문5. 몇 시간 일해야 이 돈을 벌 수 있는가?

월급쟁이든 사장이든 일하는 시간당 버는 돈이 있다. 이렇게 시간당 요율을 계산해보면 수입과 지출을 쉽게 비교해볼 수 있다.

예를 들어, 시간당 25달러를 버는데 100달러의 물건을 지르기 직전이라 하자. **월요일 오후 내내 일해야 이 돈을 버는데, 지를 가치가 있을까?** 회사에 다닐 때 나는 매번 나 자신에게 이렇게 물었다. **방금 회의에 네 시간 동안 맨스플레인 당했는데, 이 물건이 그 시간 만큼의 가치가 있을까?**

이런 질문은 새로운 시각을 가져다준다. 어떤 물건을 사기 위해 몇 시간 일해야 하는지 계산함으로써 소득과 소비 사이에 선을 긋는다. 이 질문 덕분에 나는 직장을 그만두고 내 사업을 하는 데 한 걸음 더 나아갈 수 있었다.

질문6. 돈이 나의 신념을 보여주고 있는가?

소비를 신중하게 결정하는 것도 가부장제에 맞서는 행동이다. 자본주의 사회에서 어디에 어떻게 돈을 쓰는가는 세상의 변화를 이끌어낼 수 있는 가장 강력한 도구다. 결국, 여성의 소비는 전체 소비의 70퍼센트 이상을 차지하기 때문이다.

종종 대형마트나 아마존에서 몇 가지 물건을 사야 할 때가 있고, 그래도 괜찮다고 생각한다. 하지만 그 전에, 똑같은 상품을 가족이 운영하는 지역 상점이나, 여성 또는 유색인종이 운영하는 사업체에서 살 수 있는지 살펴보자. 마지막 장에서는 이처럼 돈으로 우리 자신의 신념을 보여주는 법과 긍정적인 변화를 일으키는 법에 대해 더 자세하게 살펴보겠다.

핵심 요약

다시 한번 강조하지만, 돈 쓰는 걸 멈출 필요는 없다.

단지 내게 중요하지 않은 데에 돈을 낭비하는 '시발비용'만 없애면 된다. 이 책의 의도는 모든 소비를 멈추게 하는 게 아니다. 다만 습관적으로 무언가를 소비한다면, 장기적으로 우리의 감정과 재정에 해를 끼친다는 걸 알아야 한다. 정말 사고 싶은 물건을 사자. 그리고 불필요한 소비는 멈추자.

1. 소비에 관한 내러티브 하나하나 살펴보기

앞에서 우리는 가부장제 사회가 성별에 따라 돈 관리 방법을 다르게 가르친다는 사실을 살펴보았다. 여성에게는 그만 좀 돈을 쓰고 저축하라는 메시지를 던지는 한편, 남성에게는 투자하고 재산을 만들라고 강조한다.

나는 주변 사람들은 어떤 내러티브를 이야기하는가? 매일 스타벅스 라테를 마시는 행동처럼, 더 이상 '경솔한' 지출을 하지 말겠다는 압박감을 느낀 적이 있는가?

스스로를 저축형이라 생각했는가, 아니면 소비형이라 생각했는가? 돈을 쓰는 건 나쁘다는 생각이 있었는가? 그렇다면 이 장을 읽은 뒤 그 관점은 어떻게 바뀌었는가?

우리는 앞에서 라밋 세티의 인터뷰를 읽어보았다. 내가 풍족한 삶을 산다면 그 삶은 어떤 모습일까? 수치심과 죄책감은 떨쳐버리고 아래 칸에 상상한 내용을 적어보자! 돈을 하나의 도구로 보는 관점은 내가 원하는 삶을 사는 데 어떤 도움이 될 것인가?

2. 소비 일기

소비 일기는 마인드풀하게, 또 진정한 기쁨을 주는 데 돈을 쓰게 도와주는 핵심 도구다. 소비 일기를 쓰기 전, 내 생각에 가치 있는 영역 세 가지를 선정해보자.

____

____

____

____

다음 4주 동안은 우리가 구입했던 물건을 모두 적어볼 것이다. 그걸 왜 샀는지, 그리고 산 뒤에 어떤 느낌이 들었는지 써보자. 휴대폰 메모장 앱이나 엑셀, 공책 등 어디에다 적어도 상관없다. 편한 대로 선택하면 된다.

예시

구매한 물건/가격: 메이드웰 청바지, 70달러

구매 이유: 맞는 청바지가 없어서 새 청바지를 샀다!

기분: ☺

좋은지 나쁜지 미리 판단을 내리지 말고 차분하고 솔직하게 진짜 내 감정을 돌아보며 일기를 쓰는 연습을 해보자.

2주가 지난 후, 내가 산 품목을 살펴보고 다음 질문에 답해보자.

지난 2주 동안 잘한 점은 무엇인가?

___

___

___

___

소비 습관에서 고칠 수 있는 부분은 무엇인가?

___

___

___

___

가치 있던 소비를 세 가지만 들어보자.

___

___

___

___

더 이상 필요하지 않게 된 물건 세 가지는 무엇인가?

지난 2주간 나에게 가장 즐거움을 선사해준 소비는 무엇이었나?

한 달간의 지출을 추적한 후, 다음 질문에 답해보자.

이 연습을 해보면서 가장 놀란 점은 무엇인가?

이번 달에 산 것 중 가장 가장 좋았던 소비는 무엇이고, 왜 그 소비가 가장 좋았는가? 가장 마음에 안 드는 소비는 무엇이었는가?

부정적이거나 긍정적인 감정을 유발해 소비하게끔 만든 상황이 있었는가? 구매 요인은 무언인가?

나의 소비가 재정 관리상의 목표와 일치하려면, 그리고 나에게 기쁨을 가져다주는 데에 돈을 쓰려면 어떻게 해야 할까?

이번 달 재정 관리에서 '잘한' 일을 세 가지 찾아보고 칭찬해보자.

이 연습을 통해 느낀 점을 어떻게 하면 돈 관리에 긍정적으로 반영할 수 있을까?

3장 파이낸셜 게임 플랜

저절로 부가 쌓이는
3가지 버킷 만들기

거두절미하고,
타조의 신기한 점들을 이야기해보자

타조의 위가 세 개라는 사실을 알고 있는가?(어쩌면 나도 위가 세 개일지 모른다. 다 치킨으로 채워졌 있겠지만.) 또, 타조가 두 다리 달린 동물 중에 제일 빨리 달린다는 걸 알고 있는가? 다른 새와는 달리, 타조는 소변 나오는 곳과 대변 나오는 곳이 다르다는 사실은 아는가?

왜 뜬금없이 타조와 타조의 요도 이야기를 하냐고? 아주 좋은 질문이다.

사람들은 부정적인 정보를 발견할 상황을 피하려는 인지 편향이 있다. 재정 관리 전문가들을 이를 '타조 효과'라고 말한다.

타조 효과란 현실을 외면하고 문제가 없는 것처럼 착각하는 현상이다. 수많은 여성이 정신 차리고 돈 관리하기가 어려운 가장 큰 부분이 이런 타조 효과 때문이다.

시트콤 〈뉴 걸〉을 본적이 있는가? 주인공 제스는 룸메이트였다가 나중에 사귀게 된 닉이 청구서를 장롱에서 잔뜩 처박아 두고 있다는 사실을 발견한다. 닉은 청구서 우편물 봉투를 뜯지도 않은 채, 상자에 넣어 장롱에 숨겼다. 비슷한 장면은 드라마 〈더 오피스〉에서도 나온다. 사내 회계사 오스카는 상사 마이클이 쓰지도 않는 마술용품과 운동용품, 그리고 낚시용품에 돈을 탕진한다는 걸 알아차린다.

타조 효과는 일상 곳곳에서 발견된다. 통장 잔고를 확인하지 않고, 신용카드 사용명세서를 살펴보지 않는다. 무지의 축복 속에서 살면서 "나 완전 거지야, 푸하하"라고 말하는 게 더 쉽기에 퇴직연금에 관해 알아보지 않는다.

이런 습관이 얼마나 큰 해를 끼치고 있는지 여러분은 쉽게 상상할 수 있을 것이다. 재정 문제를 통제할 수 없는 상황까지 내버려 두면서 부정적인 부분을 무시할 뿐만 아니라, 정확한 현재 상태를 확인하고 있지 않기에 얼마만큼 나아지고 있는지 아니면 나빠지는지 확인이 불가능하다! 재정 상황을 들여다보지 않으면, 빚을 갚고, 저축하며, 투자를 늘리는 멋진 내 모습을 살펴볼 기회가 없다.

하지만 우리가 저지른 거지 같은 상황을 똑바로 바라보지 못하면, 목표 달성은 고사하고 계획조차 세우기 어렵다. 게다가 타조 효과는 수치심을 유발한다. 재정 상황을 마주하고 평가하는 일은 결코 마음 편한 일이 아니다. 퇴직연금에 관한 복잡한 용어를 하나도 모른다는 사실이 바보같이 느껴져서 얼마나 적립돼 있는지 확인하지 않는다.

우리의 뇌는 두려움과 불편함으로부터 자기 자신을 보호하려 한다. '그냥 안 보는 게 마음이 더 편하니까 보지 말자' 하고 명령한다. 현실을 직면하는 것보다 그냥 모르고 사는 게 낫다고 생각한다. 우리가 계속 이렇게 사는 이유는 **제대로 현실을 직면하는 법을 가르쳐준 사람이 단 한 명도 없었기 때문이다. 제기랄.**

계속해서 이러한 불편함을 '일시적'으로 유보하면 무슨 일이 생길까? 은행 계좌를 확인하는 것만으로도 심각한 불안감이 야기되는 수준에 다다른다. 재정 교육을 잘 받지 못했다면, 이런 기분이 드는 건 당연하다. 다만 그 상황을 바꾸지 않는다면 문제는 우리가 외면하는 사이에도 계속해서 자라날 것이다.

돈이 나를 통제하게 두지 말고 내가 돈을 통제하라

현재의 재정 상황을 잘 파악하지 못하면 예산이나 저축 계획도 세울 수 없다. 그러면 상황을 개선하거나 수정하거나, 최적화하는 것도 불가능해진다. 당연히 더 현명한 방식으로 돈 관리도 할 수 없다. 마치 케이크를 눈 가리고 굽는 꼴이다.

이렇게 되는 또 다른 이유가 있다. 바로 목표를 모르기 때문이다. 우리 회사에서 처음 고객을 코칭할 때, "신용카드 명세서를 보는 게 너무 무서워요. 저축하고 투자를 한다고 해도 뭘 위해 그래야 하는지 모르겠어요"라는 말을 종종 듣는다.

재정 관리의 중요성은 다들 알지만, 그 이유는 알지 못한 것이다. 다들 좇으라고 말하는 목표들은 본인에게 맞지 않았고, 관련도 없었으며, 세세하지도 않았다. 다만 저축이 '중요하니까' 돈을 저금해야 한다는 말을 들었을 뿐이다.

사회의 영향도 있다. 내가 대학교를 졸업했을 때, 사람들은 최대한 빨리 집을 사라고 조언했다. 시애틀 집세는 내가 감당할 수 없을 정도로 비쌌기에, 부모님은 좋은 의도에서 시애틀에서 한 시간 떨어진 근교에 있는, 어릴 때 살았던 동네의 집 시세를 확인해보라고 말씀하셨다. 하지만 나는 집을 사고 싶지 않았다. 집을 유지 보수하는 데 신경 쓰는 것도 싫었고, 향후 31년 동안 융자를 갚으며 살고 싶지 않았다. 그리고 20대 초반의 여느 청년처럼, 나는 주말마다 부모님을 만나기보다는 친구들이 사는 동네에 살고 싶었다(어머니, 아버지, 사랑해요. 하지만 부모님의 조언은 파국으로 가는 지름길이었어요). 그래서 나는 20대 초반에 내 집 마련에 집중하는 대신 원할 때 원하는 곳으로 여행하는 데에 초점을 맞췄다. 그리고 무슨 일이 일어난 줄 아는가? 정말로 달성하고 싶었던 목표였기에, 동기 부여가 훨씬 잘 됐다!

제대로 된 레시피나 재료 없이 맛있는 케이크를 굽는 건 불가능하다. 그리고 애초에 왜 케이크를 구워야 하는지 이유를 모른다면 케이크를 굽고 싶은 마음이 들지도 않을 것이다. 친구 생일이 되었든, 졸업식이 되었든, "이혼 축하해!"라고 말하면서 이혼 축하 기념 케이크를 친구에게 건네든, 스스로 케이크를 구워야 하는 이유를 알아야 한다.

재정 관리를 회피하는 이유는 뻔하다. 왜냐하면 재정 관리를 회피하면 안 되는 타당한 이유가 없기 때문이다. 돈의 중요성을 깊이 생각해보지 않았기에, 정신 차리고 돈을 관리하겠다는 동기 부여가 안 된 것이다. 여러분의 잘못이 아니다. 사람 심리가 원래 그렇다. 다만 지금부터 그게 왜 중요한지 뇌에 새기자.

과거에는 이런 문제를 파악하는 게 왜 어려웠을까? 지금까지 사회는 여성에게 재정적 결정을 주도적으로 내리라고 장려한 적이 없기 때문이다. 여성들은 계산에 약하다는 이야기를 듣고 자랐고, 사회는 여성에게 피부양자 역할을 부여했다. 돈 관리는 '여성'의 영역의 아니라고 상기시켰으며, 매일 아침에 활기를 북돋아주는 커피조차 사치라고 말한다. 여성이 재정 관리에서 주도권을 갖는 영역은 일상적인 가계 지출 관리에 국한된다. 특히 이성애주의적 관계(이성애적인 관계를 규범으로 보고 이 규범에서 벗어난 관계를 비정상으로 보는 경향—옮긴이)에서 그렇다. 여성은 장을 봐야 하고, 예산을 세우며, 일반적인 가계 지출을 관리한다. 당연히 투자 같은 중요하고 장기적인 결정은 남성이 내린다. 재정 계획을 세운다는 개념, 특히나 장기간에 걸쳐 재산을 쌓는 전략이라는 개념은 여성에게는 너무 낯설다.

재정 관리 방법을 알고 싶은가? 돈의 주인은 다른 누구가 아닌 나라는 걸 진정으로 느끼고 재정 관리에 책임을 져라. 바로 그때 진정한 자유를 누릴 수 있다.

전문가의 한마디	**라밋 세티**
	『부자 되는 법을 가르쳐드립니다』 저자

가정 교육을 통해 사람들은 돈에 관한 믿음을 갖게 된다. 나는 이를 '보이지 않는 믿음'이라고 부른다. 그중 가장 흔한 믿음은 '집을 사야 한다'라는 믿음이다. 내 집 장만은 미국 사회에서 아메리칸드림을 이루었다는 걸 의미하기 때문이다! 이 꿈은 전미부동산협회가 선전하는 말도 안 되는 꿈으로, 악랄하게 사람들을 선동한다. '내 명의로 된 집이 없다면 진정한 미국인이 아니다'라는 생각은 많은 사람, 특히나 청년들이 자신이 부족한 사람이라고 느끼게끔 한다.

하지만 나는 이런 말을 해주고 싶다. 내가 백만장자라면 그냥 월세를 내고 살겠다는 거다. 사람들에게 "당장 집을 살 수도 있지만, 그냥 세 들어 살래요"라고 말한다면 사람들은 미쳤다는 눈으로 쳐다볼 것이다. 눈에 보이지 않는 믿음을 잘 보여주는 예시다.

그 믿음 때문에 누군가 다른 관점을 취하면, "네? 왜 그렇게 생각하시죠?"라고 되묻는다. 내 집을 소유할 것인가, 아니면 세 들어 살 것인가에 대한 관점을 정확하게 말하면 다음과 같다. 각각 계산을 해봐야 한다. 누군가에게는 집을 사는 게 유리할 테고, 또 다른 누군가에게는 그냥 월세를 내는 게 유리하다. 이런 결정에는 비경제적인 요소들도 관여한다.

또 다른 믿음은 '대학교에 꼭 가야 한다'이다. 트위터 이용자들은 정반대로 대학교에 진학하는 건 완전 돈 낭비라고 생각할 것이다. 내가 믿는 가치와 인구통계학적 특성에 따라 대학교 졸업장이 필수라고 생각할 수도 있고, 대학교 진학이 돈 낭비라고 믿을 수도 있다.

'자원이 한정되어 있다'라는 믿음도 있다. 청교도적 가치를 중시하는 미국식 도덕관념을 지닌 이들의 생각으로, 이런 관념을 바탕으로 사람들은 '난 이미 필요한 걸 다 가졌다. 그래서 나는 내가 가진 걸 뺏어가려는 사람들과 맞서 싸워야 한다'라고 생각한다. 이런 성향의 사람들은 정부가 세금을 걷는다는 사실에 극도로 화나 있으며, 어떤 종류의 세금이든 내지 않으려고 한다. 자원은 한정되어 있다고 생각하기에, 무언가를 가지려는 이들은 다른 사람의 것을 뺏으려 한다고 사고하기 때문이다! 이들은 '세금을 1달러 더 낼 때마다 내가 가진 돈에서 1달러가 사라지는 거야'라고 생각한다. 자원이 한정적이지 않다고 생각하는 사람은 '나는 이 지역사회의 일원이야. 기꺼이 세금을 내겠어. 사회로부터 받는 혜택도 많고, 나 역시 돈을 더 벌면 되지'라고 생각하고, 나 역시도 그런 마음가짐을 가지고 있다.

명확한 목표 설정이 첫 번째 목표!

1장의 내용이 기억나는가? 나는 돈과의 관계가 바뀌면 삶이 어떻게 변할지 상상해보고, 그 내용을 써보라는 과제를 내주었다. 왜 그런 과제를 내주었냐고? 여러분이 저축하는 이유는 매해 해외여행을 가려는 목표 때문일 수도 있고 카드 빚을 갚고 편한 마음으로 살고 싶어서일 수도 있다. 특정한 이념을 갖고 매달 더 많은 돈을 기부하고 싶을 수도 있다.

어떤 이유이든 목표를 달성하고 싶은 이유를 정확히 알게 되면 목표를 달성할 확률이 높아진다. 단순히 막연하게 “돈을 저축하고 싶어”가 아닌, “나는 2000달러를 모아서 파리에 가고 싶어”라고 이유를 명확하게 해야 한다. 그러니까 이제부터는 왜 그 목표를 달성하고 싶은지 뚜렷하게 목표를 세우자.

목표 설정은 내가 나를 위해 할 수 있는 최고의 행동이다. 목표가 크든 작든 그걸 세우면, 내가 되고 싶은 사람과 또 내가 살고 싶은 삶에 한 발짝 더 가까워질 수 있다. 물론 계획한 대로 목표가 전부 이루어지리라는 보장은 없다. 목표 달성을 위해 노력하는 와중에 목표가 변할 확률도 있다. 하지만 목표를 세우고 인생의 흘러가는 대로 그걸 바꾸는 게, 목표를 아예 세우지 않는 것보다는 훨씬 낫다.

그러므로 이제 자기 자신을 위해 목표를 설정해보자. 종이와 펜을 들거나 핸드폰에 메모장 앱을 켜자. 구글 독스를 열어도 좋다.

첫 번째로, 페이지 맨 위에 ‘계획 없는 목표는 그저 소원을 비는 것에 불과하다’ 같은 동기 부여용 문장을 써놓자. 나는 이 말의 신봉자다. 지금도 종종 이 문구를 곱씹는다.

목표를 설정하고 그걸 이루기 위해 온갖 노력을 기울일 수 있다. 하지만 구체적인 계획이 없다면, 간절함은 어떤 역할도 하지 못한다. 그래서 목표 설정을 한 뒤에는 이를 실현하기 위한 단계별 계획을 세워야 한다.

내 말이 이해되는가? 좋다! 그럼 다음 단계는 동기 부여용 문장 밑에 '내가 행동하지 않으면 상황은 나아지지 않을 것이다'라고 써보자.

지금껏 여성들은 평생 돈을 관리하는 법을 '당연히 알아야 한다'는 말만 들었다. 제대로 된 교육도 없었으면서, 그걸 모르면 자격이 없거나 가치 없는 사람으로 취급받았다. 안타깝게도, 버튼 하나만 누르면 모든 문제가 해결되는 마법 같은 일은 없다. 그리고 대부분의 경제적 문제는 오롯이 한 사람만의 문제가 아니다. 사람들은 각자 처한 어려움이 있고 이러한 어려움은 체제의 산물이다. 하지만 체제를 바꾸는 일에는 많은 시간과 에너지가 필요하다. 그러므로 우리는 먼저 통제할 수 있는 범위에 있는 것을 최대한 통제하려는 노력해야 한다.

시작점이 어디든, 어떤 난관에 부딪히든, 행동하지 않으면 상황은 나아지지 않는다. 결국 내 돈에, 인생에 책임을 질 사람은 나다. 뭔가 잘못될까 두려울 수도 있고, 다른 사람과 비교하면서 어떤 결정을 내리거나 스스로를 믿기를 주저할 수도 있다. 재정을 관리하는 일, 즉 지출에 따른 청구서를 지불하고 저축하며 연봉을 협상하고 투자하는 모든 일이 오로지 내 몫이라는 걸 깨달으면, 버겁고 스스로 작아지는 듯한 느낌도 받을 수도 있다. 하지만 이런 책임감은 동시에 **해방감**을 선사해주기도 한다.

내가 **통제할 수 있는** 일이 있다는 사실을 깨달았던 순간이 지금도 선명하다. 나는 어떻게 돈을 쓸 건지, 모은 돈으로 인생에서 뭘 이루고 싶은지, 어느 자선단체에 기부할지, 나 자신에게 투자하고 싶은 영역은 무엇인지 선택했어야 했다. 작가 찰스 부코스키는 이런 명언을 남겼다. “아침에 나를 아무도 깨우지 않을 때, 밤에 아무도 나를 기다리지 않을 때, 당신은 이를 자유라고 부를 것인가 외로움이라고 부를 것인가?”

이를 돈 관리 버전으로 바꿔보자. 나의 재정 상황이 오로지 나에게 달렸을 때, 나는 이를 자유라고 말할 것인가 아니면 큰일 났다고 좌절할 것인가? 내가 책임지고 돈을 관리함으로써 자유로워질 수 있다는 시각은 인생을 통틀어 가장 강력한 영향력을 미쳤고 마음 설레는 변화를 가져다주었다. 그건 나를 옥죄는 수갑이 아니었고, 놀라운 기회가 되었다.

자신의 라이프 스타일에 맞추어 재정 관리를 할 때, 진정 자유로워질 수 있다는 생각으로 실질적인 목표를 세워보자. 단도직입적으로 말하면, 나는 여러분이 돈을 쌓아두고 끝내줄 정도로 안정적인 삶을 살았으면 좋겠다. 하지만 백만 달러를 저축할 수 없는 상황이라면, 백만 달러 모으기를 목표로 세워서는 안 된다. **목표는 현실적이어야 한다.** 다만, 다수의 여성들은 스스로를 과소평가하고 위험을 피하는 경향이 있기에 너무 쉬운 목표를 설정하기도 한다.

여기서 목표의 의미를 잘 아는 것이 중요하다. 목표는 누군가가 달성하라고 나에게 떠넘긴 게 아니다. 매일 꿈꾸고, 이를 달성하기 위해 나를 기쁘게 밀어붙일 수 있는 것이어야 한다. 진정한 의미에서 나 자신에 도전하기 위해서, 나는 충분히 현실적이되, **내가 달성할 수 있는 수준보다 조금 더 어렵게 목표를 설정한다.**

즉, 터무니없을 정도로 어렵지는 않지만 너무 쉽게 달성하기 힘든 목표를 세우라는 뜻이다. 바람직한 목표는 다소 까다로워야 한다. 내가 세웠던 10만 달러를 모으겠다는 목표가 좋은 사례다. 목표를 이룰 역량과 가능성이 존재했고, 그걸 향해 나아갈 충분한 동기를 부여해줬다. 까다로운 목표를 세우면 목표에 실제로 도달했을 때, 더 큰 성취감을 느낄 것이다. 목표를 이루지 못한다고 할지라도, 최선을 다했고 그에 합당한 진전을 보였을 것이기에 스스로 자랑스럽게 여길 수 있다.

충분히 현실적이면서도 달성하기 까다로운 목표를 세우기 위해서는 내가 원하는 게 뭔지 정말 구체적으로 생각해봐야 한다. 그러지 않으면, 이런 모호함은 목표를 이루는데 방해물이 될 수 있다. 지나치게 일반적인 의도를 세우는 경우가 그렇다. 예를 들면, 나는 고객들에게 "돈 관리를 잘하고 싶어요"라는 말을 귀가 따가울 정도로 듣는다. 아마 여러분이 이 책을 산 가장 큰 이유도 이것일 테지만, 사실 그 말 자체에는 특별한 의미가 없다. 심지어 "저축을 더 잘하고 싶어요"라고 조금 더 구체적으로 이야기했다고 해도 크게 다르지 않다. 이런 방식으로 목표를 세우면 실패하려고 작정하는 셈이다. '저축'이 무엇인지 정의하지 않으면 고작 1달러를 저축해도 저축했다고 말할 수 있기에, 목표를 달성했다고 멋대로 자기만족을 할 수 있다.

목표를 달성한다는 것은 그걸 달성했는지 못했는지 망설이게 되는 게 아니다. 단번에 목표를 달성했다는 걸 알게 되는 것이다. 그러려면 다음과 같은 목표를 세워야 한다.

① **목표는 구체적으로 정해라.** 목표 저축액은 몇 달러인지, 무슨 빚을 갚고 싶은지 등 구체적으로 적어라.

② **시간을 명시해라.** 목표 달성 기한은 언제인가? 몇 달, 또는 몇 년이 걸릴 것인가? 몇 살까지 목표를 달성하고 싶은가?

③ **사명을 세워라.** 이 목표를 세우는 이유는 무엇인가? 그걸 이루는 것이 나에게 중요한 이유는 무엇인가?

'저축하고 싶다'라는 말에 담긴 의도를 목표로 바꿔보도록 하자. 구체적인 목표를 세우려면 '500달러를 모으고 싶다'라든가 '세 달 치 생활비를 저축하고 싶다'라는 식으로 말을 바꿔야 한다. 이게 바로 첫 번째 단계다.

시간을 명시하려면 '500달러를 올해 말까지 모으고 싶다', '올해 말까지 세 달 치 생활비를 저축하고 싶다'라고 기한을 덧붙이면 된다. 만약 한 달 이상이 걸린다면, 성과를 추적할 수 있도록 목표를 쪼개보자. 핸드폰을 켜서 30초 정도 시간을 들여 계산해보는 거다. 세 달 생활비가 6000달러고, 이를 1년 안에 모으고 싶다면 매달 저축해야 하는 돈은 500달러라는 계산이 나온다.

마지막 단계가 가장 중요하다. 목표에 이유를 부여해보자. '나는 내년 결혼식을 위해 한 달에 500달러씩 저축하고 싶다' 또는 '비상금을 마련하기 위해 올해 말까지 세 달 치 생활비를 저축하고 싶어요'라고 목표를 세울 수 있다.

이런 방식을 따르면, 목표를 훨씬 더 구체적으로 세울 수 있다. 목표를 달성하고 있는지 아닌지 단번에 알 수 있으며, 언제 목표를 달성했는지도 알 수 있다. 설령 목표치보다 저축액이 다소 적거나, 생각보다 시간이 오래 걸렸어도 괜찮다. 충분히 의미 있는 진전을 이룬 것이다.

여러분이 영감을 받을 수 있도록 좀 더 구체적으로 설정된 목표 몇 가지를 공유해보도록 하겠다.

- 나는 올해 말까지 비상금 10만 달러를 저축하고 싶다.
- 나는 열 달 안에 2000달러를 저축해 이탈리아에 가서 정통 음식들을 맛보고 싶다.
- 나는 올해 신용카드 빚을 다 갚고 마음의 무거운 짐을 내려놓고 싶다.
- 나는 꼭 한번 살아보고 싶었던 집의 계약금을 마련하기 위해 한 달에 100달러씩 저축할 것이다.

의도를 설정하고, 목표를 세우며, 생각대로 목표가 이루어지도록 돕는 나만의 비법이 있다. 위에 쓴 목표의 시제를 이미 이룬 것처럼 모두 과거형으로 바꿔보는 것이다. 파이낸셜 페미니스트 팟캐스트를 막 시작하기 전에, 나는 '내 팟캐스트는 10만 명 이상의 구독자를 보유하고 20위권 이내로 자리매김했다'라고 일기장에 썼고, 같은 문구를 포스트잇에도 쓴 후 화장실 거울에 붙여놓았다.

전부 사실이 됐다. 정말 내 팟캐스트는 현재 수백만 명의 사람들이 구독 중이다. 왜냐하면 소원을 마음속에 그리면 끌어당김의 법칙에 따라 실제로 소원이 이루어지기 때문이다. 성공은 내가 할 수 있고, 성취해낼 능력이 있으며 이미 목표를 성취했다는 자신감에서 나온다. 내가 제일 좋아하는, 앤더슨 팩의 노래 가사를 되새겨 보자. "가질 수 있다는 걸 안다면, 이미 가지고 있는 것과 다름없지."

위의 예시에 몇 가지 심리적 속임수를 더해보겠다.

- 나는 올해 말까지 비상금 10만 달러를 저축했다.
- 나는 1년 안에 2000달러를 저축해 이탈리아에 갔다. 이탈리아 현지에서 먹는 정통 파스타는 정말 맛있었다.
- 나는 올해 신용카드 빚을 다 갚아 마음의 짐을 덜었다.
- 나는 꼭 한번 살고 싶었던 집의 계약금을 마련하기 위해 한 달에 100달러를 저축했다.

재정 관리의 핵심은 돈에 대한 통제권을 쥐는 것이다. 불편한 마음과 편해지는 게 우리의 첫 번째 단계다. 돈과의 관계를 바꾸고 싶다는 소망을 인식하고(이 내용을 1장에서 살펴보았다), 정말 그럴 수 있도록 계획을 세워보자.

이 장에서 우리는 재정 관리를 하면 일어날 일들의 큰 그림을 대략적으로 살펴보고 있다. 또, 언제 그 일이 일어날지를 가늠해보고 있다. 구체적인 방법들은 다음 장에서 살펴보도록 하겠다.

"나는 지금 당장 정신 차려야 해. 가만 보자, 3장 제목에 계획이라는 단어가 들어 있잖아? 그럼 3장부터 읽어야지!"라며 앞장들을 건너뛰었다면, 다시 앞으로 돌아가서 1장과 2장을 읽고 내용들을 적용해보자. 재정 관리를 가로막는 마음의 장애물을 인식하고 이해하지 않고는 상황을 개선할 수 없다.

재정적 우선순위 목록

목표를 계획하기 위해선 먼저 파이낸셜 게임 플랜을 시작해야 한다. 일단 재정적 우선순위 목록에 대해 알아보도록 하자. 파이낸셜 게임 플랜의 첫 번째 스테이지에서 가장 먼저 받는 질문이 뭔지 아는가?

"빚이 있긴 한데, 비상금도 필요해. 하지만 동시에 집을 사고 싶고, 은퇴 자금을 마련해야 하지. 휴가도 가고, 학자금 대출도 갚아야 하는데. 그리고….”

나는 그럼 이렇게 되묻는다.

“그럼 무엇을 먼저 할 건가요?”

여기서 잠깐 애정 섞인 잔소리를 해야겠다. 내 잔소리에는 이해심과 공감, 측은지심이 듬뿍 담겨 있다는 걸 이해해주면 좋겠다. 고객에게 재정적 우선순위 목록를 말하면, 종종 이런 답변을 듣는다.

“음, 제 상황이 너무 특이해서 말씀해주시는 방법은 효과적이지 않을 것 같아요.”

사람은 저마다 다른 경제적 상황에 놓여 있는 게 사실이다. 하지만 재정적 우선순위 목록만은 꼭 일괄적으로 따라줬으면 한다. 얼마나 많은 빚을 졌는지, 나이가 몇 살인지, 얼마나 버는지, 재정적 목표가 무엇인지는 관계가 없다. 재정적 우선순위는 효과가 있기에 정확하게 따라야 한다. 이 목록을 쓴 수천 명의 사람이 효과를 봤다는 후기를 남겼고, 또 직접 그러한 피드백을 받았기 때문이다.

우선순위 목록은 앞으로 살아가면서 계속 써야 하는 목록이기도 하다. 안정적적인 미래로 인도하는 단계별 로드맵이 될 뿐더러, 필요할 때마다 올바른 방향성을 제시해줄 것이다. 중요하다고 생각하는 페이지의 모서리를 접고, 기억하고 싶은 부분에는 형광펜으로 표시해서 잘 보이는 곳에 메모하라. 이렇게 해놓으면 그 부분의 조언이 필요할 때 언제든지 되새길 수 있다.

우선순위 1번을 소개하기 전에, 가장 중요한 건 필수 생활비를 충당하는 것임을 잊지 말자. 지금의 나를 돌보지 않으면서 재정 관리에서 진전을 이룰 수는 없는 법이다. 고지서 돈을 내지 않으면서 비상금을 모아서는 **안 된다**.

우선순위1. 비상금을 마련하자

독자의 목표는 3~6개월 동안 생활비를 변동금리 저축계좌(HYSA, High Yield Savings Account, 미국 연준 금리의 영향을 받으며, 연준 금리에 따라 이율이 달라진다. 일반적으로 0.01~0.04퍼센트의 이율을 제공하는 일반 예금계좌들과 달리, 상당히 높은 이율이 특징이다. 2023년 2월 14일 기준 3.4퍼센트의 이율이 적용되고 있다)에 저축해놓는 것이다. 변동금리 저축계좌는 일반 저축계좌와 별 다를 바 없지만, 그보다 훨씬 더 높은 이자율을 제공한다. 일반 저축계좌를 변동금리 저축계좌로 바꾸거나 새로 변동금리 저축계좌를 개설하자. 돈을 더 모으기 위해 당장 먼저 할 수 있는 일 중 하나다.

어렵겠지만 지금 당장 변동금리 저축계좌를 개설하자. 그리고 비상금을 마련하기 전까지는 **다음 단계로 넘어가지 말자.** 다시 한번 말하지만, 수십만 달러의 빚이 있을지라도, 비상금을 마련하지 못했다면 다음 단계로 넘어가지 말자.

왜 비상금을 먼저 갖춰놔야 하는 걸까? 세 가지 이유를 알려주겠다.

먼저, 비상 상황이 발생했을 때 쓸 돈이 없어 또 빚을 내는 상황을 피하기 위해서다. 다른 재정 전문가들이 내놓은 전략(데이브 램지의 재정 관리 걸음마 떼기 과정에서 그런 말을 한다)은 빚을 갚는 걸 우선순위에 두며, 초기 비상금은 1000달러만 설정해놓는다. 독자들이 내 말을 오해하지 않았으면 좋겠다. 태어나서 처음으로 1000달러를 저축하는 건 정말 큰 업적이고 아무것도 저축하지 않은 것보다는 낫다. 하지만, 1000달러와 같이 융통성 없는 숫자는 앞으로 일어날 일을 다 대비하지 못한다. 지역마다 다르겠지만, 내가 사는 집이나 다른 도심지를 살펴보기만 해도 1000달러로는 한 달 치 생활비도 안 된다. 식료품을 사고 전기료를 내고 보험을 낸 후에는 아무것도 남지 않는다. 적어도 석 달 치 생활비는 비상금으로 확보해야 한다. 그것이 폭풍에서 우리를 보호해줄 것이다.

두 번째 이유는 저축해놓은 돈이 있을 때, 우리의 멘탈을 더 건강하게 유지할 수 있기 때문이다. 아주 큰돈은 아닐지라도 비상금이 어느 정도 있으면 경제적 안정성이 생긴다. 예상치 못한 비용을 지출해야 할 때 스트레스를 받으며 머리를 굴리지 않아도 된다. 밤에 잠을 설치게 되는 일도 없고, 허허벌판에 남겨진 느낌도 받지 않을 것이다. 다시 한번 말하지만, 개인 재정 관리에 있어서 정신적인 측면을 과소평가해서는 안 된다. 마음이 평화로워야지 재정적인 목표로 순조롭게 향해갈 수 있다.

세 번째 이유이자 가장 중요한 이유는 경제적 안정감이 뒷받침되어야만 나에게 해로운 상황에서 참지 않고 가운뎃손가락을 날릴 수 있다는 것이다. 개인적인 경험을 예시로 들어보겠다.

프롤로그에서 한 이야기를 기억하는가? 2017년 나는 다니던 직장을 그만두고 더 나아 보이는 직장으로 옮겼다. 연봉을 2만 달러로 올려달라는 협상에 성공했고, 예전보다 더 많은 책임감을 지게 되었다. 게다가 나는 멘토로 삼을 만한 커리어의 여성을 상사로 둘 예정이었다. 뭔가 잘못된 결정이 아닐까 하는 불안감이 들었지만, 나는 나의 촉을 무시했다. 결과는 알다시피 최악이었다.

내가 그 직장을 그만둘 수 있었던 이유가 무엇인지 아는가? 바로 비상금 덕분이다. 그곳을 그만두던 날, 사무실을 나오면서 느낀 감정을 지금까지도 기억한다. 몇 달 만에 처음으로 숨통이 트였다. 이제는 정말 한숨 돌릴 수 있다고 느꼈다. 비상금 덕분에 안심이 됐고, 이제 어떻게 할 것인지 생각할 여유 시간이 생겼다. 직장을 잃었고, 스트레스를 받긴 했지만 오지게 자유로웠다. 나 자신을 돌볼 수 있었다. 과거의 나는 미래의 내가 “꺼져”라고 말하고 더 나은 선택지를 찾을 수 있는 장치를 마련해놓은 것이다. 나의 가치를 떨어뜨리는 부당한 대우를 참지 않아도 됐다. 독이 되는 직장을 그만둔 건 내가 내린 가장 현명한 결정 중 하나다. 또, 비상금 덕분에 나는 절망적인 상태에서 구직할 필요가 없었고, 맞는 자리를 찾을 때까지 유연성을 발휘할 수 있었다.

위기 상황에서 가장 중요한 건 건강이지 돈이 아니다. 그 누구도 위기 상황에서 은행 계좌 잔액을 살펴보면서 고민을 늘리고 싶지 않을 것이다. 어떤 경우에도 비상금은 우리가 가장 이로운 판단을 하도록 도와줄 것이다.

우선순위2. 고금리 대출금을 갚자

대출금의 이자율이 높은지 낮은지 알 수 있는 마법의 숫자가 있다는 걸 아는가? 바로 7퍼센트다. 만약 이자율이 7퍼센트가 넘는 빚이 있다면 그걸 가장 먼저 갚는 게 좋다.

7퍼센트가 넘는 이자율은 고금리 대출로 분류된다. 미국에서 신용카드 대출 이자율은 일반적으로 15퍼센트부터 시작하기 때문에 가장 갚기 어렵다. 만약 이자율이 그보다 적다면 저금리 대출이다. 이에 관해선 나중에 살펴보도록 하겠다.

왜 7퍼센트가 마법의 숫자일까? 왜냐하면 미국의 주식 수익률 평균이 7퍼센트이기 때문이다. 주식 투자로 버는 돈보다 많은 돈을 잃고 있다면, 이 빚부터 청산해야 한다. 4장에서는 빚을 갚는 법에 대해 더 깊게 탐구해볼 것이다.

우선순위3. 은퇴 자금에 투자하자

일반적으로 저금리 대출금의 이자보다 주식 투자 수익률이 더 높다. 그러니 저금리 대출금을 갚으면서 은퇴 자금 마련을 우선순위로 두자. 사실 이건 빅맥과 감자튀김을 함께 먹듯이, 함께 짝지어서 해결할 문제다.

은퇴 자금의 중요성은 뒤에서 더 살펴보겠지만, 은퇴는 인생에서 가장 큰 지출이다. 전문가들은 총급여의 최대 20퍼센트까지 은퇴 자금에 할당해야 한다고 말한다. 나는 거기서 더 나아가 기회가 될 때마다 은퇴 자금에 더 많은 돈을 부으라고 말하고 싶다. 미래의 나에게 끝내주는 시간을 선사하고 싶다면, 최대한 빨리 그리고 자주 은퇴 자금을 부어야 한다. 퇴직계좌에 돈을 부으면 세금 우대도 받을 수 있다는 점을 최대한 활용하자.

우선순위 1번과 2번과는 달리, 우선순위 3번은 중요성이 잘 느껴지지 않는다. 은퇴 자금이나 학자금 대출 상환은 아주 오랜 기간에 걸쳐 하는 일이기 때문이다. 원래 그래야 정상이고 그렇게 하는 게 맞다. 비상금을 마련하거나 신용카드 빚을 다 갚았을 때처럼 행복 호르몬, 세로토닌이 분비되는 일은 없다. 은퇴 자금을 다 마련했다고 쾌재를 부를 수 있는 기한이 눈앞에 그려지지 않기 때문이다. 그럼에도 이 작업은 매우 중요하다.

우선순위4. 중요한 일들에 대비할 목돈 마련

인생에는 설레는 이벤트들이 있다. 이를 위해서도 저축해야 한다. 예를 들면, 차나 집을 마련할 때 계약금을 내야하고 임신이나 결혼할 때, 꿈꾸던 휴가를 가거나 사업을 시작할 때도 목돈이 필요하다. 은퇴 자금을 마련하고 저금리 대출을 갚는 도중에도 목돈이 들어갈 일들이 생긴다.

만약 이러한 일들이 7~10년 안에, 또는 그보다 더 이른 때에 일어난다면 투자 대신 변동금리 저축계좌에 저축하거나 양도성 예금증서(CD, 제삼자에게 양도가 가능한 정기예금증서—옮긴이)로 가지고 있어라. 양도성 예금증서는 일정 기간 돈을 한 곳에 묶어놓는 대신 높은 이자율을 제공한다. 그래서 변동금리 저축계좌보다 한 단계 업그레이드된 상품이다.

이 방법을 추천하는 이유는 계약금 명목으로 쓰려는 돈을 주식에 투자했다가는 하룻밤 사이에 큰 손실을 볼 수 있기 때문이다. 하지만 10년은 시장이 잠재적으로 폭락했다가 반등할 수 있는 합리적인 시간이다.

예외 사항

재정적 우선순위에서 예외 사항이 하나 있다. 바로 고용주가 401(k) 또는 403(b) 퇴직계좌에 납입하는 상황이다. 5장에서 그 의미를 자세히 살펴볼 텐데, 간단하게 말하면 고용주가 퇴직연금을 지원해주는 상황이다. 만약 개인이 월급의 3퍼센트를 퇴직계좌에 넣으면, 고용주도 3퍼센트를 넣어주는 것이다. 한마디로 임금의 6퍼센트를 퇴직연금에 넣는 셈이다.

이런 직장에 다니고 있다면, 빚을 갚기 **전에**, 최대한 많은 돈을 퇴직계좌에 넣어라. 이 돈은 **공짜**다. 재정적 우선순위를 조금 바꾸더라도 이득을 취할 기회를 최대한으로 활용하자.

우리는 〈라이온킹3〉 같은 전략을 세워야 한다. 1편을 찍을 때 이미 연달아 후속작을 준비한 것처럼 비상금이 모이자마자 바로 은퇴 자금을 준비해야 한다. 데이브 램지의 미니미가 어깨에 앉아, 이게 뭔 말이냐고 소리 지르면서 발을 차고 있겠지만, 이게 가장 현명한 선택이다.

다시 한번 우선순위들을 요약하겠다.

① 비상금을 모으자(변동금리 저축계좌에 세 달치 생활비를 확보하자).

⑮ 만약 고용주가 401(k) 또는 403(b) 퇴직연금계좌에 돈을 넣어준다면, 최대한의 금액을 넣자.

② 고금리 대출금(이자율이 7퍼센트 이상인 빚 모두)을 갚자.

③ 저금리 대출금을 갚으면서 은퇴 자금에도 투자하자(학자금 대출이나 자동차 할부금, 융자 등 이자율이 7퍼센트 미만인 빚 모두를 의미한다).

④ 인생에는 목돈이 들어갈 중요한 일들이 많다. 이를 위해 저

축하자.

로마 여행을 위한 저축보다 비상금 모으기나 빚 갚기는 덜 설렌다. 사람이라면 어쩔 수 없다. 그래서 '피타 샐러드'라고 부르는 나만의 방법을 하나 소개하겠다. 친한 친구 크리스틴과 외식을 할 때면 정말 먹고 싶은 음식을 주문하기 전에 샐러드부터 주문한다. 그게 몸에 좋고 화장실도 더 잘 가게 만들어줄 걸 알기 때문이다.

파이낸셜 게임 플랜은 피타 샐러드 기법을 재정 관리에 적용한 것이다. 위에서 언급한 우선순위들은 종종 피타 샐러드처럼 '맛없게' 느껴질 것이다. 하지만 피타 샐러드는 자신을 돌보고, 재정적인 위험으로부터 스스로를 보호하며, 여생을 충분히 즐길 수 있도록 탄탄한 기반을 만들어주는 방법이다. 이걸 챙긴다고 지금 누리는 것들을 포기해야 하는 것도 아니다. 다른 사람들보다 조금 더 빨리 재정 목표를 세운 사람도 얼마든지 일상적인 삶을 즐기면서 꾸려갈 수 있다. 이에 관해서는 조금 있다가 살펴보겠다.

예산 세우는 법

이 장의 앞부분에서는 목표를 설정하는(그리고 목표를 성취하는!) 방법을 살펴보았다. 그리고 그다음에는 목표를 세우고 우선순위를 세우는 법을 알아보았다. 그러니 이제 파이낸셜 게임 플랜의 두 번째 부분이자 내가 제일 좋아하는 활동이기도 한, **예산 세우기를 살펴보자!**

종종 예산이라는 단어를 '제한'이란 말과 연관 지어 생각할 때가 있다. 우리가 '경솔한' 소비를 **할 때마다** 전통적인 재정 관리법을 가르치는 전문가들은 항상 "예산을 정하셔야 합니다"라고 말했다. 하지만 앞에서 살펴보았듯이, **경솔하다**는 말은 여성에게 수치심을 주기 위한 혐오적 표현에 불과하다.

예산을 세운다는 것은 지금 누리는 것을 포기하라는 뜻이 아니다. 지금까지의 인생을 혐오하라는 말도 아니다. 예산을 세우는 건 오히려 **자유**를 뜻한다. 돈을 쓸 때 죄책감을 느끼는 대신, 내가 좋아하는 것에 설명이나 이유를 붙이지 않고 돈을 쓸 수 있는 것이다. 쉽게 말해 허가서를 부여받는 거다.

예산은 차의 연료계와 같다. 연료가 얼마나 남았는지 확인하지도 않고 차를 몰면 안 되는 것처럼, 내 계좌에 얼마나 있는지 모르면서 돈을 쓰면 안 된다. 연료가 충분해야 즐겁게 운전대를 잡을 수 있는 것처럼, 예산을 세우면 돈이 떨어지거나 빚질 걱정 없이 즐겁게 돈을 쓸 수 있다. 예산을 정하면 자유로워지고 불확실함이 가져다주는 스트레스와 불안감을 줄여줘 소비가 즐거워진다. 또, 재정 상황을 돌보지 않아서 느끼는 죄책감도 피할 수 있다. 더 이상 월말에 계좌 잔액을 보고 축 처지지 않아도 된다. 예산을 정하면 안정적인 생활을 하는 동시에, 무엇이 나를 행복하게 하는지 고려하는 현명한 소비를 할 수 있다.

예산 생각만 해도 속이 울렁거린다면, 다음 두 가지를 명심하라.

① 나는 재정 관리가 현재 누리는 걸 전부 포기하는 일이라고 생각하지 않는다.
② 나는 **나만의** 예산 체계를 갖추었다. 왜냐하면 다른 사람의 예산 설정법은 나에게 적합하지 않았기 때문이다.

내가 나만의 체계를 갖추게 된 **이유**가 있다. 바로 예산 앱 때문이다. 예산 앱은 지나칠 정도로 내 소비를 카테고리로 나누고 1센트까지도 추적하게 만든다. 세 달 동안 영화를 보다가 그다음 달에 영화를 세 번 보러 간다면 이 앱은 **'카테고리 예산 초과'**라며 난리를 칠 것이다. 그 알람을 본 나는 **"제발, 그냥 날 좀 내버려 두라고!"**라며 소리를 지를 게 뻔하다.

나는 내가 쓴 돈을 1센트 단위로 추적하고 싶지 않다. 해야 할 더 중요한 일들이 있으니까(닉 크롤이 〈핫 원즈〉 토크쇼에 등장한 편을 12번 돌려보는 것처럼 더 중요한 일들이 있었다). 또, 앱이나 엑셀에 기대서 예산 관리를 하고 싶지 않다(물론 재정 관리에는 단 하나에 정답이 없기에, 각자 편한 방법을 따르면 된다).

그래서 나에게 딱 맞는 방법을 창조했고, '3버킷 예산 시스템3 Bucket Budget'이라는 명칭을 붙였다. 앞으로 살펴보겠지만, 3버킷 예산 시스템의 목표는 경제 상황에 신경을 쓰면서도 죄책감 없이 돈을 쓰는 것이다. 이 시스템은 유연하고 적용하기 수월하며, **하나**만 지키면 나머지는 저절로 따라온다.

버킷1. 기본적으로 생활하는 데 들어가는 비용

버킷1은 **필수 지출**에 해당한다.

먹고, 자고, 숨쉬고, 움직이고, 사는 데 드는 모든 돈이다.

버킷1에는 현재의 내가 이번 달에 필요한 것들과 실직하더라도 살기 위해서는 **어쩔 수 없이 써야 하는 돈**이 포함된다. 월세, 보험료, 식료품, 대출 상환금, 가스·전기·수도 요금 등이 그 예다. 내 손을 자르기까지는 스포티파이(세계 최대의 음원 스트리밍 서비스—옮긴이) 구독을 취소할 생각을 하지 말라고 말하고 싶지만, 스포티파이는 **살기 위해 꼭 필요한 게 아니기 때문에**, 버킷1에는 포함되지 않는다.

앞선 2장에서 우리는 '원하는 것'과 '필요한 것' 사이의 회색지대를 살펴보았다. 그래서 지금, 독자들은 아주 당당하게, 또 마음 편하게 내 인생에서 꼭 필요하다고 간주하는 것을 버킷1에 넣으리라고 믿는다. 나는 버킷1에 해당하는 청구서를 '내지 않으면 수수료가 청구되거나 문제가 생기는 금액'이라고 생각한다. 차량 할부금, 학자금 대출, 월세나 융자금 등 빚을 갚는 일도 버킷1에 포함된다. 만약 신용카드가 있다면 신용카드 대금을 다 갚는 것도 버킷1에 해당한다. 대금을 다 갚는 게 불가능하고, 이전에 진 빚을 갚고 있다면, 최소한으로 갚아야 할 돈만 갚자(하지만 정말이지, 잔금 중에 갚을 수 있는 만큼만 갚자). 버킷1에 할당되는 돈은 일반적으로 나의 당좌예금계좌에 저축되어 있다가 빠져나간다.

재정적 우선순위 목록에서 버킷1은 우선순위 0위다. 청구서 요금을 지불하고, 목숨을 유지하는 건 그 무엇보다 중요하다. 애초에 여기에 돈을 쓰지 않고서는 돈을 저축하거나 빚을 갚는 건 불가능하기 때문이다.

버킷2. 금전적 목표 달성을 위한 비용

버킷2는 **금전적 목표**에 해당한다.

버킷2에는 파이낸셜 게임 플랜에서 정했던 목표를 달성하는 데 들어가는 돈이 포함된다. 한마디로 비상금을 마련하고, 적극적으로 빚을 갚고, 은퇴를 위해 투자하며, 인생에서 목돈이 드는 일들을 위해 저축하겠다는 목표를 달성하기 위한 돈이다.

버킷2에 들어가는 돈은 예금계좌나 투자계좌, 대출금 상환을 위한 계좌 등에서 빠져나간다. 어느 계좌에서 빠져나가냐는 파이낸셜 게임 플랜의 어떤 스테이지에 있느냐에 따라 다르다.

버킷2에 할당된 돈이 매달 빚을 상환하는 데 쓰였다면, 버킷2에 할당된 돈은 빚을 더 빨리 갚도록 도와줄 수 있다. 앞으로 4장에서는 빚을 상환하는 방법과 여분의 돈을 어떻게 하면 최대한 활용할 수 있는지 살펴보겠다.

버킷2는 과거의 나와 미래의 나를 보살피기 위한 금액이다. 과거의 나는 예쁜 물건을 사고 멋진 경험을 하려고 빚을 냈고, 미래의 나는 인생의 멋진 일들을 위해 저축한다. 이는 나 스스로를 금전적으로 돌보는, 자기 돌봄 버킷에 해당한다.

버킷3. 나 자신에게 베푸는 비용

나머지는 모두 버킷3에 해당한다.

버킷3은 즐거움을 담당한다. 외식, 휴가, 새 옷, 스포티파이 구독, 죽어가는 식물 살리기(나는 개인적으로 죽어가는 식물을 살리는데 꽂혀 있다), 커피 등 인생에서 없어서는 안 되는 것은 아니지만 삶을 가치 있게 만들어주는 것들이다.

이전 장에서 우리는 가치 있는 카테고리에 관해 살펴보았다. 삶에서 가장 큰 기쁨과 즐거움을 가져다주는 돈 대부분을 할당하기로 한, 세 가지 카테고리를 기억하는가? 버킷3 대부분은 가치 있는 세 가지 카테고리로 구성되어야 한다. 다시 한번 말하지만, 우리는 돈을 어디에 쓰는지 명확하게 알고 돈을 써야 한다. 그러므로 버킷3에 할당한 예산 대부분은 자신의 가치관에 부합하는 곳에, 스스로 중요하다고 생각하는 곳에 써야 한다.

나에게 가치 있는 세 가지 카테고리는 여행, 외식, 집 꾸미기긴 하지만, 나는 이 돈을 종종 콘서트 입장권이나 신발을 사는 데 쓴다. 너무 고단한 화요일에 마실, 목 넘김이 좋은 샴페인을 사는 데도 쓸 것이다.

데이브 램지는 '봉투 체계'를 구축했다. 말 그대로 봉투에 할당한 예산을 넣으라는 것이다. 물론 우리는 이 시스템을 버킷이라고 부르기로 했지만, 그렇다고 해서 제발 홈디포(인테리어, 건축 자재와 온갖 가구, 도구를 파는 기업—옮긴이)에서 산, 형광 오렌지색 다용도 양동이에 25센트를 가득 담지 마라. 누군가 "직접 양동이에 돈을 넣는 게 아니라면 **도대체 어떤 방법으로 돈을 분리해야 하나요?!**"라고 묻는다면, 일단 조바심 내지 말라고 하고 싶다. 이 질문에 대한 21세기에 걸맞은, **마법 같은** 답변이 있다.

돈이 저절로 관리된다면 멋지지 않겠는가? 판타지 세계에서 사는 것처럼 보일지도 모른다. 그 세계에서는 파파이스 치킨을 원할 때마다 먹고, 티모시 샬라메와 결혼해서 행복하게 살고 있을 것이다(이 책이 출판된 지 5년이 지난 시점에 제발 "작가님, 그런데 진짜 그런 삶을 살고 계시잖아요!"라는 질문을 받을 수 있길 기도해본다).

하지만 돈은 저절로 관리될 수 있다. 정말이다.

만약 어떤 이유로든 간에 따분한 듯 눈알을 굴리고 있다면 (아마 **예산** 얘기만 주야장천 해서 그럴지도 모른다) 다시 집중해보자. 왜냐하면 정말, 정말 중요한 부분이기 때문이다! 앞서 말했듯, 이 **한 가지 일**만 하면 나머지는 제 자리를 찾아간다.

돈을 버킷에 나누는 비법은 바로 자동화다.

내가 25세에 10만 달러를 모으기 위해 가장 먼저 한 일이기도 하다. 계좌에서 돈을 일일이 옮길 필요가 없다. 예금계좌에 돈을 넣기만 하면 거기에 넣은 돈은 아무 데도 가지 않고, 계속해서 불어날 터였다. 왜냐하면 변동금리 저축계좌에 넣어두었기 때문이다.

청구된 금액을 하나하나 번거롭게 이체하거나, 저축하기 위해서 월말까지 기다리는 대신(그리고 그 전에 통장이 텅텅 비어 저축할 돈이 없어지기 전에) 우리는 이 과정을 자동화할 것이다. 이래야 거지 같은 일을 수월하게 바꿀 수 있다. 우리는 지금 즐겁게 돈을 쓰고도 여유롭게 인생을 살아갈 수 있도록 재정적 기반을 갖추면서 어려운 과제를 풀어나가고 있다. 과정의 자동화는 정말 많은 시간을 절약해줄 것이다. 굳이 엑셀 시트에 1센트 단위로 정리하지 않아도 된다. 저축액이 충분한지 의심하면서 죄책감을 느끼거나, 입금 기한이 언제인지 스트레스를 받지 않아도 된다. 일주일 또는 한 달에 한 번 정확한 금액을 입금해야 한다는 걱정을 덜면, 장기적인 목표를 향해 더 쉽게 나아갈 수 있다.

그리고 매달 은행 웹사이트나 폰뱅킹에 접속해서 청구된 금액을 송금하는 것보다 자동화하는 게 훨씬 더 빠르다. 입금 기한을 놓치는 위험도 최소로 줄어든다. 꿩 먹고 알 먹기다.

서비스 제공 업체나 은행에서 자동이체를 신청하자. 은행과 회사마다 조건이 다르기에 모르는 게 있다면 웹사이트를 살펴보거나 고객센터에 연락하자.

가장 먼저 버킷1 지출을 자동화해보자. 다시 한번 상기시키지만, 버킷1은 살아가는 데 꼭 필요하고 대략 예측할 수 있는 월별 지출 금액이다. 월세와 전기 및 수도비, 핸드폰 요금 등이 해당된다. 월급을 받는 당좌예금계좌에서 금액이 송금되도록 하자. 버킷1의 자동화는 가장 쉽다.

조금 더 까다로운 부분은 버킷2다. 매달 넷플릭스에 약 12달러씩 자동 결제를 하는 걸 알고 있는가? 월세는 어떤가? 집주인이 자동이체를 바라는 날짜에 **일반적으로** 월세를 낼만큼의 돈을 마련할 수 있는가?

돈이 생길 때 이런 청구 대금을 자동으로 내는 데 익숙해졌다면, 금전적인 목표를 달성을 위한 버킷2도 자동화할 수 있다. 미래의 나를 또 다른 청구서라고 생각하자. 거지 같은 셀리 메이(Sallie Mae, 개인 학자금 대출 및 기타 금융 상품을 제공하는 은행—옮긴이)가 보내는 청구서가 아닌, 내가 나를 위해 보내는 청구서다! 내가 원하는 삶을 건설하기 위해 스스로에게 주는 조그맣지만 최고의 선물이다. 엄청난 금액일 필요도 없다. 한 달에 20달러씩 시작해보자. 사소한 것 하나하나 모두가 중요하다. 단, 나 자신에게 쓰는 돈보다 많은 돈을 넷플릭스에 쓰지는 말자.

버킷2 지출 중 자동화할 수 있는 목록을 작성해보자. 특정 목표를 위한 저축이나, 퇴직계좌도 여기에 포함될 수 있다. 은행에서 자동이체를 설정하거나 월급계좌에서 월급을 받자마자 자동이체 되도록 하자. 만약 직장인이라면, 월급을 여러 계좌로 바로 이체하게끔 하라. 한마디로 급여 통장을 쪼개는 것이다. 어떻게 하는지 몰라서 혼란스러운가? 걱정하지 마라. 은행에 전화해서 물어보거나, 직장의 인사과나 복지 담당자에게 확인해보면 된다.

다시 재정적 우선순위 목록으로 돌아가보자. 우린 제1순위가 비상금 마련임을 알고 있다. 그러므로 자동 이체를 사용할 때는, 비상금 통장으로 설정한 변동금리 저축계좌에 바로 돈이 입금되게 해야 한다.

단, 당좌예금계좌에서 청구된 금액을 지불하고 있다면, 완충재 역할을 할 여윳돈이 필요하다는 걸 명심하자. 500달러에서 1000달러 정도면 괜찮다. 지금 그만큼 돈을 마련할 여유가 없다면, 완충재 역할을 해줄 금액을 줄이고 계좌 잔액을 자주 확인하거나, 최소한 버킷2(재정 관리 목표 달성을 위한 버킷!)에 돈을 넣을 수 있을 때까지는 청구서와 필요한 지출을 자동화하자. 자동이체일 전에 핸드폰에 알람을 설정해 당좌예금계좌에 충분한 돈이 있는지 확인하자.

그럼 실질적으로 얼마만큼의 돈이 버킷에 들어가야 하는가? 아주 좋은 질문이다. 많은 이가 "얼마나 저축해야 할까요?"라고 물어본다. 이렇게 대답하면 싫어하겠지만, 단 하나의 정답은 존재하지 않는다. 개인의 금전 상황과 목표는 개개인에 따라 다르기 때문이다. 나는 독자의 인생이 어떤지, 무엇을 목표로 두고 있는지를 모르기 때문에, 정해진 금액이나 비율은 없다. 일반적으로는 50:20:30의 비율로 시작하는 것이 좋다.

버킷1에 50퍼센트: 생활비

버킷2에 20퍼센트: 목표

버킷3에 30퍼센트: 인생의 즐거움을 위한 지출

계속 실천해보면서 어떤 비율이 나에게 맞는지 알아보자. 즐거움을 위해 돈을 쓸 여유가 있으면서도, 어느 정도 절제하는 게 최고다. 예컨대, 내가 "이번 주에 이미 두 번 외식했으니, 오늘 저녁에는 집밥을 맛있게 차려 먹어야지" 하는 것과 같다. 사고 싶은 걸 모두 사고, 하고 싶은 일을 다 하지 못해서 조금 불편할 수 있지만, 그렇다고 해서 인생이 혐오스러워지지는 않는다.

제시카의 예를 들어보자. 그녀는 세후 4000달러를 번다. 월세, 학자금 대출, 식료품, 신용카드 고지서, 건강보험에 들어가는 비용은 2500달러다.

파이낸셜 게임 플랜을 따르자면 제시카가 제일 먼저 해야 할 일은 뭘까? 비상금을 마련하는 거다. 그녀는 1년 안에 비상금을 마련하겠다는 목표를 세웠다. 한 달 생활하는 데 필수로 들어가는 비용은 2500달러였기에, 세 달 치 비상금은 7500달러다.

나는 사람들에게 목표 금액보다 조금 더 여유분을 마련해 놓는 게 좋다고 권고한다. 왜냐하면 아무리 비상 상황이라 할지라도 가끔은 외식하거나 멋진 걸 살 수 있길 바라기 때문이다! 내 조언을 따라, 제시카는 매달 200달러를 여유분으로 저축하기로 했다. 그래서 비상금 목표를 8100달러로 올렸다.

목표를 달성할 때까지 한 달 이상이 필요한 경우(예를 들면, '올해 말') 핸드폰 계산기를 켜서 최종 비용을 개월 수로 나눠보자. 앞에서 살펴봤던 생활비 저축액 계산법과 똑같다.

다시 한번 말하지만, 인생에서의 목돈이 들어가는 중요한 일들을 염두에 두고 목표를 세우도록 하자. 8개월 안에 일본을 여행하고 싶은데 비용이 4000달러 정도 든다면, 한 달에 500달러를 저축하면 된다. 그렇게 꾸준히 모으다 보면 어느새 도쿄에서 식사하는 자신을 발견하게 될 것이다!

1년 안에 목표를 달성하려면 제시카는 한 달에 625달러를 저축해야 했다. 제시카의 월별 버킷은 다음과 같다.

- 한 달 치 생활비를 충당하려면 2500달러를 꼭 확보해야 한다. (버킷①)
- 다달이 변동금리 저축계좌에 625달러가 자동 이체되도록 설정해놓았다. (버킷②)
- 꽃이나 콤부차 DIY 키트, 위어드 알 얀코빅 콘서트 입장권 등 인생을 즐기는 일에 쓸 수 있는 돈 875달러가 남는다. (버킷③)

단번에 모든 게 들어맞는 마법 같은 일은 없다. 또, 각 버킷에 할당하는 절대적으로 완벽한 액수나 비율도 없다. 시행착오가 있을 것이다. 제시카는 비상금을 빨리 마련하기 위해, 버킷3에 있는 돈 일부를 버킷2에 옮기기로 결심했을지도 모른다.

목표 달성에 필요한 돈이 얼마인지 알려면, 어느 정도의 시간이 필요하다. 하지만 그렇다고 해서 그동안 내가 누리는 것을 다 포기해야 한다는 건 아니다. 나도 나에게 맞은 비율을 찾는 데까지 7개월이 걸렸다. 9시에 출근해서 5시에 퇴근하는 직장인이었을 때, 내게 가장 적절한 비율은 버킷1에는 43퍼센트, 버킷2에는 27퍼센트, 버킷3에는 30퍼센트를 할당하는 것이었다. 다시 한번 말하지만, 각자 알맞은 비율은 다를 것이다. 내가 쓰는 돈이 어떤 버킷이 해당하는지 분류한 후, 초반에 얼마만큼의 비율을 각 버킷에 할당하는 게 좋을지 알아가자. 나중에 약간 수정해도 되니, 두려워하지 말고 어떤 비율이 나에게 맞는지 시험해보자!

월급의 5퍼센트를 예금계좌에 자동 이체하는 것부터 시작해, 점점 더 비율을 늘리는 게 좋다. **일반적으로** 바람직한 목표는 버킷2에 20퍼센트를 넣은 후 이를 여러 목표에 할당해보는 거다. 그런데 만약 수입이 불규칙하면 어떡할까? 예를 들어 프리랜서거나 파트타임 근로자여서 한 달 수입이 일정하지 않은데 자동이체를 하면, 자칫 마이너스 통장을 뚫어야 할 상황에 놓일 수 있다. 이런 경우라면, 더 부지런해져야 한다. 버킷마다 한도를 구체적이고 엄격하게 설정하고, 개별적인 소비 명세도 더 꼼꼼히 추적하자.

수입이 불규칙하다면, 수입 기록을 살펴봐 최소로 벌 수 있는 금액을 예상해보자. 가장 수입이 적었던 달은 얼마를 벌었는가? 작년에 벌었던 금액의 월별 평균은 얼마인가? 프리랜서 일을 시작한 이후로 월별 평균 얼마를 벌었는가?

월 평균 수입과 월 최저 수입이 비슷하다면, 버킷1에 수입 대부분을 담고 버킷2에는 더 적은 금액을 할당해야 할 수도 있다. 한편 월 평균 수입과 월 최저 수입이 차이가 크게 난다면, 버킷2에 더 많은 돈을 자동으로 이체하는 게 마음이 편할 것이다. 여유 자금을 더 많이 모을 수 있기 때문이다.

직장인이든, 파트타임 근로자든, 프리랜서든, 수입의 변동을 가장 잘 아는 사람은 나 자신이다. 예산 세우기의 핵심은 자신이 자동화시킨 금액과 계좌에 들어오는 금액, 그리고 당좌예금계좌에 얼마나 많은 돈이 들어 있는지 잘 살펴보는 것이다.

1. 이제 회피는 그만!

앞에서 우리는 타조 효과에 대해 살펴봤다. 재정 관리에서 나는 무엇을 회피하고 있는가? 타조 효과가 재정과 인생에 어떤 영향을 미치고 있는지 써 보자. 특정 상황을 떠올리며 그때 왜 회피했는지를 살펴봐도 좋다.

____

____

____

____

주변 사람들이 "세워야 한다"라고 말하는 바람에 세운 금전적인 목표는 무엇이고, 진정으로 내가 달성하고 싶은 목표는 무엇인가?

예) "집을 사야 해." → "집을 살 수도 있겠지만, 나는 돈을 유연하게 쓰는 게 좋아서 월세를 주고 살래."

2. 목표 설정

계좌를 살펴보고 달성하고 싶은 금전적인 목표를 생각해보자. 비상금이 있었으면 좋겠는가? 갚아야 할 빚이 있는가? 얼마만큼의 돈이 있어야 인생 목표를 이룰 수 있겠는가?

이 과제를 통해 소망을 목표로 바꿔보자. 내가 원하는 게 뭔지 좀 더 구체적으로 생각해보고 타임라인을 정해보자. 그 목표를 이루고 싶은 이유가 무엇인지 살펴보고 계획을 짜보며 자동이체를 설정해보자. 인생의 목표를 이루면 기분이 어떨까? 상상하고 끌어당김의 힘을 이용해 목표를 실현해보자.

목표를 세울 때는 구체적이어야 하고, 타임라인과 목표를 이루고자 하는 사명이 있어야 한다. 이미 목표를 달성한 것처럼 과거형으로 써보자. 그리고 그 목표를 이루기 위한 계획을 설계해보자.

___

___

___

___

3. 재정적 우선순위 목록

이제 우리는 재정적 우선순위 목록을 사용해 목표 순서를 정해볼 것이다. 지금 내가 원하는 게 뭔지 아래의 체크박스에 표시해보자. 만약 표시하지 않은 부분이 있더라도 자기 자신을 비난해서는 안 된다.

❶ 모으기

비상금을 모은다(변동금리 저축계좌에 3달 치 생활비를 저축한다). 단, 고용주가 기여금을 내준다고 하면 401(k)나 403(b) 계좌에 최대한 많은 돈을 넣는 게 좋다.

❷ 빚 갚기

고금리 대출금을 갚는다(이율이 7퍼센트가 넘는 빚은 모두 고금리 대출이다).

❸ 투자하기

저금리 대출금을 갚으면서 동시에 은퇴를 준비한다(이율이 7퍼센트 미만인 빚은 모두 저금리 대출이다).

❹ 저축하기

목돈이 들어갈 생의 중요한 일들에 대비해 저축한다.

재정적 우선순위 목록에 따라 목표를 세워보자.

---

4. 예산 세우기

예산이 아닌 것 같은 예산을 세우는 건 가장 흥미진진한 부분이다. 앞서 살펴본 세 가지 예산 버킷을 통해 버킷 별로 나만의 예산을 세우자. 그 버킷에 해당하는 비용/지출/목표는 무엇인가?

1단계: 한 달 수입을 계산해보자. 프리랜서라면 지난해 가장 적었던 수입을 기록하는 걸로 시작해보자.

2단계: 생활에 필요한 비용을 다 더한 후, 버킷1에 얼마만큼의 금액을 할당할지 알아보자.

____

____

____

3단계: 월수입에서 버킷1의 지출을 빼보자. 여기서 남은 돈을 살펴보면 처음에 버킷2에 얼마만큼 돈을 넣어야 하는지 알 수 있다.

____

____

____

버킷2에서 자동이체를 걸 수 있는 항목을 살펴보자. 단, 당좌예금계좌에 약간의 여유분이 있어야 한다는 사실을 잊지 말자.

4단계: 월수입에서 버킷1과 버킷2 비용을 빼고 남은 돈은 자유롭게 쓸 수 있는 선택적 비용, 즉 버킷3에 해당한다. 세 가지 카테고리를 기억하는가? 그걸 기반으로 써보자. 버킷3에 할당한 금액 대부분은 세 가지 명목으로 쓰여야 한다.

버킷❶

버킷❷

버킷❸

5단계: 자동이체를 설정하고 원하는 목표를 이룬 나의 모습을 생생하게 그려보자.

버킷에 할당할 금액을 자동 이체하면 **재정 관리의 판도가 바뀐다.** 사람들이 "일단 설정해놓고 잊어버려"라고 말하는 이유가 있다. 왜냐하면 완전히 머릿속에서 지워버릴 것이기 때문이다. 게임에서 괴물을 물리치듯이, 불안이라는 괴물을 물리쳐보자. 30분만 내서 청구서 자동 납부를 설정하고, 당좌예금계좌에서 예금계좌로 자동이체를 걸어보자. 가능하다면 퇴직계좌에 자동으로 납입하도록 설정하자.

마지막으로 별다른 무리 없이 예산을 짜고 자신만의 재정 목표를 향해 순조롭게 나아가려면, 시각적으로 목표를 상기시켜주는 장치들이 도움이 된다. 나는 개인적으로 포스트잇이나 비전 보드에 확언을 써본다. 재정 관리를 하는 이유를 시각적으로 상상해보고, 목표를 달성하지 못한다는 생각이 들 때 읽었으면 하는 확언을 써보자.

4장
부채

빛을 내 편으로
만들 수 있을까

USING DEBT

대학교 2학년 기숙사 방으로 돌아가보자

그 시절, 나는 친구들과 종종 기숙사 방에 모였다. 지나와 알렉스는 재미있는 친구들이었고, 무엇보다 그 방에는 히터가 있었기 때문이다. 기숙사 원칙에 위배 되는 일이었지만. 어쩌다 그 이야기가 나왔는지 모르겠지만, 우리는 등록금이 너무 비싸다고 불평하고 있었다. 친구들의 99퍼센트는 어느 정도씩 지원 받을 자격이 됐지만, 한 해 등록금과 기숙사 비용, 식대는 최소 5만 달러에 달했다.

그때 알렉스와 나누었던 대화를 절대 잊지 못한다. 경영학을 전공하고 MBA 진학을 고려 중이었던 알렉스는 졸업할 즘이면 10만 달러가 넘는 빚을 질 거라고 아무렇지 않게 답했다.

학사 학위를 따는 것만으로 10만 달러 빚의 구렁텅이로 빠진다니! 알렉스는 정말 짜증 나는 듯이 이야기했지만, 빚의 무게는 모르는 게 약이기도 했다. 당시 우리는 겨우 열아홉 살이었고, 10만 달러 빚의 진정한 의미는 알지 못했다. 엄청난 돈이라는 걸 알았지만, 그 빚이 우리의 삶과 미래를 어떻게 바꿔놓을지는 이해하지는 못했다. 그저 관념이자 종이 위에 쓰인 숫자에 불과했다. 정말로 밤잠을 설치게 할, 실제 세계에서 일어나는 문제인지는 몰랐다.

비단 나와 친구들뿐만 아니라. 인류 역사가 시작되면서 사람들은 다양한 종류의 빚과 싸워왔다. 최초의 부채 시스템은 기원전 3500년경으로 거슬러 올라간다. 몇몇 학자들은 물물교환이 시작되기 전에, 심지어는 돈이 발명되기 전에도 빚이 존재했다고 말한다. 토머스 제퍼슨 전 대통령은 다른 사람들에게 호감을 사기 위해 값비싼 물건들을 선물하느라 평생 동안 거액의 빚을 졌다고 한다. 영화 〈내셔널 트레져〉 속 인물처럼 현실 세계에서도 엄청난 부자였던 배우 니콜라스 케이지는 국세청에 630만 달러를 빚졌고, 영화 배역을 수락할 때마다 버는 돈 대부분을 국세청이 가져간다고 고백했다.

21세기 미국에서, 빚은 경제의 중요한 부분으로 자리 잡았다. 신용카드가 있다면, 학자금 대출을 받았다면, 주택 대출을 받았다면, 축하한다! 당신은 다수에 속한다. 일반적으로 미국인들은 90만 달러 이상의 빚을 지고 있다고 한다. 한편, 미국 소비자 부채는 현재 14조 6천억 달러의 규모다.

몇몇 부채는 '합리적'으로 보이는 한편('**합리적**'이라는 말을 넣은 이유는 '빚은 나쁘고 약탈적인 거 아닌가요?'라는 논쟁을 막기 위해서다. 이런 논쟁을 시작하면 **몇 시간이고** 말을 이어 나갈 수 있기 때문이다), 불법적이고 잔인한 빚도 있다.

전문가의 한마디	**트리샤 클레페** Tricia Cleppe
	지역 사회 운동가

나는 필리핀 출신 이민자였던 홀어머니 밑에서 자랐다. 내가 살았던 미국 남부는 거의 백인밖에 없었고, 동네 사람들은 신실한 기독교 신자였다.

어머니가 미국에 넘어와서 가장 먼저 한 일 중 하나는 수표를 현금화하는 일이었다. 훗날 내 대부가 되어준 가게 주인은 수표를 현금화하는 업체 체인을 가지고 있었다. 나는 어렸을 때 매일 어머니를 따라 그 사무실에 갔다. 어머니와 함께 땅바닥에 앉아서 현금을 세면서, 돈 세는 노하우를 터득하기도 했다.

수표 현금화 업체나 보석금 지원 서비스 업체는 약탈적인 성격을 지닌 사업이다. 종종 신원 조회와 신용 조회가 필요하다. 많은 은행은 계좌에 최소한의 잔액을 요구하지만, 이러한 업체들은 별다른 요구 없이 현금을 손에 쥐어둔다. 단, 수표에 적힌 금액의 7~14퍼센트 사이를 수수료로 떼간다.

이러한 업체를 이용하는 일은 얼핏 은행 계좌를 여는 것처럼 보일 수 있지만, 사실 그렇지 않다. 약 50달러의 수수료를 선불로 내야지 14퍼센트 대신 7퍼센트의 수수료를 내고 현금을 찾을 수 있다.

수표 현금화 업체는 보석보증보험 서비스도 제공한다. 미국에서 보석보증보험 서비스는 이런 방식으로 운영된다. 체포된 후에는 재판 날짜까지 감옥에 있어야 하는데, 보석금을 내면 풀려난다. 연구 결과에 따르면, 미국 판사들은 유색인종에게 더 큰 보석금을 책정한다고 한다. 사회체제 전반에 이런 인종차별이 깔려 사람들을 체포하고, 더 엄격한 치안 유지 활동을 수행한다. 이런 일들로 가장 큰 재정적 영향을 받는 공동체는 유색인종 공동체이다. 이러한 공동체에는 사랑하는 사람을 감옥에서 빼내기 위해 10만, 12만, 20만 달러의 현금을 보석금으로 미리 낼 만큼의 능력이 없다.

하지만 나는 사람들이 현금 보석금을 내려고 가게를 온종일 드나드는 걸 지켜봤다. 보석금을 내지 않으면 몇 개월 또는 몇 년 동안 감옥에서 재판 일자를 기다려야 한다. 현재 미국에서는 이처럼 유죄를 선고받기도 전에 수감 생활을 하는 사람들이 넘쳐난다.

나는 어린 시절의 기억을 여전히 떨쳐내지 못했다. 미니밴을

타고 플로리다까지 운전해 디즈니월드에 갔을 때가 유년기 가장 즐거웠던 기억인데, 그 미니밴은 마약 혐의로 감옥에 간 손자를 빼내기 위해 흑인 할머니가 담보로 맡긴 차량이었다. 끔찍하고 약탈적인 체제 속에서 우리 가족의 위치와 이러한 체제의 복합적인 특성을 이해하는 건 쉽지 않았다.

인종차별과 백인 우월주의는 촉수처럼 촘촘히 사회체제를 감고 있는 거대한 존재다. 이 체제는 누군가가 가담해야 유지된다. 내 어머니는 싱글맘으로서 가족을 먹여 살리기 위해 노력했던 분이다. 어머니가 그런 일을 했다고 원망하지는 않는다. 왜냐하면 어머니는 아무것도 몰랐기 때문이다. 물론 몰랐다고 해서 모든 행위가 정당화되는 건 아니지만. 나는 지금도 종종 가게에서 다른 사람들에게 수취한 현금을 생각한다. 말 그대로 빼앗은 돈이다. 돈을 받는 일 자체는 어려운 일도 아니었고, 혼란스러운 일도 아니었다. 그 경험은 경제 체제가 어떻게 돌아가는지를 배울 수 있었던, 기이한 마스터 클래스였다. 나는 이런 약탈적인 체제를 통해 돈에 입문했다.

내 경험은 미국에 이주한 많은 소수민족이 백인 우월주의와 타협한 대표적인 사례다. 즉, 서로 이득을 보니, 백인과 가깝게 행동한 것이다. 백인과 비슷하게 행동하고 비슷한 교육 제도를 거치고 백인과 가까운 성과를 내면 백인처럼 되리라고 생각하지만, 결국에는 웃음거리로 전락한다. 이러한 사고방식은 백일 우월주의를 보호할 뿐이다.

이러한 경험으로 인해 나는 돈 문제를 마주했을 때 해결책을 찾는 대신 회피하는 성향을 띠게 되었다. 나는 돈이 악하다고 믿었고 돈과는 아무 상관도 없기를 바랐다. 돈과 권력이 사람에게 어떤 영향을 미치는지 목격했기에, 그러한 체제에 일조하고 싶지 않았다. 이를 위해 나는 돈에 관련된 주제나 건전한 재정 관리를 회피했다. 그렇게 함으로써 선하고 청렴한 사람이 된다고 생각했다. 하지만 나는 회사에 정직원으로 일하고 있고 재정 관리를 할 지적 능력을 갖췄음에도, 재정 문제에서 단 한 발자국도 진전이 없던 또 다른 유색인종 여성일 뿐이었다.

토리를 처음 만났을 때, 나는 이 체제에서 살아남으려고 노력 중이었다. 나는 돈과 부정적인 관계를 맺고 있었고 돈이 무서웠다. 삐뚤어진 내 안의 도덕 관념과 맞서 싸워야 했다. 하지만 나는 오랜 노력 끝에, 비상금을 마련하고 더 이상 스스로를 비난하지 않으며 딱 맞는 예산을 세울 수 있게 됐다. 지금 나는 어머니를 부양할 수 있지만, 어릴 때 느낀 감정을 지금까지도 간직하고 있다. 자신감 있게 내 가족을 부양할 능력을 갖추는 건 정말로 의미 있는 일이다. 특히나 나와 비슷한 일들을 겪었던 사람들에게 더더욱 말이다.

빚은 우리를 차별한다

빚에도 가부장제가 존재한다. 당연하다. 가부장제는 우리 삶에 곳곳에 영향력을 끼치니까. 2019년 기준으로, 여성은 지난 6개월 동안 청구된 신용카드 대금을 달마다 갚지 못했을 가능성이 컸다. 반면, 남성은 다달이 대금을 척척 납부했다. 미국 학자금 대출 중 3분의 2는 여성이 받은 것이다. 남성의 학자금 대출 금액은 여성보다 크지만, 더 빨리 갚는다. 1974년까지 여성은 남편 동의 없이는 신용카드를 발급 받지도 못했다. 먼 이야기처럼 느껴질지 모르지만, 불과 50년 전 이야기다.

유색인종의 통계는 더 심각하다. 흑인과 백인은 학자금 대출금부터 7000달러나 차이 나고, 졸업 후 4년이 지나면 그 차이는 더욱 벌어진다. 왜냐하면 대학을 졸업한 백인이 돈을 더 많이 벌기 때문이다. 사회적 소수 집단은 대출받을 기회가 적으며 주택 대출이 되었든 자동차 대출이 되었든, 소상공인 대출이나 신용카드가 되었든 백인보다 높은 이자율을 감당한다. 빚의 수렁에 더욱더 깊이 빠지면 현재 재정 상황에 영향을 미칠 뿐만이 아니라, 돈을 저축하거나 투자하기가 어려워지기에 더 밝은 미래를 꿈꾸지 못하게 된다. 왜냐하면 신용점수에 타격을 입기 때문이다.

신용점수 제도는 1974년, 편견을 없이 신용도를 측정하고자 마련되었다(완전 효과적이었다! 인종차별주의와 성차별이 없어졌으니까…라고 믿는 사람은 없겠지?) 평균적으로 여성은 남성보다 신용점수가 낮으며 신용카드 한도액도 낮다. 머신러닝 등 기술이 발전했음에도 불구하고, 신용점수에 있어서 남녀 간에 엄청난 차이가 있다는 현실을 우리는 목격하고 있다. 2019년, 투자 회사 골드만삭스가 애플 카드 상품을 선보였을 때, 성별을 블라인드 처리해 신용카드를 발급하겠다고 했다. 이론상으로는 좋지만 실제로 낮은 순수입과 같은 다른 변수들에서 이 사람의 성별을 추정하는 건 어렵지 않다. 역사적으로 여성의 대출 한도액이 낮았고, 알고리즘은 역사적인 패턴을 따른다. 유색인종 역시 대출 한도액이 낮다.

빚에 대한 오해들

그렇다. 빚은 정말 거지 같다. 하지만 돈을 벌어 현금을 쌓아놓고 집 대출금이나 학자금 대출을 갚지 않는 이상, 인생의 어떤 지점에서는 빚을 지고 함께 살아가게 된다. 빚이 거지 같을 수도 있지만, 인생에서 한 단계 더 나아가게 해주는 유일한 방법이기도 하다. 이 장에서 우리는 빚이 어떻게 작용하는지 (그리고 어떻게 눈덩이처럼 불어나는지) 살펴보고, 독자들이 빚의 빛과 그림자를 잘 알아볼 수 있도록 통찰력을 심어주고자 한다. 빚이 어떻게 가부장제에 이득이 되는지, 반대로 어떻게 유용하게 쓸 수 있는지 방법들을 알려주겠다. 먼저, 빚에 대한 일반적인 오해부터 살펴보자.

오해1. 빚이 있으면 문제 있는 사람이다?

사회에는 여전히 빚을 진 사람은 어딘가 문제가 있다는 인식이 있다. 전통적인 재정 관리법을 추천하는 전문가들 다수도 마찬가지다. 빚은 개인적인 결점과 같다. 삶을 꾸리는 법을 모르거나 대책없는 사람들이나 진다는 것이다. 대출금이 많은 사람은 좋은 음식을 먹거나 취향을 누릴 자격도 없으며, 아주 깊은 수치심을 느껴야 한다. 데이브 램지는 대학에 가기 위해 빚을 지는 건 '멍청한 행동'이라고 폄하하기도 했다.

앞에서 거듭 강조한 내용이지만, 내 순수익은 나의 가치와 전혀 관계가 없다는 걸 다시 상기하자. 빚을 졌다고 해서 현재를 모조리 희생하고 자신에게 벌주며 고통 안에서 살 필요가 없다. 대부분은 필요해서 빚을 지기에, 수치심을 느낄 필요도 없다.

많은 사람이 과도하게 대출을 받는 이유는 단순하다. 빚이 어떻게 작용하는지를 배우지 못했기 때문이다. "빚의 작동 원리를 몰라서요"라는 말은 남자보다 여자가 더 빚이 많은 이유를 가장 잘 설명해준다. 채권자가 이자로 벌어들이는 돈이 얼마나 많은지 생각해보자. 빚에 대한 이해가 부족한 사람들은 그들의 쉬운 먹잇감이 될 수 있다.

만약 대학을 졸업했다면, 해가 쨍쨍 뜬 날, 캠퍼스 뜰에 신용카드 회사들이 부스를 설치해놓은 장면들을 기억할 것이다. 신용카드 회사들은 신용카드가 어떤 결과를 초래할 수 있는지 잘 알지도 못하는 학생들을 유혹했다. 그래서 2009년 미국 의회에서 청년 대상 신용카드 광고를 제한한 '신용카드 책임 공시법'을 통과시켰을 때 큰 이슈가 되었다. 많은 대학은 신용카드 회사가 학생들을 대상으로 공격적인 영업을 펼칠 수 있게 했었는데, 법안이 통과된 후에는 공짜로 프리즈비 제품이나 티셔츠를 미끼로 신용카드를 발급을 영업할 수 없게 됐다. 훌륭한 법안이다.

빚의 가부장적 성격을 완벽하게 보여주는 예시가 있다. 속옷 브랜드 빅토리아 시크릿을 보자. 이 회사는 고객에게 코메니티 은행과 협력해 자사 신용카드를 발급 받을 수 있다고 권유한다. 현재 한 집단소송 전문 로펌은 신용카드를 발급 받기 전 고객에게 진짜 이자율을 고지하지 않았다는 이유로 중재를 요청했다. 많은 브랜드 매장은 브랜드 신용카드를 마치 혜택인 것처럼 홍보한다. "저희 리워드 카드를 발급 받으시면 구매하실 때마다 일정 금액을 돌려드립니다!" 아주 멋진 혜택처럼 들리는가? 하지만 신용카드 뒤에 있는 대출 기관은 이 카드를 발급 받는 게 무엇을 의미하는 건지 고객에게 알려주지 않는다. 그리고 미국 평균 이자율보다 더 높은 이자율을 매긴다! 제대로 된 재정 교육을 받지 못한 여성들의 경험 부족을 이용하는 것이다.

전문가의 한마디	**베서니**Bethany B.
	〈허 퍼스트 $100K〉 고객

2005년부터 2009년까지, 대학생 시절 나는 빅토리아 시크릿에서 영업 사원으로 근무했다. 생활비도 벌고 여학생 클럽 회비도 내기 위해서였다. 빅토리아 시크릿 상품을 할인받거나 공짜로 물건을 받으려는 목적도 있었다. 거기서 일하는 건 즐거웠다. 함께 클럽 활동을 하던 친구들이 이미 빅토리아 시크릿에서 일하고 있었기에, 일을 시작할 때 이미 많은 사람을 알고 있었다.

그 시절 란제리 매장에서 일하는 게 어땠는지를 뒤돌아보면 만감이 교차한다. 비참하다고 말할 수는 없지만, 종종 뒤가 구리다고 느낄 때가 있었다….

신입 교육은 매우 짧았다. 며칠 동안 다른 영업 사원들을 따라한 후, 계산대에서 포스 다루는 법을 배웠다. 그리고 15분간 빅토리아 시크릿 신용카드인 '엔젤 카드' 발급하는 법을 교육받았다.

가장 납득이 안 갔던 부분이 이것이었다. 모든 고객에게 엔젤 카드 발급을 압박하라는 상부의 지시가 있었다. 내가 일했던 지점의 매니저는 신용카드 발급에 있어서는 가차 없었다. 비품실 직원 업무 시간표를 붙여놓던 곳 옆에 게시판을 달아,

영업 사원 한 명당 얼마만큼의 엔젤 카드를 발급했는지 실적을 추적했다. 엔젤 카드를 많이 발급한 사원은 칭찬받았고, 매니저는 실적을 축하하는 메시지를 전 사원이 들을 수 있도록 헤드셋으로 흘려보냈다. 그 당시 엔젤 카드를 많이 발급한 사람은 가격표를 떼고 반품한 상품을 모아두는 바구니에서 원하는 걸 가져갈 수 있었다.

"오늘 엔젤 카드로 결제하실 건가요?"라는 문구는 꿈에서까지 나를 쫓아다녔다. 영업 사원들은 모든 고객에게 그 질문을 해야 했고, 카드가 없는 사람들에게 발급하겠냐고 물어야 했다. 나는 카드 발급을 압박하는 게 싫어서 매니저가 내 말이 들리는 거리에 있을 때만 고객에게 카드 발급을 권했다. 신용카드가 어떻게 작동하는지 잘 이해하지도 못했는데, 다른 사람들에게 그렇게 압박을 넣어서는 안 됐다.

본사는 카드 발급 권유 시 여러 접근법을 택할 수 있다고 사원들을 교육 시켰다. 먼저, 정말 멋진 클럽에 손님만 개인적으로 초대받은 것처럼 이야기하는 것이다. "…에 고객님을 초대하고 싶어요"라거나 "진짜 혜택이 좋으니 꼭 혜택을 받으셨으면 해요"라고 말했다.

만약 이 말이 먹히지 않으면, 할인을 어필했다. 가입 시 바로 현금으로 환급해줄 때가 많았기 때문이다. 나는 이게 소비자를 가장 잘 조종하는 방법이라고 느꼈다. “오늘 엔젤 카드에 가입하시면 15퍼센트 할인을 받으실 수 있어요”라고 이야기하면 많은 고객이 정말로 가입했다. 실제로 신용카드를 발급하는 거라고 고객에게 알려줬다면, 이 전략은 성공하지 못했을 것이다. 그렇다. 우리는 애초에 ‘엔젤 신용카드’가 아닌 ‘엔젤 카드’라고 말하라고 지시받았다. 신용카드가 아니라, 마치 슈퍼마켓 적립 포인트 카드처럼 홍보했다. 내 동료 일부는 손님이 계산대에 올린 물건을 집은 후 “이거 공짜로 가져가실래요?”, “이거 오늘 공짜로 드려도 괜찮을까요?”라고 말하거나, “제가 이 물건 가격을 계산하지 않으면 어떨까요?”라고 말하기도 했다. 고객은 당연히 “아주 좋죠!”라고 답할 것이다. 그러면 영업 사원은 “엔젤 카드를 발급 받으시면 그렇게 해드릴 수 있어요” 같은 답변을 내놓는다. 엄청난 압박감을 주고 교묘하게 위협하는 전략이다.

지금도 기억나는 최악의 예는 매니저가 영어를 능숙하게 구사하지 못하는 여성에게 신용카드를 발급 받으라고 압박했을 때다. 아마 매니저는 그 여성에게 이 물건을 사려면 신용카드를 발급 받아야 하는 것처럼 보이게 만들었던 것 같다. 그건 거의 사기였다. 동료와 내가 어떻게 된 일인지 물었을 때, 매니저는 이렇게 대답했다. “음, 그게 뭔지 모르면 거기 적힌 번호에 전화하고 2번을 눌러서 무슨 카든지 설명해달라고 하면 되잖아?"

얼마나 많은 사람에게 신용카드 발급을 강요했는지 생각하면 너무 죄책감이 든다. 때때로 계산대에서 엔젤 카드를 내미는데 카드 승인이 거부되는 경우가 종종 있었다. 지금에서야 왜 이런 일이 발생했는지가 이해된다. 분명 신용카드 대금을 내지 않았을 것이다. 아마 어떻게 내는지도 몰랐을지 모른다. 젠장.

매달 공짜 브래지어를 받을지도 모른다는 생각에 이 모든 일을 저질렀다는 점에 대해서도 다시 생각해볼 필요가 있다. 실제로 공짜로 브래지어를 받은 적은 단 한 번뿐이다. 그리고 사실 내 브래지어 사이즈는 34DDD다. 그 사이즈엔 오직 베이지 색상만 재고가 있었다. 그 빌어먹을 베이지색 브래지어 하나를 위해 이런 일들을 한 것이다.

빚을 진 상황을 비난하고 자책하게 만드는 사람을 멀리하자. 그들은 현실을 무시하고 다국적 기업의 약탈적 행동을 정당화할 뿐이다. 빚을 진 이유가 무엇이든지, 수치심과 죄책감을 느낀다고 해서 빚에서 빠져나갈 수 있는 것도 아니다. 스스로 관용을 베풀고 함께 해결책을 찾아나가자.

오해2. 무슨 수를 써서라도 빚을 져서는 안 된다

'빚이 있으면 문제가 있는 사람이다'라는 말을 자세히 살펴보자. 사람들은 모든 빚이 나쁘다는 내러티브를 너무 쉽게 믿는다. 그들은 만약 빚을 질 정도로 정말 멍청했다면, 당장 할 일은 최선의 노력을 다해 빚을 뿌리 뽑는 거라고 말한다.

빚에 허우적거리고 있을 땐 모든 빚을 짐처럼 느끼기 쉽다. 하지만 모든 빚의 성격이 비슷한 건 아니다. 학자금 대출은 주택 융자와 다르며, 의료비 청구서는 신용카드 대금 청구서와 다르다. 비용 측면에서, 어떤 빚은 다른 빚보다 더 부정적인 영향을 미친다. 빚의 좋고 나쁨은 이자율이 얼만지, 이자가 얼마나 늘어나는지, 얼마 동안 대출을 갚아야 하는지에 따라 달라진다. 지금부터는 빚이 어떻게 작용하는지 더 살펴볼 것이다.

빚지는 이유 중 대부분은 빚을 져야 하는 상황에 놓이기 때문이다. 빚지지 않아도 되는 라이프 스타일은 특권이다. 학자금 대출을 살펴보자. 일반적으로 우리는 대출금 규모와는 관계없이 학자금 대출을 '되도록 빨리 갚아야 한다'는 말을 들었다. 대학 졸업장이 있으면 좋은 복지 혜택을 제공하는 훌륭한 직장에서 일할 수 있다는 이야기를 들었기에, 엄청난 빚을 지게 돼도 그냥 꾹 참고 견뎌야 했다.

"아니, 나 때도 그렇게 등록금 내면서 다녔는데 너도 그래야지. 왜 그렇게 불평만 하는지 모르겠네"라는 잔소리를 어른들에게 들을 수도 있다. 다소 어안이 벙벙할 것이다. 부자가 빚을 지면 사람들은 그걸 빚이라고 부르지 않는다. '레버리지'라고 부른다. 경제적 상황에 따라 꼬리표를 다르게 붙이는 것이다. 빚은 '부정적'이지만 레버리지는 똑똑하고 능숙한 재정 관리의 상징처럼 여겨진다. 착수금으로 현금을 낼 여력만 있다면, 재산을 담보로 대출을 받은 것만큼 손쉽게 레버리지를 활용할 수 있다. 그들은 주식을 통해 평균 대출 이자율보다 돈을 많이 번다(물론 아닌 경우도 물론 있지만). 부자들에게 빚을 지는 건 똑똑한 비즈니스적 선택이다. 사람들은 이를 높게 쳐준다.

그렇다면 보통 사람은 무슨 수를 써서라도 빚을 지지 말아야 할까? 좀 비현실적인 얘기다. 득이 된다고 말할 수도 없다. 레버리지를 활용해 이득을 취할 수 있듯, 마찬가지로 빚도 나를 더 높은 단계로 업그레이드해줄 수 있는 도구이기 때문이다. 그걸로 집을 마련할 수도 있고, 사업을 구축할 수도 있다. 학위를 위해 대출을 받았을 수도 있다. 모두 너무 좋은 일들이다. 나는 모든 여성이 대출받지 않고 이런 기회를 누렸으면 하지만, 우리는 빚을 피할 수 없는 사회에 살고 있기에 여성은 빚의 성격을 정확히 이해함으로써 사회와의 게임에서 이겨야 한다.

오해3. 빚에서 영영 해방되지 못할 거다

이런 절망스러운 마음이 어떤 건지 나도 잘 안다. 학자금 대출 기관 웹사이트에 로그인할 때마다, 그 엄청난 숫자를 보면 뺨을 맞은 것 같았다. 신용카드를 내밀 때마다 심장이 조인다.

의료비 청구서에 적힌 숫자는 2001년 오스카 시상식에서 비요크가 입은, 기괴한 모양의 백조 모양의 드레스처럼 꿈에 나올까봐 무섭다.

지금 우리는 에베레스트산처럼 높게 쌓인 빚을 바라보고 있다. '어떻게 이 빌어먹을 산의 정상까지 올라갈 수 있담?' 하고 질문을 던지면서 말이다.

'한 번에 한 입씩 먹으면 코끼리 한 마리도 다 먹어 치울 수 있다'는 속담을 생각하자. 빚도 조금씩 갚아 나가면 된다. 그렇게 하면 빚을 갚을 수 있다. 그건 개인적으로 엄청난 성취이면서도, 동시에 거지 같은 가부장제 시스템에 맞서는 방법이기도 하다.

한 가지 짚고 넘어갈 점이 있다. 빚에서 해방되는 건 체제에 대한 반역이지만, 빚을 갚는 행위는 그렇지 않다는 것이다. (안 내면 좋겠지만 꼭 내야 하는) 대출 이자를 갚고, 힘들게 일해 번 돈을 매달 대형 기업이나 정부에 보내는 건 정말 짜증나고 기분이 나쁘다. 하지만 내가 여자고 유색인종에 LGBTQ+에 장애인 등 사회적 소수 집단에 속한다면, 빚 없는 상태는 나를 자기 발밑에 두려는 체제에 "꺼져"라고 외치는 행위와 같다. 그들에게 진 빚을 다 갚는 건, 여느 재정 관리의 이정표처럼 개인적인 의미 그 이상이다.

힘든 일을 쉬운 일처럼 꾸며서 이야기하지 않겠다. 어려울 것이다. 참을성이 필요하고 꾸준히 노력해야 한다. 도전 정신을 요구할 것이다. 하지만 우리가 도전을 두려워했던 적이 있었던가?

적을 알고 나를 알면 백전백승!

자, 그럼 빚이란 놈의 성격을 더 자세히 알아보자.

일반적으로 빚의 논리는 간단하다. 돈을 빌린 후에 갚으면 된다. 학자금 대출, 주택담보 대출, 자동차 할부금 등 어떤 빚이든 원리는 똑같다. 처음에 빌린 돈은 원금이라고 부른다. 돈을 빌려준 사람과 맺은 조건에 따라, 일정 기간 내내 일정 금액을 갚아야 할 수도 있다. 매월 할부금을 납부하는 것인데, 여기서 할부금은 원금에 이자를 더한 금액이다.

이자란 무엇인가? 금융 기관은 공짜로 돈을 빌려주지 않는다. 돈을 빌려주는 대신 더 많은 돈을 갚으라고 요구한다. 일반적으로 일 년에 일정 퍼센트의 이자를 내라고 한다. 만약, 매달 15일 학자금 대출 기관에 350달러를 할부금으로 낸다고 치자. 15일에 그 금액을 갚지 못하면 대출 기관은 연체비를 물릴 것이다. 신용카드 빚 등 특정 종류의 빚은 연체 비용을 낼 필요 없이 '최소 결제 금액'만 내는 선택지를 제공한다. 하지만 대출금 전액을 갚지 못했기에, 원금과 이자에 또 이자를 붙여서 청구한다. 한마디로 리볼빙, 즉 일부 결제액을 이월 약정하는 것이다. 리볼빙을 이용하면 대금의 10퍼센트만 결제해도 되고 연체로 처리되지도 않는다.

1000달러를 빌렸다고 치자. 단리는 25퍼센트다. 그럼 1000달러의 25퍼센트, 즉 매년 250달러를 빚지게 된다. 사람들이 선호하는 유형의 대출이지만, 대출 기관으로선 수익성이 낮기에 보편적이진 않다.

똑같이 1000달러를 빌렸지만, 이번에는 **복리**를 적용해보자. 복리란 원금에만 이자율을 적용하는 게 아니라, 원금에서 생기는 이자에도 원금과 같은 이율의 이자를 붙이는 걸 의미한다. 대출받은 다음 해 말이 되면 나는 1000달러의 25퍼센트만큼의 빚을 지는 게 아닌 1250달러의 25퍼센트의 빚을 지게 된다. 복리는 변동금리 저축계좌나 투자 등 돈을 모을 때는 훌륭하지만 대출받을 때는 불리하다.

또 짚고 넘어가야 할 게 있다. 빚이 얼마나 많은지에 따라 복리의 **빈도**, 즉 이자가 측정되는 횟수가 다르게 영향을 미친다는 점이다. 지금까지 우리는 연간 복리의 경우만 살펴보았다. 하지만 대부분의 신용카드 빚처럼 일간 복리가 적용되면 어떻게 될까? 연간 이율이 25퍼센트라면, 25를 365로 나눈 값이 일간 복리다. 그럼 하루에 적용되는 이자율은 0.0684퍼센트이다. 그래서 만약 1000달러를 빌렸다면 다음날 빚은 1000.68달러로 늘어난다. 그리고 그다음 날 또 0.0684퍼센트가 붙는다.

이때 이자는 1000달러를 기준으로 계산되는 게 아니라, 그 전날 이미 이자가 붙은 금액인 1000.68을 기준으로 계산된다. 이렇게 계속 빚이 늘어나는 것이다.

처음 며칠 동안은 별거 아닌 것처럼 느껴지지만 그해 말이 되면 어떨까? 내야 할 금액은 무려 1283.92달러가 된다. 연간 복리를 적용했을 때의 예상 금액 1250달러보다 큰 금액이다.

이제 독자는 왜 복리로 돈을 빌리면 중간에 빚을 갚기 어렵고 파국으로 치달을 수 있는지 깨달았을 것이다. 매달 최소 결제 금액을 납부하면, 잔금이 조금씩 적어지는 것처럼 보인다. 하지만 이자가 계속해서 누적되고 있기에 사실 크게 나아지는 건 아니다. 이 때문에 5000달러의 신용카드 빚을 지고 2년 동안 최소 결제 금액만 냈더니, 결국 빚이 거의 8000달러로 불어났다는 이야기도 들려오는 것이다. 나는 종종 이런 이야기를 틱톡 태그를 통해 알게 된다. 그래서 대출 기관은 최소 결제 금액을 일부러 낮게 잡고, 개인이 생각했던 것보다 훨씬 더 많은 빚을 계속해서 지게 만든다.

물론, 이는 더 빚지지 않는다는 가정 아래 이야기다. 대금을 완납하지 않은 채 계속 신용카드를 긁는다면, 예컨대 한 달에 신용카드로 2000달러를 쓰는데 1000달러만 갚는다면, 본래 갚아야 하는 1000달러 원금에 이자가 붙어 눈덩이처럼 빚이 불어난다. 이게 바로 빚을 갚을 때 물에 빠져 허덕이는 것처럼 느껴지는 이유다. 분명히 빚을 갚고 있지만, 복리 역시 갚아야 할 돈을 쉴 새 없이 불려 나가는 것이다. 이를 표를 통해 살펴보자.

원금과 이자	첫 번째 해 말에 갚아야 할 금액	두 번째 해 말에 갚아야 할 금액	세 번째 해 말에 갚아야 할 금액
1000달러, 단리 25%	1250	1500	1750
1000달러, 연간 복리 25%	1250	1562.5	1953.13
1000달러, 일간 복리 25%	1283.92	1648.44	2116.46

이자 말고도 고려해야 할 사항이 많다. 대출마다 붙는 조건이 다르다. 예를 들면, 어떤 대출은 일정 기간 이자를 붙이지 않는다. 월 납부 금액이 많지만, 납부 기간은 짧아서 빨리 갚는 대출도 있다. 예를 들면, 차를 샀을 때 나는 한 달에 기본 할부 금액보다 100달러를 더 많이 냈다. 그래서 대출 기간을 2년 줄었고 이에 따른 이자도 안 내도 됐다.

이런 빚을 진다는 건 계속해서 한 걸음 뒤처진단 걸 의미한다. 대출 기관에 휘둘리면, 무력감을 느끼게 된다. 인생이 누군가에게 휘둘리는 기분이 들기 때문이다. 그 누군가(일반적으로 대기업)는 말 그대로 눈 깜빡하지 않고 나의 재정적인 불안정성을 이용해 이득을 본다.

빚을 어떻게
처치하는 게 좋을까?

지금부터 빚이란 놈을 상대해보자. 그 방법은 사실 충격적으로 간단하다. 첫째, 원금과 이자를 분리해보는 거다. 원금은 내가 애초에 빌린 금액으로, 여기에 이자가 더해진다는 걸 잊지 말자. 이자는 단리일 수도, 복리일 수도 있다.

파이낸셜 게임 플랜에서 배운 것처럼, 빚에는 두 가지 종류가 있다. 고금리 대출과 저금리 대출이다. 일반적으로 미국에선 이자율 7퍼센트가 둘을 나누는 기준이다. 페이데이론(payday loan, 단기 급전 대출—옮긴이)과 신용카드는 언제나 고금리다. 한편 학자금 대출이나 융자, 자동차 할부금은 대개 금리가 낮게 책정되어 있다.

고금리 대출을 우선적으로 갚아야 하는 이유는 일반적인 주식 수익률보다 이자율이 높기 때문이다. 투자로 벌 수 있는 것보다 더 많은 돈을 잃고 있다면, 투자 전에 먼저 빚을 없애는 걸 목표로 삼아야 한다.

예를 들면, 빚을 갚기 위해 매달 정기적으로 내는 돈보다 더 많은 돈을 납부했다고 치자(야무지게 잘하고 있다!). 예를 들어 250달러가 아니라 300달러를 갚은 것이다. 다음 달에 내야 할 50달러를 미리 냈기에, 다음 달에는 200달러만 청구될 것이다. 갚아야 할 금액이 적어지다니, 매력적으로 들린다. 멋져 보이지만 사실 얻은 건 아무것도 없다. 원금 **플러스** 이자에 해당하는 돈을 먼저 갚은 것이지, 원금을 갚은 건 아니기 때문이다. 즉, 원금에서 50달러를 덜어낸 게 아닌, 미래의 내가 갚아야 할 50달러를 미리 낸 것뿐이다.

내가 설명하려는 내용을 뒷받침할 짧은 일화가 있다. 나는 도요타 자동차를 도요타 회사를 통해 대출 받아서 샀다. 한 달에 내야 할 대금은 500달러였다. 2016년에 이 돈을 갚기 시작했을 때, 한 달에 50달러 정도 여윳돈이 있었다. 그래서 나는 500달러에 50달러를 더한, 550달러를 내면서 이 돈이 원금을 갚는데 들어가리라고 예상했다.

하지만 다음 달 청구서를 열어봤을 때, 청구서에는 450달러가 적혀 있었다. 일반적으로 내야 할 돈보다 더 적었지만, 그렇다고 해서 자동차 대출금을 빨리 갚고 있는 건 아니었다. 내가 낸 50달러는 그냥 다음 달에 내야 할 돈에서 제해졌을 뿐이다. 과거의 나는 다음 달의 내가 50달러를 덜 내도록 도와주고 있었지만, 미래의 내가 지고 있던 빚은 줄지 않았다!

나는 대출 부서에 전화를 걸어, 어떻게 하면 이 돈을 원금을 갚는 데 쓸 수 있냐고 물어봤다. 담당자는 이렇게 말했다. "아! 그건요. 여분의 돈을 **아이오와주에 있는 사서함**으로 보내시면 돼요. 전화해서 아주 구체적으로 물어보셔야 사서함 번호를 알려드릴 수 있어요." 맙소사, 말도 안 되는 헛소리다.

대출 기관은 이렇게 교활하다. 원금을 갚기 어렵게 만든다.

왜냐하면 사람들이 빚의 수렁에 더 오랫동안 빠져 있을수록, 더 많은 돈을 벌 수 있기 때문이다. 원금을 상환하면 대출 기간이 단축돼 이자를 절약할 수 있다. 하지만 대출 기관은 이러한 말을 해주지 않을 것이다.

빚을 더 빨리 상환하려면 대출의 남은 **원금**을 더 빨리 갚아야 한다. 일반적 월별 상환액 외에도 추가 자금을 투입해 이자율이 가장 높은 대출의 원금을 상환하자. 어떤 종류의 대출이냐, 또 어떤 기관에서 대출 받았느냐에 따라 원금을 상환하는 방법은 다르다. 대출 기관에 전화해서 "어떻게 하면 이 대출금의 원금을 갚을 수 있나요?"라고 물어보자(이 문장에 반드시 형광펜으로 줄을 쳐라. 아주 값진 조언일뿐더러 꼭 필요한 정보다).

몇몇 대출 기관은 수월하게 답해줄 것이다. 법적으로 모든 대출 기관은 원금을 갚기 위해 취해야 할 정확한 절차를 알려줘야만 한다. 그들이 알려주는 내용을 모두 메모하자.

대출 기관과 통화할 때, 시도해볼 만한 재밌는 방법이 있다. 바로 대출 기관 고객센터에 아래 대본처럼 물어보는 것이다(이 대본이 익숙할지도 모르겠다. 왜냐하면 요금을 낮춰달라고 부탁할 때 쓴 대본과 사실상 똑같기 때문이다! 일은 똑똑하게 해야지, 열심히 한다고만 해서 되는 게 아니다).

상담원님, 안녕하세요. 다름 아니라 좀 문제가 있어서 전화 드렸어요. 상담원님이 저를 도와주실 수 있을 것 같아서요. 최근 경쟁사 ○○가 이자율이 훨씬 더 낮으면서도 혜택은 더 많은 카드를 출시했더라고요. (지금 직장을 잃어서/코로나19의 여파로/다른 건강상의 문제로) 금전적으로 좀 힘들거든요. (항상 대금을 제때 내는 사람으로서/캐피탈 원 서비스를 5년 동안 이용했는데/믿을만한 단골인데) 계속해서 이 회사만 이용하는 충실한 고객이 되고 싶은데, 혹시 저에게 안내해주실 만한 할인 혜택이 있을까요?

마법처럼 빚을 없애는 전략?

지금 엄청난 빚을 지고 스트레스 때문에 미칠 지경이라면, 아마 빚에서 벗어나기 위해 할 수 있는 일은 거의 다 해봤을 것이다. 마법처럼 빚을 없애주는 방법이 있다면 얼마나 좋겠는가. 그게 얼마나 유혹적인지 알고 있지만, 그럴수록 조심해야 한다. 사람들은 너무 스트레스를 받거나 공황 상태에 있을 때, 결과를 생각하거나 상환 계획을 실질적으로 짜보지도 않은 채 이러한 도구를 만능 구명조끼처럼 생각하기 때문이다. 이 계획은 모든 사람에게 먹히지는 않는다(내가 무슨 말을 할지 예상이 될 것이다. 재정 관리에서 맞추어야 할 초점은 개인마다 다르다). **특히 짜놓은 계획이 없다면 효과가 없을 것이다.**

첫 번째로 소개할 전략은 학자금 대출 탕감이다. 정치인들은 종종 학자금 대출금을 면제하거나 탕감해주는 안에 관해 이야기한다. 표를 의식했든 공익을 위해서든 그들은 이 주제를 빼놓고 넘어갈 수가 없다. 그리고 미국에는 이미 공공서비스 학자금 탕감 프로그램Public Service Loan Forgiveness라든지 학자금 대출 일부를 탕감해주는 연방정부의 학자금 상환 프로그램Pay as You Earn과 같은 프로그램이 존재한다. 여러분도 자격이 되는지 검색해보자!

그리고 여러 회사는 자기 회사에서 대출받으면 학자금을 분할 상환해도 되는 혜택을 제공하기 시작했다. 또, 수입 기반 분할 상환도 있다. 대출금이 완전히 탕감되는 건 아니지만, 어느 정도는 감면해준다. 다만, 추후에는 결국 더 많은 이자를 낼 수도 있다는 걸 주의하라.

난 티모시 샬라메와 결혼하고 싶은 마음보다, 더 많은 학자금 대출 탕감이 이뤄졌으면 하는 마음이 크다(자, 이제 내가 얼마나 학자금 대출 탕감 정책을 지지하는지 알겠지?). 하지만 너무 큰 기대는 안 하는 게 좋다. "제 학자금 대출 상태는 끔찍해요. 정부가 탕감해줄 수도 있다는데, 걱정을 좀 내려놔도 괜찮을까요?"라고 묻는 고객이 꽤 많다. 하지만 중요하게 짚고 넘어갈 점이 있다. 정치인이 당선되기 위해 하는 약속은 믿을 만하지 않다는 것이다. 당선된 다음에는 실천하지 않는 경우가 많다. 나 때도 내 집 마련은 쉬운 일이 아니었다며, 요즘 세대도 현실을 받아들여야 한다는 등 꼰대 같은 소리를 하는 정치인들이 많은데, 학자금 대출 탕감이 이루어질 확률은 얼마나 될까? 그러므로 우리는 학자금 대출 탕감을 지지하는 정치인에게 투표하는 동시에, 현실적으로도 빚을 갚도록 노력해야 한다.

한 신용카드의 미결제 금액을 다른 신용카드로 넘기고 0퍼센트 이자율을 추구하면서 채무를 통합한다면, 빚을 빨리 갚을 수 있다. 나는 이것을 '삼위일체'라고 부른다. 하지만 삼위일체 안은 잘못하다가는 파멸로 빠지는 지름길이기도 하다. 이를 잘 활용하기 위해서는 두 가지 **필수** 전제 조건을 충족해야 한다. 첫째, 얼마만큼의 빚을 어떻게 탕감해야 하는지 숫자를 살펴봐야 한다. 둘째, 빚 탕감 계획을 갖추어야 한다. 여러분은 자신이 처한 상황에 관해 더 열심히 탐구하면서, 이 두 가지 전제 조건에 대한 설명을 들어야 한다.

신용카드의 미결제 금액을 다른 신용카드로 넘기라는 건 더 낮은 이자율을 부과하는 카드로 넘기는 뜻이다. 예를 들면, 10만 달러의 신용카드 빚이 있다고 하자. 현재 카드가 25퍼센트의 이자율을 부과한다면 18퍼센트의 이자율을 부과하는 카드로 옮기는 것이다. 이 방법을 쓰면 빚이 좀 더 천천히 늘어난다. 또 다른 전략은 카드 발급 후 몇 달간 무이자 혜택을 제공하는 카드로 대금을 옮기는 것이다. 이는 빚이 늘어나지 않도록 일시정지 버튼을 누르는 행위와 같다. 하지만 이런 건 임시방편으로, 장기 계획이 있을 때만 훌륭한 방법이다. 어쩔 수 없이 갚아야 하는 빚인데도 이자가 부과될 때까지 빚 갚는 걸 미루거나, 무이자를 핑계로 감당할 수 없는 물건을 추가로 지르는 건 현명한 결정이 아니다. 여러분은 이러한 도구를 사용해 약간의 시간을 벌고, 빚을 갚을 계획을 세우며, 그 계획을 충실히 따라야 한다.

마지막은 채무 통합이다. 이름에서 추측할 수 있듯, 채무 통합은 여러 빚을 하나로 합치는 것이다. 채무를 한곳에 모으면 단일이자율이 적용된다. 물론 진지하게 채무 상환 계획이 있고 계산을 꼼꼼히 살펴봤을 때만 효과가 있는 방법이다. 예를 들면, 세 기관에 빚을 졌고 그 기관들의 이자율 평균은 15퍼센트라고 치자. 이 빚을 이자율이 12퍼센트 이하인 기관에 통합하는 것이다. 다만 앞서 설명했듯, 이자율은 채무 탕감이라는 방정식의 한 부분에 불과하다. 만약 대출 상환 기간이 늘어난다면 어쩔 것인가? 2년 상환 기간이 5년으로 늘어나면? 일시적으로 이자율이 낮아져 약간의 이자만 낼 순 있겠지만, 결국 상환 기간이 늘어나면 장기적으로는 더 많은 돈을 이자로 내게 된다.

이러한 점을 모두 염두에 두고 계획을 꼼꼼히 세우자.

1단계. 실제 이자율을 알아보자

많은 사람이 재정 관리를 할 때, 의외로 이자율을 살펴보는 걸 회피한다. 이자가 뭔지 정확히 이해하지 못하거나, 마치 타조처럼 모래에 머리를 파묻은 채 눈앞의 잔혹한 현실을 보고 싫어 하지 않는 것이다. 하지만 적을 알지 못하면서, 적을 물리치는 건 너무 어렵다!

이자율을 확인하는 가장 쉬운 방법은 월별 명세서를 살펴보거나 대출 기관의 웹사이트에 로그인해 이자율을 확인해보는 것이다. 고객센터에 전화해서 물어볼 수도 있다.

설령 이자율이 얼마인지 알고 있다고 할지라도 이렇게 확인하는 걸 추천한다. 왜냐하면 종종 회사는 신용카드를 발급할 때, 실제로 미래에 내야 하는 이자율보다 더 낮은 최저 이자율로 고객을 유혹하기 때문이다.

2단계. 반창고를 떼자

와인 한 병을 따자. 한잔 들이켰다면, **갚을 잔금이 얼마인지 확인하자. 모든 대금 잔금을 확인해야 한다.** 엑셀이나 공책에 기록해도 좋고 휴대폰 메모장이나 마음에 드는 앱에 써도 좋다.

이제 빚을 두 가지로 정리해볼 것이다. 첫 번째는 이자율을 중심으로, 두 번째는 잔금을 중심으로 나눠보겠다.

체이스 프리덤 카드: 이자율 22퍼센트, 잔금 6275.92달러
뱅크 오브 아메리카 카드: 이자율 16퍼센트, 잔금 4679달러
학자금 대출: 이자율 4퍼센트, 잔금 45670달러

이해했는가? 이제 상황 파악이 됐으니 다음으로 넘어가도

록 하자.

적극적으로 빚을 갚아 나가는 한편, 더 많은 빚을 져서는 안 된다. 이 점은 **정말로** 중요하다. 특히나 **신용카드 빚**을 함부로 져서는 안 된다. 한마디로 비상사태가 생기면 비상금을 써야지, 신용카드를 써서는 안 된다. 비상금을 먼저 마련해놓은 건 바로 그런 이유에서다. 구멍에서 빠져나가기 위해 모래를 파고 있는데, 동시에 파낸 모래를 그 구멍에서 집어넣고 있다면? 구멍에서 빠져나오는 게 불가능할 것이다. 지불 여력이 없는 상황에서는, 무슨 수를 써서라도 신용카드를 긁어서는 안 된다. 여러분은 정시에 모든 물건을 배송해야 하는 회사의 사장의 마인드로 이 장의 조언을 계획적으로 실행해 나가야 한다.

대출금 목록을 정리한 후에는, 먼저 고금리 대출금을 갚자. 위의 예시를 살펴보면, 체이스 프리덤 카드와 뱅크 오브 아메리카 카드 빚을 먼저 갚아야 한다. 여기서 **"잠깐만요, 작가님. 이자율이 7퍼센트가 넘는 카드 여러 개에 잔금이 남아있으면 어떡하죠?"**라는 질문이 든다면, 훌륭하다.

예를 들어보겠다. 한 카드에는 6000달러 이상의 잔금이 남아있고 이자가 22퍼센트 부과된다고 가정해보자. 또 다른 카드에는 4000달러의 잔금이 남아있고 이자가 16퍼센트 부과된다. 이 중에 더 빨리 갚아야 할 빚은 무엇일까? 순수하게 계산하면 가장 이자율이 높은 체이스 프리덤 카드부터 갚아야 한다.

하지만 진척 사항을 살펴보고 지속적인 동기 부여를 통해 빚을 갚고 싶은 사람이 있을 수 있다. 만약 그런 성격이라면, 잔금이 적어 상환하기가 쉬운 뱅크 오브 아메리카 카드 빚을 먼저 갚는 게 좋다. 재정 관리에서 맞추어야 할 초점은, (이제 다들 무슨 말이 나올지 알법하다) **사람마다 다르다**. 그러므로 각자 자신에게 맞는 방법을 선택해야 한다.

여러 신용카드 빚 중에서 하나를 선택해 집중적으로 갚는 게 좋지만, 적어도 최소 결제 금액은 내기를 **간절히** 부탁한다. 돈을 분산해 동시에 두 가지 카드 빚을 적극적으로 갚으려고 하지 마라! 이러면 오히려 빚을 갚는 게 버겁고 지루하게 느껴진다.

3단계 고금리 부채부터 차례로 갚자

앞 장에서 살펴본 재정적 우선순위 목록에 따라, 비상금용 변동금리 저축계좌에 세 달 치 생활비를 채워놓았는가? 이제는 거기 할당했었던 금액을 고금리 부채를 갚는 데 쓸 때다. 비상금을 마련했기에, 한 달에 상환액이 엄청나게 많지 않아도 된다. 얼마가 되었든, 조금이라도 갚는 게 중요하다.

빚을 갚는 데 얼마나 시간이 걸리는지 알려면 채무 상환 계산기를 사용해보자. 이자율과 잔액, 월별 상환 가능 금액을 입력해보자. 상환금액을 늘려서 상환 시기를 줄일 수 있는지도 한번 살펴보자. 구글에 '대출 상환 계산기'라고 치면 쉽게 찾을 수 있다.

앞 장에서 실소득이 월 4000달러였던 제시카의 사례가 기억나는가? 제시카의 예산은 다음과 같았다.

- **버킷①: 필수 생활비로 드는 2,500달러**
- **버킷②: 비상금용 변동금리 저축계좌에 넣는 625달러**
- **버킷③: 인생의 즐거움을 위한 지출 825달러**

1년 후, 제시카의 변동금리 저축계좌계좌는 비상금 8,100달러로 채워졌다. 이제는 빚을 갚을 때다. 한 신용카드 회사에는 6275.92달러 대금(이자율 22퍼센트)을 상환해야 하고, 또 다른 신용카드 회사에는 4,679달러 대금을 상환해야 한다(이자율 16퍼센트).

이제 제시카는 어떻게 해야 할까? 대출 상환기를 사용해 보니, 버킷2에 한 달에 100달러씩 더 넣으면, 아홉 달 안에 6,275.92달러를 상환할 수 있었다. 제시카는 다음 9개월 동안 예산을 다음과 같이 설정했다.

- **버킷①: 2,500달러**
- **버킷②: 775달러(신용카드 빚 상환)**
- **버킷③: 725달러**

첫 번째 카드 빚을 갚은 후 제시카는 대출 상환 계산기를 사용해 이자율이 16퍼센트인 4,679달러 카드 빚을 최종적으로 상쇄할 계획을 짰다. 계속해서 775달러를 신용카드 빚을 갚는 데 쓰면 빠르게 빚을 갚을 수 있겠지만, 열심히 노력해서 첫 번째 카드 빚을 갚은 자신이 조금 더 즐거움을 누려도 된다고 생각했다. 매달 100달러씩 버킷3에 더 넣으면, 빚을 갚기에는 조금 더 시간이 걸리겠지만 그래도 괜찮다고 생각했다. 그래서 속도를 좀 늦추기로 마음먹었다.

- 버킷①: 2,500달러
- 버킷②: 675달러
- 버킷③: 825달러

이게 바로 빚을 갚는 방식이다. 첫 번째 목표였던 빚을 갚았다면, 다음 빚으로 넘어가자. 모든 대출금을 상환할 때까지 그렇게 해나가야 한다.

다시 한번 말하지만, 상환하는 방법은 그렇게 복잡하지 않다. 빚을 잘 갚아 나갈 때가 있을 것이고, 실패할 때도 있겠지만 중요한 건 일관적으로 빚을 갚아 나가는 것이다. 일관성을 유지하는 게 중요하기 때문에 자신에게 맞는 방법을 찾고, 필요할 때마다 조정을 하자.

한 번만 휘두르면 모든 빚이 사라지는, 마법 지팡이는 이 세상에 없다. 빚을 갚는 여정은 정말 빌어먹을 정도로 힘겹다. 그래서 기존에 설정한 것보다 더 많은 돈을 빚 갚는 데 쓰려면, 자동이체를 이용할 필요가 있다. 그래서 **"으악, 세상에. 나랑 장난하자는 거 아니지? 또 이만큼을 갚아야 한다고?!"** 라는 말이 나올 때도 어쨌든 자동으로 빚을 갚게끔 말이다.

빚을 상환하는 과정은 외로울 수 있다. 그럴 땐 나 혼자만 외로운 게 아니라는 점을 떠올리자. 이 책을 읽는 모두가 서로를 지지해주고 응원해주고 있다는 사실을 잊지 말기를.

빚을 책임감 있게 사용하는 법

오늘날 빚을 지지 않고 삶을 영위하는 건 거의 불가능하다. 목돈을 마련할만한 기회와 교육이 부족한 데다, 체제의 억압과 차별도 있기 때문이다. 게다가 여기서 주로 다루진 않았지만, 빚을 레버리지로 활용하는 사람도 있다.

지금까지 우리는 빚의 작동 원리를 살펴보았다. 이번엔 좀 더 쉽게 접근하는 법을 소개해보겠다. 다음은 빚을 질지 말지 고민할 때 던져볼 수 있는 세 가지 질문이다.

1. 이자율과 대출 조건은 무엇인가?

이자율이 평균 이자율을 상회하는가? 이자를 고려할 때, 대출 기간은 얼마나 긴가?

2. 대출 업체는 믿을 만한가?

빚을 질 때 약탈적인 회사를 피하는 건 꽤 어렵다. 그래도 고객으로서 회사의 사업 관행을 충분히 알아보고 거래 여부를 선택하자. 금융 기관 관계자가 강아지를 발로 차는지(모 회사의 CEO가 강아지를 차는 모습이 대중에 발각된 적이 있다—옮긴이), 기후 변화에 어떻게 대처하는지를 시시각각 살펴야 한다(제길, 이런 회사를 피하려는 소비자는 돈을 엄청나게 써야 한다. 그래서 이런 회사를 피할 수 있다는 건 그 자체로 특권이다.)

약탈적인 회사를 피하고 싶다면 적극적인 조사가 필요하다. 대출받으려는 회사가 신뢰할 수 있고 투명하며 믿을만한지 알아봐야 한다. 2010년, 미국 주택 시장 붕괴와 약탈적인 대출 관행이 유발한 경제 침체로 미국 경제가 휘청거렸다. 의회는 전 오마바 대통령이 서명한 금융개혁 및 소비자 보호법을 통과시켰다. 대공황 이후 최악의 금융 위기를 다시 반복하지 않도록, 금융개혁 및 소비자 보호법에 따라 소비자금융보호국Consumer Financial Protection Bureau을 설립했다. 소비자금융보호국은 독립적인 정부 감시 기관으로, 은행이나 대출 기관, 금융 회사가 소비자를 오도해 부당한 이익을 취하지 않도록 돕는다. 이곳 웹사이트에는 놀라울 정도로 많은 데이터베이스가 정리돼 있어 회사명을 입력하면 사람들이 불만을 접수한 내역을 볼 수 있다.

그 무엇보다 가장 중요한 건 촉을 믿는 거다. 너무 단순하고 무책임한 조언처럼 들리지만, 무언가가 잘못됐다고 느낀다면 아마 옳지 않은 선택일 거다. 빅토리아 시크릿에서 물건을 산 사람들은 카드 신청서에 사회보장번호를 적으라는 말을 들었을 때 뭔가 잘못되었다는 생각이 갑자기 들었다고 한다. 그런 느낌이 들면 상황을 신중하게 돌아볼 필요가 있다.

3. 빚을 내 편으로 만들 준비가 되었는가?

앞서 언급했듯이, 대출은 내 삶을 더 낫게 변화시킬 엄청난 힘도 가지고 있다. 더 큰 목표를 달성하게끔 돕는 기회가 되어주는 것이다. 많은 사람에게 학자금 대출은 대학을 다닐 수 있는 유일한 방법이었다. 마찬가지로 부동산 대출은 서민들이 집을 살 수 있는 일반적인 방법이었다.

하지만 긍정적인 영향보다 해를 더 많이 끼치는 종류의 빚은 조심해야 한다. 신용카드 빚은 일반적으로 해를 끼치는 장본인이다. 하지만 이를 조심해야 한다고 해서 신용카드가 그 자체로 완전히 부정적이라는 말은 아니다. 데이브 램지는 신용카드는 최악이라고 말한다. 언젠가 그는 신용카드와 담배를 이렇게 비교했다. "담배를 피운다고 해서 (전부 폐암으로) 다 죽는 건 아닙니다. 하지만 좋을 건 없죠." 말도 안 되는 헛소리다. 당신은 성인이고, 나는 당신을 성인으로 대할 것이다. 당신은 신용카드를 관리할 수 있다. 다시 한번 강조하자면 당신은, 신용카드를, 관리할 수 있다! 신용카드는 도구다. 날이 잘 든 칼 같다고 할까? 자칫 손을 베일 수도 있지만, 잘 사용한다면 맛있는 요리를 만들어 먹을 수도 있다.

빚을 갚느라, 특히 카드 빚을 갚느라 고군분투하다 보면, 다시는 신용카드를 쓰지 말아야겠다는 생각이 들 수 있다. 하지만 신용카드 회사를 궁극적으로 '엿 먹이는' 방법이 무엇인지 아는가? 바로 책임감 있게 신용카드를 사용하는 것이다!

신용카드를 책임감 있게 사용한다면 이보다 훌륭한 동료가 없다. 신용카드 회사는 주로 이자를 통해 돈을 번다. 그래서 기한에 맞춰 매달 대금 전부를 갚아 나간다면, 신용카드 회사가 나에게 과도한 이익을 취하지 못할 것이다.

카드를 선택할 때는 자신의 라이프 스타일을 고려하라. 예를 들어, 사우스웨스트 항공사에서 항공권을 예매하지 않는다면 아무리 많은 보너스 포인트를 항공 마일리지로 적립해준다고 해도 사우스웨스트 신용카드는 쓸모가 없을 것이다. 매일 쓰기에 좋은 카드는 소비 패턴과 잘 맞으면서, 신용카드를 긁을 때마다 캐시백이 되는 카드다. 다시 한번 말하지만, 신용카드는 매우 유용하다. 하지만 매월 청구 대금을 기한 내에 모두 갚을 때만 그렇다.

약탈적인 관계는 힘을 가진 한쪽이 다른 쪽을 통제하고 지배할 때 형성된다. 우리는 채권자가 자기 이익을 위해 약자들에게 어떻게 권력을 행사했는지, 그리고 이를 억제하기 위해 연방정부가 어떻게 개입했는지 그 오랜 역사를 목격해왔다. 대출의 작동 원리를 모르면, 대출 기관은 언제든 우리에게 권력을 행사할 수 있게 된다. 여기서 지식은 우리에게 힘이 된다. 빚의 원리를 알고 이해하면 자신과 주변 사람들을 지키는 더 나은 결정을 내릴 수 있다. 또한 그들에게 빼앗겼던 권력 일부를 되찾아 더 나은 미래를 만드는 데 쓸 수 있다.

신용점수를 올리는 법

신용점수가 낮은가? 참 안타까운 상황이다. 하지만 빚을 잘 관리하면서 신용도를 높이면 경제적으로 더 많은 기회가 열린다. 신용점수는 금융기관이 여러분에게 보낸 성적표다. 당장은 점수가 엉망일지라도, 그걸 높이기 위해 최선을 다하면 더 밝은 미래를 건설할 것이다. 신용점수가 낮으면 대출 기관은 당신이 무책임하게 돈을 관리한다고 생각해 리스크를 상쇄하기 위해 이자율을 높일 것이다. 반대로 신용점수가 좋으면, 대출받았을 때 이자율이 낮게 적용된다. 기본적으로, 차나 아파트, 주택, 신용카드 등 성인의 생활에 필요한 물건에는 신용점수가 필요하다.

미국에서 신용점수 평가를 하는 회사는 트랜스 유니언, 익

스피리언, 에퀴팩스가 대표적이다. 완벽한 점수는 850점이지만, 얻기 어렵다. 750점 이상이면 준수하다고 간주한다. 나는 언젠가 한 남성과의 두 번째 데이트에서 신용점수를 물어본 적이 있다. 그 후 계속해서 만나도 된다는 100퍼센트 확신이 들었다(아니, 자연스럽게 그런 이야기가 흘러나왔어요. 알겠죠?!).

이제 신용점수를 올리는 법을 살펴보자. 이 거지같이 어려운 방법을 쉽게 설명해주겠다. 신용점수는 기본적으로 세 가지로 구성된다. 첫 번째는 신용 기록이다. 여기에는 제때 대금을 냈는지, 어떻게 신용을 이용했는지가 반영된다.

먼저 신용 기록은 단순하게 말하면 신용 한도가 처음 생긴 해부터 지금까지의 햇수를 뜻한다. 신용 기록이 길수록 신용점수는 높다. 나는 열여덟 살 때 처음 신용카드를 발급 받았으니 내 신용 기록은 10년 정도 됐다. 아마도 개인이 통제하기 제일 어려운 부분일 거다. 만약 신용점수가 없다면, 가장 먼저 할 일은 한도 대출 가능 금액을 세우는 것이다. 일반적으로 신용카드를 발급 받으면 대출 가능 금액이 설정된다.

두 번째 요소는 대금을 제때 내는지다. 사람들은 흔히 매달 갚아야 할 신용카드 대금이 남아있으면 신용점수가 올라간다고 생각하는데, 완전 오해다. 신용점수가 올라가기는커녕 빚만 쌓이게 된다. 꼭 필요한 경우가 아니라면 리볼빙을 하지 말아라.

이론을 현실에 적용해보자. 예를 들면, 신용카드로 100달러를 썼다고 하자. 한 달 후, 청구서를 받게 된다. 최소 결제 금액은 25달러라고 한다. '앗싸' 하고 환호성을 지를지도 모르지만, 틀렸다. 흑흑 눈물을 흘려야 하는 게 맞다. 앞서 살펴보았듯 최소로 결제 금액만 내면 이자가 붙는다. 눈 깜짝할 사이에 100달러였던 물건 가격이 불어났다. 가능하면 전액을 다 결제하고 결제일을 놓치지 말자. 탄탄한 신용점수를 쌓는 데 가장 중요한 요소다.

세 번째로 신용점수에 영향을 끼칠 수 있는 건 신용 이용률credit utilization이다. 충분히 통제가 가능한 영역이다. 한도가 만 달러인 신용카드가 있다고 치자. 신용 이용률은 만 달러 한도 중 사용한 금액의 비율이다. 그래서 만약 그 신용카드로 5000달러를 썼다면, 신용 이용률은 50퍼센트다. 아마 한도까지 다 끌어다 썼다면 이용률은 100퍼센트다. 이는 재정적으로 위험 신호일 뿐만 아니라 신용점수를 심각하게 낮출 수 있다. 신용점수를 끌어 올리는 최고의 방법은 최대한 신용 이용률을 낮게 유지하는 것이다. 전문가들은 30퍼센트 이하를 권고하지만, 신용점수를 빠르게 올리려면 사실상 10퍼센트 미만으로 유지하는 게 좋다.

신용 이용률을 낮추는 가장 좋은 방법은 신용한도를 높인 다음 신용카드를 쓰거나 대출받지 않는 거다. 예를 들어, 신용 한도가 만 달러라고 하자. 신용 한도를 만 5000달러로 올려달라고 한 후 쓰던 대로 5000달러를 쓰면, 신용 이용률이 개선된다! 종종 신용카드 회사들은 신용 한도를 올려주는데, 대부분 신용 한도가 올라가면 더 많은 돈을 쓰기 때문이다. 그러니 카드 회사에 전화해서 신용 한도를 높여달라고 요구하자. **그런 다음에 신용카드를 더 사용하거나 대출받지 말자.** 6개월마다 이렇게 하는 걸 추천한다. 단, 대출 기관이 신용 한도를 높이기 위해 신용정보를 조회하겠다고 하는 건 거절해라. 신용정보를 조회하게 되면 신용점수가 낮아진다.

나는 종종 이런 말을 듣는다. "지금 막 학자금 대출을 갚았는데요. 제 신용점수가 **떨어졌어요!**" 또는 "신용카드 빚을 하나 갚았는데 갑자기 신용점수가 10점이나 떨어졌어요! 왜죠?" 안타깝게도, 신용점수 평가 기관들은 왜 점수가 내려갔는지 명백한 이유를 알려주지 않는다. 하지만 신용점수는 부채를 얼마나 감당하고, 또 갚을 수 있는지에 관한 척도이기에, 상환 능력을 증명할 수 있는 부채가 사라지면 신용점수가 하락할 수 있다. 하지만 제발 이 말을 '그럼 신용점수를 높이려면 빚을 내야겠군!' 하고 오해하지 않기를 바란다. 그럴 때 신용점수가 내려가는 건 정상이고 일시적인 현상이다. 그 점수는 몇 달 지나면 일반적으로 다시 올라간다.

신용점수에 관해 자주 듣는 오해가 있다. 바로 신용점수를 확인하면 점수가 낮아진다는 것이다. 사실이 아니다. 신용점수를 확인하는 건 돈을 현명하게 관리하기 위해 너무 좋은 방법이다. 크레딧 카르마 같은 신용카드 회사에서 신용점수를 확인할 때는 비용이 들지 않는다.

이런 오해가 생긴 이유는 사람들이 신용점수와 신용정보 조회를 헷갈리기 때문이다. 대출 기관이나 금융 기관은 신용카드 신규 발급부터 주택구매용 대출, 차량 대출, 심지어 임대아파트 계약까지 신용 한도를 갱신하려고 할 때 일반적으로 신용정보를 조회한다.

자동차나 주택 구입 같은 인생의 중요한 결정을 앞두고 있다면, 높은 신용점수가 꼭 필요하다. 목돈이 들어가는 중요한 순간을 준비하고 있다면, 낮은 이자율을 위해 신용점수를 높여두자.

다만 신용점수가 나의 모든 걸 정의하는 건 아니라는 점도 명심하자. 신용점수는 성공의 척도가 아니다. 또, 점수가 낮다고 해서 근사한 걸 즐길 자격이 없는 것도 아니다. 다소 번거롭거나 답답할 정도로 불투명해 보일 수도 있지만, 잘 이용하면 내가 원하는 삶을 만드는 걸 돕는 최고의 도구가 된다. 높은 신용점수는 선택지를 준다. 신용점수를 잘 관리하면 계층의 사다리를 오르는 데 도움을 준다. 나 자신뿐만 아니라 다음 세대가 이동할 가능성도 커진다.

그러므로 가능한 한 빨리 신용도를 쌓고 대금을 제때 갚자. 신용 한도를 늘린 후 신용 이용률을 낮추자. 할 수 있다. 아자아자!

1. 빚에 대한 오해를 풀자

이 장의 처음으로 돌아가 빚에 대한 오해들을 곰곰이 생각해보자. 당신이 하고 있던 오해는 무엇인가? 빚이 나쁘다고 생각했는가, 아니면 필요악이라고 생각했는가? 빚과 더 나은 관계를 맺으려면 사고방식을 어떻게 바꿔야 할까?

---

2. 이자율을 낮추자

대출 업체로부터 최저 이자율을 적용받고 있는지 확인해보자.

신용카드 회사에 전화해 이자율을 협상하라. 공책이나 구글 독스에 협상이 어땠는지 써보고, 다음에 시도해보고 싶은 내용을 적어보자.

3. 상환 계획 세우기

1단계: 이자율을 파악한다. 웹사이트나 고객센터에서 확인하자.

2단계: 부채를 이자율별로 정리한 다음, 잔금이 얼만지 살펴보자.

3단계: 어떤 고금리 대출금을 먼저 갚을지 결정하자. 지속적인 동기 부여를 위해 소액 대출금을 먼저 갚을까? 아니면 가장 큰 대출부터 정리할까?

4단계: 3개월 치 생활비를 비상금으로 모았다면, 그걸 원금을 갚는 데 조금씩 써보자. 가능하다면 자동이체로 설정하자.

5단계: 모든 빚을 갚을 때까지 앞선 과정을 반복한다.

5장
투자

부의 추월차선에
오르는 기술

INVESTING SKILL

부자가 되려면 황소의 고환을 만지라고?

나는 나한테 통 크게 한턱내기로 했다. 브로드웨이 뮤지컬 〈물랑루즈〉 2층 1열 좌석을 예매한 것이다! 이 공연을 보려고 나는 뉴욕으로 혼자 떠났다. 공연이 있던 날 오후에는 다른 일정이 없었기에, 허드슨강 근처에 있는 금융 지구를 걷고 있었다. 그때 깨달은 게 있다. 재정 전문가임에도 불구하고, 성인이 되어서 월가의 황소상을 본 적이 없었다는 거다.

월가의 황소상이 뭔지 잘 모르는 독자를 위해 잠시 설명하면, 그건 1989년부터 뉴욕 주식시장 앞을 지키고 있던 야수 같이 커다란 명물 동상이다. 그날 오후, 나 역시 여느 수많은 관광객처럼 황소상 쪽으로 걸어갔다. 여행객들이 여느 때와 다름없이 줄 서 있는 것이 보였다. 그런데 그들은 하나같이 뭔가 이상한 행동을 하고 있었다. 활짝 웃으며 황소의 고환을 만지고 있었던 거다.

나는 월가의 황소상에 얽힌 속설을 잠시 잊고 있었다. 황소상의 고환을 문지르는 사람은 행운을 얻고 부자가 될 수 있다는 말이 있다. 사람들은 쪼그리고 앉아 불룩 튀어나온 고환 가까이 볼을 대고 사진을 찍었다. 고환은 황소상의 다른 부분보다 색깔이 옅었는데, 하도 만지는 바람에 손때가 묻어서 그랬을 거다.

미국, 아니 사실 전 세계적으로 경제적 번영은 남성적인 상징과 연결된다. 즉, 월가의 황소상 고환을 만지면 부자가 된다는 속설이 특별한 게 아니다. 그러니 여성이 자신을 위해 투자하는 데 두려움이 드는 것도 당연하다. 내 인스타그램 게시물에 "투자하고 싶은데, 투자가 무서워요"라고 할 때마다 5센트씩 받았다면, 수백만 달러는 모았을 거다.

우리는 남녀 임금 격차에 관해 이야기를 나누지만(반드시 이야기해야 할 주제다), 투자 격차에 관해서는 잘 토론하지 않는다. 여성은 남성보다 투자를 어려워한다. 이는 '중대한' 문제다. 왜냐하면 **투자 격차는 결국 부의 격차로 이어지기 때문이다.** 일생 내내 수백만 달러 이상 격차가 날 뿐만 아니라, 은퇴 후의 선택지와 라이프 스타일도 완전히 달라지기 때문이다.

2019년 미혼 여성의 평균 재산은 3만 6000달러였다. 한편 미혼 남성의 평균 재산은 4만 3900달러였다. 유색 인종 여성의 경우, 통계치는 더 낮다. 예를 들어, 흑인 여성의 평균 재산은 1700달러고 히스패닉 여성의 경우 1000달러로 충격적으로 낮다. 투자 및 부의 격차로 인해 65세 이상의 여성은 남성보다 빈곤하게 살 확률이 높다.

여성의 투자 비율이 낮은 이유는 임금 격차부터 시작한다. 여성은 남성만큼 많이 벌지 못하기에, 주식 시장에 투자할 돈이 적다. 출발점부터 차이가 크면 앞으로 나아가기 어렵다. 피델리티 투자의 분석에 따르면, 평균적으로 여성이 남성보다 저축률은 높지만, 금액적으로는 오히려 더 적다! 급여에서 차이가 벌어지는 것이다.

여성은 겁쟁이라서 투자를 피한다고?

여성은 재정적으로 여건이 되더라도, 일반적으로 투자를 피하는 경향이 있다. 최근 한 설문조사에 따르면 여성의 28퍼센트만 투자에 자신감을 느낀다고 한다. 금융 전문가인 내 경험에 비추어봐도 그렇다. 여성은 계좌에 돈을 저축하고 이만하면 됐다고 생각한다. 그 정도로 만족하는 것이다. 정말 여성이 남성보다 겁이 많아서 투자를 피하는 걸까?

내가 투자를 시작하라고 조언한 이들은 단 한 명도 빼놓지 않고, 과거에 투자하지 않았던 이유가 **두려움** 때문이었다고 답했다. 온라인 투자 워크숍을 진행할 때면, 나는 한 슬라이드에서 멈춰 투자를 안 한 이유가 두려움 때문인지 말해달라고 요청한다. 이 질문을 던질 때마다, 채팅창은 "네, 바로 제 얘기에요!"라는 댓글로 가득 찬다. 두려움의 종류는 여러 가지다. 투자를 잘못할지도 모른다는 두려움, 손실에 대한 두려움, 실수에 대한 두려움, 시작에 대한 두려움 등이다. 같은 말을 계속 되풀이하는 것처럼 느껴지지만, 다시 말하겠다. 여성이 원래 겁이 많아서나, 당신이 뭘 잘못해서 그런 감정이 드는 게 아니다. 투자는 여성에게 적합하지 않다고 직간접적으로 '가스라이팅'을 당해왔기 때문에 그런 두려움이 깊이 스며든 것이다. 경제, 특히 투자 조언을 얻으려고 하면 이성애자 백인 남성들이 문지기처럼 지키고 있다.

이러한 현상은 오래전부터 지속됐다. 1860년대에 여성 참정권 운동을 이끌었던 빅토리아 우드헐과 여동생 테네시 클라플린은 월스트리트가 낳은 최초의 여성 주식 브로커다. 불과 서른한 살의 나이에 우드헐은 백만장자가 되었다. 그녀는 1872년 미국 최초의 여성 대통령 후보로 출마했다. 빅토리아는 이렇게 말했다. "경제력은 남성의 압제로부터 여성을 더 잘 지켜줄 수 있다." 10년 후, 빅토리아가 참정권을 가지기 훨씬 전에, 메이 게이지라는 주식 브로커는 남성이 지배하는 뉴욕 증권거래소에서 쫓겨났고, 그 후 여성 전용 주식 시장을 열었다. 하지만 그녀가 한 남성 은행원을 '자신과 딸의 사회적 발전을 방해했다'라며 고발했을 때, 오히려 광기 어린 재판절차에 직면해야 했던 건 그녀였다. 그 시절, 사회는 게이지나 우드헐 같은 여성들을 농담거리로 간주했다. 불명예를 안기고 목소리를 내지 못하도록 그들을 '세이렌(여자의 모습을 하고 아름다운 노랫소리로 선원들을 유혹해 위험에 빠뜨렸다는 고대 신화 속 존재—옮긴이)' 또는 '마녀'라고 불렀다.

오늘날 월가 트레이더 중 15퍼센트, 투자 상담사 중 23퍼센트만이 여성이다. 2021년의 게임스톱 붐은(온라인 커뮤니티 레딧 이용자들이 공매도 세력에 맞서 게임스톱의 주식을 매수함으로써 주가를 끌어올렸고, 이는 엄청난 결과를 초래했다—옮긴이) 종종 뉴스에선 '부의 민주화'가 도래할 전조라고 거창하게 언급했지만, 거기서도 여성과 유색 인종 및 기타 소외 집단은 배제됐다.

한 연구에 따르면, 젊은 여성들은 동년배 남성들과 비교할 때 더 형편없는 투자 조언을 받는다고 한다. 투자 상담사들은 남성에게는 본인에게 딱 맞는 투자 전략을 짜주기 위해 더 많은 질문을 하지만, 여성에게는 주식이나 채권에 투자하라고 조언해주지 않았다. 제일 말도 안 되는 부분이 뭔 줄 아는가? 투자 상담사들은 여성에게 조언을 건네기도 전에, 투자할 돈을 그냥 계좌로 이체하게끔 했다. 그들의 조언이 좋은지 나쁜지도 모르는데, 여성은 투자 상담사에게 투자를 전부 맡겨야 한다는 압박감을 느낀다.

투자에 대한 4가지 오해

여성이 자신감 있게 투자하지 못하는 경향이 있다는 사실은 앞서 언급한 가부장적인 사회 분위기를 고려할 때 전혀 놀랍지 않다. 여성이 투자하고 재산을 늘릴 수 있도록 몇몇 오해를 살펴보자.

오해1. 투자는 무슨. 저축이면 충분해!

현재 미국에서 제일 이자를 많이 주는 저축 예금의 이자율이 얼마나 되는지 아는가? 아마도 2퍼센트 정도일 거다. 이는 미국 평균보다는 낫지만, 인플레이션을 이기기에는 턱없이 부족하다. 예금계좌는 장기적 자산 형성이 아닌, 단기간 목표 달성을 위해 만들어졌다. 쉽게 돈을 뺄 수 있다는 장점이 있다. 파이낸셜 게임 플랜에 따르면, 비상금 계좌에 해당한다고 할까.

한편, 미국 주식 시장의 연평균 수익률은 7퍼센트다. 덜 보수적인 전문가들은 8~10퍼센트까지도 본다. S&P500 지수(미국 증권거래소에 상장된 500대 대기업 주식을 모은 지수—옮긴이)는 매해 30퍼센트 이상 치솟았다. 2008년처럼 대침체의 정점에 이르렀을 때도, 마이너스로 추락했다가 이듬해에 다시 오르기 시작했다.

예를 들어 5년 전 1000달러로 뭘 할지 고민하고 있다고 가정해보자. 주식 시장에 투자할 수도 있고, 이자율이 0.5퍼센트인 변동금리 저축계좌에 넣을 수도 있다. 나도 여느 재정 전문가와 다름없이 변동금리 저축계좌를 좋아하지만, 투자와 비교해서 돈을 불리는 속도를 따지면 변동금리 저축계좌는 경쟁력이 없다. 특히나 인플레이션을 고려하면 그렇다. 참고로 2021년 물가 상승률은 6.8퍼센트에 달하며, 2022년에는 그보다 훨씬 높다. 해가 지날 때마다 물가는 거지같이 오르며, 당좌예금부터 침대 매트리스 밑에 숨겨둔 현금, 심지어 변동금리 저축계좌까지 물가 상승률을 따라잡을 수 있는 건 없다. 하지만 투자 수익률은 물가 상승률을 넘어선다.

	1년차	5년차
변동금리 저축계좌, 이자율 0.5%	1000달러	1025.25달러
S&P 500	1000달러	1402.55달러

특히 신용카드 빚을 지고 있다면, 복리로 계산할 때 현재 내고 있는 이자는 변동금리 저축계좌의 이자율보다 더 높을 것이다. 여러분이 이 책을 읽기 시작할 때 이런 빚이 있었다면, 지금은 더 많은 빚을 지고 있는 것이다!

이 이야기를 들으면 화가 나는가? 당연히 그래야 한다! 이게 바로 투자를 차일피일 미루면 안 되는 이유다. 가만히 있어도 돈이 불어나는 투자를 통해 큰 이익을 얻어야 한다.

그렇다고 해서 당장 모든 비상금을 주식 시장에 투자하라는 건 아니다. 보통 일관된 **플러스** 수익률을 보이는 변동금리 저축계좌와 달리, 주식 투자는 롤러코스터에 비교할 수 있다. 주가는 상승할 때도 있고, 하락할 때도 있다. 비상 상황인데 주식이 떨어지는 걸 보고 싶은 사람은 아마 단 한 명도 없을 것이다. 비상금을 리스크 있는 투자에 써서는 안 된다.

이런 오해는 두 번째 오해와 맞닿아 있다.

오해2. 투자는 도박이다

이 오해에는 미묘한 뉘앙스가 담겨 있다. 그러므로 투자에 대한 내 기본 원칙을 먼저 설명하겠다. 바로 투자는 '섹시'해서는 안 된다는 거다. 흔히 투자라고 하면 영화 〈더 울프 오브 월스트리트〉의 레오나르도 디카프리오처럼 전화기에 대고 소리치는 장면을 떠오를지 모른다. 하지만 실제 투자와는 거리가 멀다. 다수의 현란한 투자 상품(암호 화폐! 단타! 떡상주!)은 아주 좋게 말해서 투기이고 솔직히 말해서 도박이다. 투자에 리스크가 수반되는 건 맞긴 하지만, 현명한 투자는 일관되고 안정적이며 장기적이고 성공적으로 리스크를 줄인다. 지금 우리가 임하는 게임은 레오나르도 디카프리오가 마침내 오스카상을 수상할 때까지 긴 시간의 인내했던 것처럼, 장기간의 게임이다.

이 부분을 정말 꼼꼼하게 읽었으면 한다. 형광펜으로 표시하고 동그라미표를 치며 중요한 내용을 여백에 적어보자. 만약 당신이 주식 시장에 하루 동안 투자한다면, 주식 시장의 역사를 살펴봤을 때 돈을 벌 확률은 50퍼센트다. 즉, 매수했다가 바로 다음 날 매도하면 돈을 잃을 확률도 꽤 높다는 거다. 하지만 1년 동안 주식을 보유한다면 어떨까? 주식이 오를 확률은 68퍼센트다. 10년 동안 보유하면 수익이 발생할 확률은 88퍼센트다. 20년 이상 장기 투자의 경우, 수익률 전망은 100퍼센트 가깝게 높아진다. 이는 미국 주식 시장이 존재한 이후로 100년이 넘는 시간 동안 추세를 관찰 후 내린 결론이다. 내실 있는 기업의 주식에 투자하고 20년 동안 힘든 시간을 잘 묵혀두면, 돈을 잃는 일은 사실상 없을 것이다. 사실, 20년마다 투자자들은 돈을 **벌었다**(그렇다, 심지어 대침체에도 돈을 벌었다!). 장기 투자, 즉 꾸준히 인내심과 일관성을 가지고 투자하면 돈을 벌 것이다.

투자란 기업 성장과 주가 상승을 예상하면서 시간과 노력, 에너지를 쏟아붓는 것이다. 즉각적인 만족이 아니라, 인내심과 일관성이 필요하다. 주식 시장에는 고점과 저점이 있지만, 중요한 건 파도를 타면서 시간이 모든 걸 해결해줄 거라고 믿는 것이다. 다시 말하지만, 자료가 이 사실을 증명한다.

화려하고 '섹시'한 투자는 레딧이나 틱톡 댓글에서 많이 보인다. 전부 사실이라고 하기에는 너무 멋지게만 보이지 않은가? 그건 도박 아니면 사기다. 단기 투자를 통해 부자가 되는 사람을 봤다면 정말 운이 좋은 사람이거나, 당신에게 거짓말을 하고 있을 확률이 높다. 나도 돈이 열리는 나무가 존재한다거나, 스테이플 사의 장난감처럼 버튼만 누르면 모든 재정 문제가 쉽게 해결되면 좋겠다. 하지만 현실은 그렇지 않다. 특히 투자에 있어, 빨리 부자가 되게 만들어주는 '마법'을 말하는 사람들을 조심해야 한다.

그래서 돈을 잃는 게 두려울지라도, 당장 주식이 하락했다고 해서 당황하면 안 된다. 좋은 기업에 투자한다는 전제가 있겠지만, 통계적으로 미국의 주식 시장은 20년 이상 묵히면 반드시 오른다. 나는 주식 시장을 디즈니랜드의 선더 마운틴 롤러코스터에 빗댄다. 그 놀이기구를 타면서 추락을 걱정하는 사람은 없다.

오해3. 시드머니를 모아서 투자해야지

이제 투자에는 장기적 안목이 필요하다는 것을 알았으니, 이런 생각이 들 것이다. "좋아, 그럼 더 많은 목돈이 생길 때까지 기다려야지!" 완전 타당한 추론이다. 특히나 비상금, 학자금 대출, 신용카드 빚을 생각하면, 그리고 살아가는 데 필요한 생활비를 생각하면 더더욱 그런 생각이 든다. 하지만 중요한 건, 우리에겐 그럴 여유가 없다는 거다.

다음 질문에 대답해보자. "100만 달러와 한 달 동안 매일 두 배씩 불어나는 1센트 중에 당신의 선택은?"

당연히 전자를 고르려 했다면, 31일 동안 이 1센트에 무슨 일이 일어나는지 살펴보자. 1센트, 2센트, 4센트… 사소해 보이는 이 돈은 30일 째에는 무려 53만 달러가 된다. 나쁘지 않다. 마지막 31일째에는, 짜잔. 107만 달러가 된다!

이게 바로 시간과 복리의 힘이다. 많은 사람이 당장 수천 달러의 시드머니가 없으면 투자를 시작할 수 없다고 생각한다. 하지만 실제로 투자에 있어서는 중요한 건 돈보다 **시간**이다. 우리가 바로 **지금** 투자해야 하는 이유다. 일주일 후, 몇 년 후, '돈을 벌 때'가 아닌, 바로 지금이다. 돈이 아주 적다고 할지라도, 그것부터 시작해보자.

물론 비상금을 마련 중이거나 고금리 부채를 상환하는 등 아직 파이낸셜 게임 플랜의 초기 스테이지에 있다면 아직 시기상조다. 천천히 재정 관리에서 진전을 이루면서 투자를 시작할 단계를 마련하자.

당신을 부자로 만드는 건 바로 투자다. 수백 달러로 시작하자. 아무리 사소할지라도 투자는 중요하다. 얼마나 많은 양을 투자했느냐보다는 얼마의 **시간**을 두고 투자했느냐가 더 중요하다. 30년간 한 달에 100달러만 투자한다면(원금 3만 6000달러), 미래의 나는 이보다 다섯 배가 넘는 돈을 손에 쥐게 될 것이다.

오해4. 투자는 복잡하고 어렵다

투자와 월가를 수십 년 동안 지배한 금융업계 남성들은 주식 시장 관련 전문 용어들을 만들었다. 일반인은 헷갈릴 수 있는 수수께끼 같은 용어들을 잔뜩 사용한 것이다. 공매! 우량주! 배당금!

나는 그들이 바로 두 가지 이유로 이런 일을 꾸몄다고 생각한다. 첫째, 자기 자신이 똑똑하다고 느끼기 위해서다. 이들은 자신이 하는 일이 정말로, 정말로 어렵다고 생각한다. 그렇게 함으로써 자신이 받는 수수료를 합리화한다. 일반인들이 주식시장에 쉽게 진입하지 못하게 하려는 의도를 넘어, 자기 자존심을 지키기 위해서 그러는 거다.

둘째로는 **'거봐, 너 혼자선 이거 못한다니까'라는 느낌을 주기 위해서다.** 그들이 용어는 외국어처럼 위협적으로 느껴진다. 그래서 "아니, 주식은 나랑 안 맞는 거 같아"라고 말하게 만든다. 그러니 월가에서 일하는 금융업계 남성이 맨스플레인을 하려고 할 때, 질문하면 안 될 것처럼 느껴지는 게 당연하다. 투자가 어렵다고 말하고 '고상한 언어'를 쓴다면, 자기네들끼리 투자해서 수익을 내거나 막대한 수수료를 부과할 수 있을 테니까.

진실은 이렇다. 투자는 식은 죽 먹기다. 정말, 진짜로 쉽다. 내가 진행하는 워크숍에서 제일 좋아하는 부분은 새롭게 투자하려는 사람이 약간 겁에 질린 채로 들어와서는 겨우 45분 후에 이렇게 말하는 거다. "잠깐만요, 이게 **다예요?** 생각보다 훨씬 쉬운데요!"

그나마 가장 어려운 부분은 투자를 시작하는 **법**을 배우고 일관성을 유지하는 것이다. 투자법을 배우는 건 계단을 오르는 일에 비유할 수 있다. 첫 번째 계단은 20피트 높이처럼 보이지만, 그다음에는 한 걸음씩 내딛기만 하면 된다. 이 책을 읽는 건? 계단 대신 에스컬레이터를 타는 격이랄까!

여성은 투자를 통해 부의 격차를 줄일 수 있고, 재산을 증식해 경제적 힘을 얻을 수 있다. 투자를 시작할 이유로 충분하지 않은가? 우리 모두는 언젠가 은퇴하고 편안한 생활을 누리고픈 소망이 있다. 소비뇽 블랑 와인을 곁들인 점심을 먹고, 강아지를 입양하고, 토스카나에 있는 아름다운 저택에 살면서 필라테스 선생님과 시시덕거리고 싶다.

"잠깐만요. 그런데 **왜** 은퇴가 투자를 시작할 이유가 되어야 하죠? 너무 **먼 훗날**의 이야긴데요!" 이런 의문이 든다면, 이렇게 답겠다. 가혹하게 들릴지 모르지만, 말 그대로 투자하지 않으면 안 되기 때문이다. 다시 한번 말하겠다. 투자를 안 하는 선택지는 없다. 인생에서 가장 비용이 많이 드는 활동은 은퇴다. 은퇴 비용은 주택 구매나 대학 학비, 자녀 학비보다 더 비싸다. 그리고 여성은 남성보다 평균적으로 더 오래 산다! 따라서 우리보다 더 많은 돈을 벌고 더 많은 돈을 투자한 남성에 비해 더 많은 돈이 필요하다(하, 정말 말도 안 된다는 걸 안다). 일반적인 사람은 투자하지 않으면 은퇴할 여유가 없다.

좀 더 자세히 살펴보도록 하자. 약 20살부터 75살까지, 독자는 아마 일하고 있을 것이다. 돈을 벌고, 그걸 저축하고 투자해 결국에는 은퇴하게 될 것이다. 미국 여성의 평균 기대 수명은 현재 81세이지만, 계속 꾸준히 늘어나고 있다. 그러니 95세까지 산다고 가정해보자. 이는 즉 30년 동안 일하지 않고 나 자신을 먹여 살려야 한다는 것을 뜻한다. 30년 동안 일하지 않고 나 자신을 부양하기 위해서는 일주일에 5일 이상, 40시간 이상, 40년 동안 쉬지 않고 일해야 한다! 게다가 나이가 들면 의료비와 생활비가 증가하니, 아마 인생에서 가장 돈이 많이 드는 기간이 될 것이다. 휴.

일반적으로 여성이 하는 은퇴 준비는 401(k)나 IRA Individual Retirement Account 같이 세제 혜택이 있는 퇴직계좌에 돈을 넣는 것이다. 이 길밖에 없다. 다른 사람의 실패에서 배우자. 미국 베이비붐 세대는 충분한 은퇴 자금을 마련해놓지 않은 걸 경제적으로 가장 후회한다고 했다. 그리고 65세 이상의 여성이 빈곤층이 될 확률은 남성에 반해 두 배나 높다. 그러므로 미래를 위한 투자를 하는 것, 즉 재산을 늘리는 건 선택이 아니라 필수다.

지금 **'난 벌써 20대를 넘겨버렸는데, 너무 늦은 거 아닐까?'**라는 생각이 들 수도 있다. 내 대답은 '아니요'다. 당신이 18세든 38세든, 설령 60대로 이미 퇴직을 해버렸더라도 투자를 시작하기에 너무 늦은 나이는 없다. 중요한 건, 당장 실제로 투자를 시작하는 것이다.

다음 이야기로 넘어가기 전에 잠시 하고 싶은 말이 있다. 이 장에는 금융 지식이 많이 담겨 있다. 글이 잘 안 읽히거나 처음 읽었을 때는 완벽하게 이해가 안 될 수 있다. 그럴 땐 잠시 쉬었다가 마음이 내킬 때 다시 읽어보자. 또, 마지막 부분에는 안내서도 실어놓았다. 투자하기 위해 따라야 할 단계를 나눠놓았고, 여전히 헷갈린다면 무엇을 해야 할지도 실었다.

목적을 정하고 시작하라

이제 천천히 투자에 입문해보자. 어떻게 투자하는지, 어떤 옵션이 있는지, 누구와 함께 투자할 수 있는지 알려주겠다.

일반적인 목표를 위해 개설하는 투자 계좌는 '브로커리지 계좌(Brokerage Account, 개인이 자격을 갖춘 위탁 투자 기관에 만들 수 있는 증권 계좌—옮긴이)'라고 한다. 투자를 위해 기본적으로 갖춰야 할 계좌로, 원하는 만큼 돈을 넣었다가 언제든 뺄 수 있다. 다만, 브로커리지계좌는 세제 혜택을 제공하지 않는다. 모든 투자 수익에는 세금이 부과되는데, 1년 미만 투자를 한 경우 세금은 더 높게 부과된다.

퇴직계좌는 말 그대로 은퇴를 위한 계좌로, 세제 혜택이 있다. 정부는 우리에게 세제 혜택을 쉽게 주지 않으므로, 이 계좌에 최대한의 금액을 넣어 달콤한 세금 감면 혜택을 최대한 받자! 세제 혜택에는 큰 단점이 하나 있는데, 바로 퇴직연금계좌에서 중간에 돈을 찾으면 일종의 '벌금'이 부과된다는 것이다. 겁을 주려고 이런 말을 하는 게 아니다. 이 계좌에 '휴가 비용'을 넣어서는 절대로 안 된다는 걸 명심하라.

나는 퇴직계좌에 최대한도를 넣은 후, 브로커리지계좌를 사용해 투자한다. 또한 7~10년 후의 목표를 바라보면서 브로커리지계좌를 사용하기도 한다(전통적인 의미에서 은퇴는 30년 이상이 남았기에, 브로커리지계좌는 퇴직계좌와 반대되는 개념이지만). 돈은 시장에 더 오래 묵혀둘수록 확률적으로 수익률도 더 높다. 그래서 단기간 목표로 돈을 투자하면, 목적을 이루기 전에 돈을 잃을 확률이 훨씬 더 높다. 주식 시장이 급락한 후, 목표로 삼은 날까지 회복하지 못할 수도 있다.

퇴직계좌에는 일반적인 계좌가 있고, 로스계좌Roth Account가 있다. 주요 차이점은 과세 방식이다.

일반적인 계좌는 은퇴 시점에 퇴직금을 인출하기 전까지는 세금이 부과되지 않는다. **지금** 세제 혜택을 받는 것이다. 반면 로스계좌는 지금 세금을 내는 대신, 나중에 세금을 낼 필요가 없다. 세제 혜택을 **나중에** 받는 것이다.

둘다 장단점이 있지만, 나는 개인적으로 로스를 선호한다. 첫 번째 이유는, 65세의 나에게 작은 선물을 주는 기분을 내기 위해서다. "자, 이미 세금을 낸 돈을 한번에 다 줄게. 코스타리카 여행에 섹시한 루카를 데려가"라고 말하는 셈이랄까. 또, 은퇴할 즈음 빌어먹을 세율이 어떻게 될지 모르기 때문에 로스 계좌를 선호한다. 차라리 지금 세금을 내고 나머지는 운에 맡기는 게 낫다. 또, 대부분은 경력이 쌓이면 급여가 올라간다. 나는 20년 후에 지금보다 더 많은 돈을 벌리라고 예상(희망!)한다. 그래서 지금 과세 표준 구간이 낮을 때, 세금을 내면 더 적은 세금을 낼 수 있다.

로스 IRA라고도 불리는 비과세 개인 퇴직연금 적금과 일반 IRA(직장인과 자영업자 모두 가입할 수 있다) 외에도 몇 가지 퇴직계좌 옵션이 있다.

자영업자를 위한 개인 퇴직연금계좌(SEP-IRA)

또 다른 IRA계좌다. 일반 IRA계좌와 똑같이 인출 시 세금을 낸다. 예를 들면, 은퇴할 때 세금을 내는 것이다.

개인 사업자 또는 직원 수가 적은 회사를 위해 고안되었다. 만약 부업을 한다면 일반 IRA/로스 IRA, 그리고 401(k)에 더불어 셉(SEP) IRA계좌를 보유할 수 있다. 내가 10만 달러를 모으는 데 도움받았던 것 중 하나이기도 하다. 세금 우대 혜택이 있는 계좌를 개설해서 최대한 많은 돈을 넣자. 연간 최대 입금액은 61만 달러이고, 소득의 25퍼센트까지 넣을 수 있다.

솔로 401(K)

고용주가 지원해주는 401(k)과 비슷하지만, 다른 점이 있다면 솔로 401(k)의 스폰서는 나라는 점이다! 로스와 일반 IRA 가운데 하나, 또는 동시에 보유하면서도 솔로 401(k)를 보유할 수 있다.

단, 자영업자만 선택할 수 있는 옵션으로, 셉 IRA와 솔로 401(k)를 동시에 보유할 수는 없다. 연간 최대 납입금은 2만 500달러다.

투자는 2단계만 알면 된다

사람들이 투자할 때 저지르는 가장 큰 실수를 살펴보자. 이 장의 하이라이트라 할 수 있겠다.

당신에게 1000달러가 있다고 가정해보자. 돈을 저축하려면 한 단계만 거치면 된다. 예금계좌에 돈을 입금하면 끝이다. 한편, 투자할 때는 1000달러를 투자계좌에 입금 후('자금을 댄 후') 어떤 투자 상품을 살지('투자할지') 결정해야 한다. 어디에 투자할지 정하지 않았다면, 투자하지 않는 거다. 그저 기프트카드에 돈을 충전한 것과 비슷하다. 거기 들어있는 돈을 **사용해야** 한다! 몇 년 전, 여성 자기계발 관련 이벤트에 패널로 참가

한 적이 있다. 패널로 참가했던 어느 투자 상담사가 너무 비극적인 이야기를 들려주었다(이 이야기를 쓰는 지금도 눈물이 나오려고 한다).

그녀의 고객이었던, 소녀 같은 70대 여성 로즈의 이야기다. 로즈는 은퇴할 준비가 돼 있었다. 30년 이상 부지런히 은퇴를 준비해왔고, 교사 일을 하면서 힘들게 번 돈을 최대한 많이 401(k)에 넣었다. 다 좋아 보였지만, 문제가 하나 있었다. 그 돈을 실제로 투자한 적은 없었다는 거다!

로즈는 2단계를 한 번도 이행한 적이 없다. 그녀는 계좌에 돈을 넣었지만 어디에 투자할지 선택하지 않았다. 아까 쓴 비유를 인용해보자면, 기프트 카드에 돈을 충전했지만, 아무것도 안 산 거다. 그녀의 돈은 금전상의 연옥에 있었다. 30년 동안 연옥에 갇혀 이자는커녕 한 푼도 불어나지 않았다. 로즈는 은퇴할 수 없었다. 왜냐하면 연금과 사회 보장 수당을 받아도 생활비를 충당할 수 없었기 때문이다.

제발, 제발 부탁한다. 투자금을 계좌에만 넣지 말고, 어디에 투자할지 잘 선택하길 바란다. 고용주가 지원하는 401(k)나 다른 데에 이미 투자하고 있다면, 실제로 투자가 잘 되고 있는지 확인하길 바란다!

자, 이제 어디에 투자할지 선택할 차례다.

사실 두 가지를 더 알아야 한다

투자가 두려운 이유는 뭘까? "투자할 데가 너무 많아요!"라고 절규할지 모르지만, 사실 투자 상품은 둘뿐이다.

첫 번째는 **주식**이다. 주식은 회사를 아주 작은 조각으로 나눈 거다. 예를 들어, 아마존 주식을 소유하면 회사 일부를 소유하게 된 것이다. 물론, 제프 베조스의 해변에서 모래 한 알을 소유하는 것과 비슷하지만…. 뭐 그래도 그거라도 갖는 게 어디인가!?

단, 우리는 상장된 회사에만 투자할 수 있다. 즉, 증권거래소에 등록된 회사의 주식만 살 수 있다. 일반적으로 규모가 크고 안정적인 회사들이다. 혹시 사기업이 '상장한다'라는 말을 들어봤다면, 이는 해당 기업이 기업 공개를 진행했고 이제 일반 대중이 자유롭게 주식을 사고팔 수 있게 했다는 걸 뜻한다. 구글, 마이크로소프트, 메타, 존슨앤존슨, 펩시콜라 등이 대표적인 회사들이다.

다음으로 살펴볼 과정은 투자 절차다. 아마 이 단어를 들으면, CNBC 뉴스에서 종종 봤던 주식 목록이 떠오를 것이다. 주식 시세표라고 부르는데, 이걸 하루 종일 봐도 안 지루한 이유는 주식의 가격이 시시각각 변동하기 때문이다. 주식 가격은 회사의 실적, 전 세계적 사건(예를 들면 전쟁), 경제 상황 등 다양한 요인에 따라 변한다. 개별 주식은 변동성이 크지만 수익성도 높다.

두 번째는 채권이다. **채권**이란 회사 또는 정부의 부채를 의미한다. 채권을 구매하면 회사 또는 정부에 돈을 빌려주는 대신 이자를 받을 수 있다. 채권은 일반적으로 주식보다 수익이 적지만 가격 변동도 적다.

일반적으로 재테크 전문가들은 젊을 때 주식에 투자하라고 조언한다(65~70살에 은퇴한다고 가정할 때, 보통 40~45살 사이에는 주식에 투자하라고 한다). 왜냐하면 더 공격적으로 투자할 수 있기 때문이다. 주식 시장이 하락하더라도 회복할 수 있고, 목돈이 필요할 때까지 시간이 좀 있다. 나이가 들어감에 따라 투자 포트폴리오를 더 보수적으로 수정하거나 채권의 비율을 늘릴 수 있다.

주식은 예측이 어렵기에, 회사를 선택하고 주식을 사는 건은 사실 꽤 위험한 일 중 하나다. 특히, 하나의 주식에만 투자한다면 더더욱 그렇다. 투자의 기본 규칙 중 하나는 **절대로** 모든 달걀을 한 바구니에 넣지 않는 것이다. 당신이 한 회사에만 투자하기로 마음먹었다고 치자. 예를 들면 델타 항공에 투자했는데, 전혀 예상치 못한 일이 일어난다면? **음, 그러니까 엄청난 규모의 팬데믹이 일어나 수년간 지속된다면?!** 당신의 투자는 최악이 될 수 있다. 한 회사, 또는 한 산업에 모든 자금을 투자하는 건 위험하다. 델타 항공과 스피릿 항공, 아메리칸 에어라인, 그리고 제트블루에 투자했다고 팬데믹에서 안전한 투자를 한 건 아니니까.

더 나은 투자 방법은 주식을 그룹으로 묶어 투자하는 것이다. 한꺼번에 가치가 하락할 가능성을 줄일 수 있다. 그룹 구성된 펀드는 포트폴리오를 다각화해주므로, 걱정은 접어놓아도 된다. 아마 이런 상품을 여럿 들어봤을 것이다. 상장 지수 펀드, 인덱스 펀드, 뮤추얼 펀드에 대해서는 아래에 설명하도록 하겠다.

펀드 유형

- **뮤추얼 펀드**: 장이 열렸을 때만 거래할 수 있는 주식 시장의 특정 종목만 모아둔 펀드다. 뮤추얼 펀드는 적극적으로 '전문가'의 관리를 받는다. 이는 즉, 추가 수수료를 내야 한다는 걸 뜻한다.
- **상장지수 펀드(ETF)**: 장을 마감했을 때도 거래할 수 있는 주식 시장의 특정 종목만 모아둔 펀드다. 일반적으로 ETF는 소극적인 관리를 받기에 자산 운용사에게 비용을 내지 않아도 된다. 저렴하고, 소액으로도 투자할 수 있다.
- **인덱스 펀드**: 재테크 커뮤니티에서 가장 인기가 많은 펀드 중 하나다. S&P 500와 같이 주식 시장의 특정 종목만 모아놓은 펀드를 의미한다. 포트폴리오를 다각화시켜주고, 수수료가 매우 낮으며, 개별 주식보다 안정적이지만, 몇천 달러 이상

이어야 투자할 수 있다.

- **타겟 데이트 펀드(TDF, 목표일 펀드)**: 은퇴 자금용으로 많이 사용되는 인기 있는 펀드다. 적극적으로 관리되는 펀드로(자산 운용사에 수수료를 내야 한다), 펀드매니저는 은퇴 '목표일'이 다가올 때마다 매해 더 보수적인 종목에 투자한다. 예를 들면, 2023년부터 30년 후인, 그러니까 은퇴 연도 2053년을 목표일로 설정하는 것이다. 하지만 솔직히 이 날짜가 마음에 와 닿지는 않을 것이다.

개별 주식을 사는 대신 VTI(뱅가드 그룹이 설립한 총주식 인덱스 펀드—옮긴이)와 같은 상품을 구매할 수 있다. VTI는 테슬라를 비롯해 여러 회사의 주식으로 구성된 인덱스 펀드다. 이걸 사냐 마냐에 관해서는 개인적인 투자 전략을 생각해봤을 때 너무 쉬운 문제다. 전체 주식 시장의 일부를 살 수 있는데 왜 굳이 한 회사에만 투자하는가? 비용도 적게 들고, 져야 할 리스크도 적다! 이게 바로 펀드의 마법이다. 나 대신 포트폴리오를 다각화해준다.

비유를 들자면, 개별 종목을 고르는 것은 나만의 치킨을 만드는 것과 같다. 물론 닭다리살을 사고, 파프리카, 카옌페퍼, 커민, 소금, 후추 등 향신료를 따로 살 수도 있다. 식용유, 튀김가루, 튀김기도 필요할 것이다. 하지만 손이 너무 많이 간다. 그냥 파파이스에 달려가서 치킨 한 마리를 사는 방법도 있다.

파파이스는 나를 위해 궂은 일을 다 해준다.

일반적으로 나는 집밥을 좋아하지만, 투자에 있어서는 단순한 게 최고다. 다시 한번 말하지만, 나는 당신이 압박을 최대한 적게 받으면서 투자를 시작했으면 좋겠다!

고수익을 기대하며 따로 따로 주식을 고를 때의 또 다른 문제점이 뭔지 아는가? 정작 높은 수익을 보기 힘들다는 점이다. 심지어 뮤추얼 펀드나 타겟 데이트 펀드 등 수익이 가장 높은 주식을 고르는 종목 선정 전문가마저도 실수를 한다. 각종 투자 데이터를 제공하는 회사 모닝스타에 따르면, 2020년과 2021년 기준으로 수백만 달러를 받는 헤지 펀드 중에 47퍼센트만이 인덱스 펀드보다 평균적으로 더 높은 성과를 거두었다고 한다. 글로벌 ETF 연구 디렉터인 벤 존슨 역시 개별 주식을 선정해 수익을 낼 확률은 "동전 던지기의 확률과 같다"라고 말했다. 지난 10년을 돌아보면 결과가 어떨까. 전문가가 선정하고 관리한 주식 종목 중 인덱스 펀드보다 더 높은 실적을 낸 비율은 15퍼센트밖에 안 된다.

심지어 전문 투자자와 고양이를 비교해봐도, 고양이가 더 높은 수익률을 낸다! 《포브스》에 따르면, 2021년 영국의 한 가정에서 키우는 올란도라는 고양이는 전문가보다 주식을 더 현명하게 선택했다고 한다. 주식 투자자들은 수년간의 투자 지식과 일반적인 주식 선택법을 사용한 한편, 고양이는 **자신이 가장 좋아하는 쥐 모양 장난감을 숫자판에 던져서** 주식을 선택했다. 연

말이 되자, 전문가들은 5176파운드의 수익을 올린 한편, 올랜도는 5542파운드를 벌었다.

투자 시작하기:
DIY vs AI 로보 어드바이저

디아이와이(DIY)는 매수할 주식과 채권을 직접 선택하는 것을 뜻한다. 피델리티, 뱅가드, 찰스 슈압 같은 증권사를 살펴보고 투자하려는 종목을 정확하게 선택할 수 있다. 단, 내가 선택한다는 건, 투자에 대한 완전한 통제권이 있다는 것을 뜻하지만, 동시에 내가 지금 어디에 투자하고 있는지 정확히 알아야 한다는 걸 뜻하기도 한다. 돈을 절약할 수 있고, 나에게 맞는 주식을 선택할 수 있다는 자신감이 있다면 직접 투자할 주식을 골라보자.

또 다른 선택지는 로보 어드바이저의 조언을 따르는 것이다. 로보 어드바이저는 자동으로 투자 계획을 설계해주는 디지털 인공지능 플랫폼이다. 로보 어드바이저는 일반적으로 '목표가 무엇인가?' '언제 은퇴하고 싶은가?' '리스크를 얼마나 감내할 수 있는가?' 등의 질문을 한다. 그런 다음 답변 내용에 따라 알고리즘은 나에게 맞는 투자 계획을 짜준다. 로보 어드바이저 서비스를 제공하는 회사에는 에이콘스, 베터먼트, 엘

리베스트, 웰스프론트 등이 있다. 로보 어드바이저의 경우, 특정 펀드에 투자 시 부과되는 수수료 **외에도** 추가 수수료를 부과한다(일반적으로 0.25에서 0.5퍼센트 정도다. 그래서 수수료가 0.5퍼센트를 넘기는 일이 흔하다).

나는 어떻게 하느냐고? 개인적으론 직접 종목을 택하는 것도, 로보 어드바이저에만 자문받는 것도 모두 초보자에게 이상적이지 않다는 걸 깨달았다. 모든 종목을 직접 선택하는 건 너무 스트레스가 심하다. 또 정말 **두려운 일이다**. 한편 로보 어드바이저는 주식 투자를 막 시작하는 초보에게 좋을지 몰라도, 그 과정이 지나치게 수동적이다. 투자하는 **방법**이나 어떻게 종목을 선택하는지 보여주지 않기에, 어디에 투자하는지, 왜 이 투자 종목을 선정해줬는지를 알 수 없다. 로보 어드바이저에게는 물고기를 잡는 법을 배울 수 없다.

만약 독자가 두 마리 토끼를 잡을 수 있다면, 그리고 이 두 방법의 장점만 취할 수 있다면 어떨까? 나는 〈허 퍼스트 $100K〉 회원들이 처음 투자를 시작할 때, 아무도 자신을 속단하지 않는 곳, 응원받고 편하게 질문을 할 수 있는 곳에서 안내받고 싶어 한다는 걸 깨달았다. 그래서 나는 투자 교육 플랫폼, 〈트레저리Treasury〉를 만들었다. 트레저리에서는 단계별로 투자하는 방법을 알려주고, 실제 투자도 할 수 있도록 도와준다. 자산 증식 방법에 관해 자유롭게 대화를 나눌 수 있는 장소로 전문 용어를 사용하지 않으며, 편견 가득한 남성 재무 전문가를 걱정할 필요가 없다.

종목 고르는 법

지금 핸드폰을 켜고 'VTI'라고 구글에 쳐보자. 3000만 개가 넘는 검색 결과 중 가장 위에 뜬 링크를 클릭해보자. 바로 압도당했는가? 분명 그랬을 것이다. 우리는 방금 VTI가 무엇인지, 펀드가 어떻게 작동하는지, 투자할 때 알아야 할 기본 사항이 뭔지 살펴보았음에도 불구하고, 검색 결과는 **미친 듯이 스트레스를 준다.** 〈스타트렉〉에 등장하는 클링온족이나 이해할 것 같은 그래프나 차트, 용어가 쏟아졌으리라. 독자라면 주식 종목을 고르는 방법을 바로 알고 싶을 수 있지만, 이 단계는 원래 누구나 정말 포기하고 싶은 마음이 드는 단계이므로 버텨야 한다.

확신을 두고 자신이 아는 정보에 따라 투자 결정을 내리는 일은 매우 중요하다. 하지만 솔직히, 대부분 플랫폼은 **투자를 시작할 때 불필요한** 정보로 이용자를 압도하곤 한다.

이 문제를 쉽게 해결하기 위해, 개인적으로 투자 종목을 고를 때 고려하는 세 가지 탑을 알려주겠다. 언제나 더 많은 정보를 살펴볼 수는 있다. 하지만 우리의 목적은 정보를 모으는 게 아니라 돈을 버는 것이다. 뇌에 과부하가 걸려서 아무 결정도 못 내리기 전에, 그냥 한번 시작해보자.

1. 실적

가장 먼저 살펴볼 사항은 투자 실적이다. 최근 몇 년, 또는 과거 수십 년간 전반적으로 주식이나 펀드 차트를 봤을 때, 가격이 상승하는 추세인가?(또는 2008년 3월 대침체나 2020년 3월 팬데믹처럼 설명 가능한 하락이 있었는가?) 아니면 계속해서 가격이 내려가고 있는가? 실적이 장기적으로 상승세를 보이는 펀드를 찾아야 한다. 매일 매일의 가격은 중요하지 않다. 투자는 장기적으로 해야 한다는 말을 떠올려 보자. 개인적으로는 펀드 판매가 개시된 시점부터 가장 긴 기간의 흐름을 살펴보는 게 좋다. 5년 이상이면 일반적으로 괜찮다.

2. 수수료

두 번째로 살펴볼 부분은 수수료다. 펀드 매수 시 부과되는 것으로, 일반적으로 '운용 보수'라고 불린다. 과거에는 다들 직접 자신의 포트폴리오를 다각화했다. 하지만 지금은 인덱스 펀드와 ETF가 존재한다. 펀드를 만들어주는 대가로 수수료를 내야 하긴 하지만 이 수수료는 주당 가격에 반영되어 매해 청구되므로, 따로 청구서에 대한 스트레스를 받지 않아도 된다.

다소 성가신 부분은 하나 있다. 많은 펀드는 약 1퍼센트의 수수료를 부과한다. 얼마 안 되는 것처럼 보이지만 100만 달러의 1퍼센트는 무려 만 달러다! 타겟 데이트 펀드처럼 적극적으로 관리되는 펀드는 0.5퍼센트 이상의 수수료를 내라고 할 것이다. 일반 인덱스 펀드의 수수료, 0.2퍼센트와 비교해보자. 0.02퍼센트 정도로 수수료를 낮게 부과하는 펀드도 있다(개인적으로 제일 선호하는 VTI는 0.03퍼센트다). 힘들게 번 돈을 무작위로 투자 전문가에게 던져주는 것보다 백번 낫다.

3. 보유 종목/회사

세 번째로 살펴볼 것은 펀드가 보유한 종목이다. 즉, 특정 펀드가 어느 회사에 투자하는지 살펴봐야 한다. 펀드는 주식을 한데 모아놓은 그룹에 불과하기에, 그게 어떤지 판단하려면 구성된 기업을 확인해야 한다. 예를 들면, 내가 가장 선호하는 상품이자 황금알을 낳는 거위인 VTIVanguard Total Stock Market Index Fund ETF는 애플, 마이크로소프트, 아마존, 테슬라 등으로 구성되어 있다. 실제로 미국 증시에 상장된 거의 모든 회사 주식으로 구성돼 있다. 다시 말하지만, 포트폴리오의 다각화는 매우 중요하다. 기술, 건강, 의료, 농업 등 가급적 한 산업에만 몰려 있어서는 안 된다.

물론 펀드 보유 종목이 편중되어 있다고 해서 반드시 멀리하라는 건 아니다. 장기간 실적이 좋고 운용 보수가 낮은 펀드도 있으니까. 실적과 운용 보수라는 두 가지 요소만 잊지 않으면 된다! 투자할 때 한 가지 펀드만 이용할 필요는 없고, 다각화된 여러 펀드를 선택하는 게 좋다. 만약 당신이 기술주 펀드를 사려고 한다면, 현재 포트폴리오를 구성하고 있는 다른 펀드들이 다른 종목 위주인 게 좋다.

다시 치킨에 비유해보자. 자꾸 치킨에 비유하는 이유는 그게 정말 끝내주게 맛있기 때문이다. 예를 들면, 24개의 치킨 텐더를 산다고 해보자. 순한맛, 매운맛을 반씩 시켰다. 매운맛 12개와 순한맛 12개를 각각 다른 상자에 나눠 담을 수도 있겠지만, 다른 사람과 나눠 먹는다면? 한 사람당 몇 개나 먹었는지 상자 안에 남겨진 치킨 텐더 수를 세면서 먹고 싶은 사람은 없을 것이다. 그러니 매운맛 여섯 개, 순한맛 여섯 개씩 담긴 치킨 텐더 두 상자를 주문하자.

결론적으로, 나는 다음 세 가지 기준으로 투자 종목을 선택한다.

1. 주식 차트가 오랫동안 상승해왔는지
2. 수수료가 어느 정도인지
3. 개별 펀드든, 포트폴리오 전반이든 다각화가 되었는지

정보를 모아 신속하게 결정을 내리고 투자를 시작하라. 아니면 퇴직계좌에 더 많은 금액을 넣는 것도 좋다. 시장에 투자하지 않는다면, 하루하루 돈을 낭비하고 있는 꼴이다. 질문을 두려워하지 말라.

무엇보다도, 투자는 장기간을 내다보는 게임이다. 일시적으로 시장이 하락하더라도, 투자한 **주식을 팔지 않는 이상** 잃은 돈은 없다. 반복해서 말하지만, 현금화하기 전까지는 돈을 잃은 게 아니다(물론 번 것도 아니긴 하지만). 어느 날 하루 주식 시장에 일어난 일은 30년 계획에서 별로 중요하지 않다. 그대로 유지하라.

파이낸셜 게임 플랜을 적용해보자

파이낸셜 게임 플랜이라는 대형 전략에서 투자가 어떻게 작동하는지 알아보기 위해, 제시카의 예를 살펴보겠다. 제시카는 이렇게 예산을 잡고 두 번째 신용카드 빚을 갚고 있다.

버킷①: 필수 생활비 2500달러

버킷②: 신용카드 대금 상환 675달러

버킷③: 인생의 즐거움을 위한 지출 825달러

제시카는 모든 신용카드 대금을 성공적으로 갚았지만, 5퍼센트 이자율의 학자금 대출이 남아 있다. 그다음에 할 일은 무엇인가? 미국의 평균 주식 수익률은 7퍼센트이고 학자금 대출 이자율은 7퍼센트 미만이기에, 401(k)나 IRA에 최대한 많이 넣는 데 집중해야 한다. 만약 한 계좌의 최대 한도에 도달했다면, 다른 계좌에 돈을 넣기 시작하라!

자, 그럼 은퇴를 위해 얼마나 많은 돈을 할당할 것인가?

많은 사람은 백만 달러 정도 모으면 은퇴할 수 있을 거라는 오해를 한다. 하지만 각자 필요한 은퇴 자금의 액수는 다르다. 전문가들은 연간 지출을 합산한 후 그 금액에 25를 곱해보라고 조언한다. 그 금액을 매년 4퍼센트 쓴다고 가정해보는 것이다. 따라서 연간 3만 달러를 쓴다면, 은퇴를 통보하기 전, 제일 싫어하는 상사나 동료에게 물을 뿌리기 전, 칸막이로 꽉 막힌 사무실에서 뛰쳐나오기 전, 75만 달러를 모아놓아야 한다. '연간 지출액 곱하기 25'이라는 규칙은 한 해 동안 생활하는 데 필요한 금액만 빼서 쓰고, 나머지 돈은 계속 수익을 창출한다는 가정을 바탕으로 한다. 또 연간 물가 상승률이 4퍼센트이고 연간 지출 금액도 변하지 않는다는 가정 아래의 시나리오다. 하지만 안타깝게도 물가는 매해 계속 상승하고, 우리는 병이 들거나 목돈이 필요한 일이 계속 생긴다.

다시 한번 말하지만, 투자금은 불어난다. 그러므로 최종 목표 금액에 도달하기 위해 지금 있는 현금을 다 투자할 필요는 없다. 투자가 내는 수익률을 잘 관리하면, 은퇴 시점에는 목표 금액에 도달할 수 있을 것이다.

그 숫자(연간 지출액 곱하기 25)가 현재의 '나'에게 무슨 의미를 갖는지 이해하려면, 은퇴 계산기를 사용해보자. 구글에서 검색하면 바로 나오겠지만, 브로커리지계좌나 퇴직연금계좌를 연 은행에서도 이 기능을 제공할 것이다. 이 계산기를 사용해보면 은퇴를 위해 매월 급여의 몇 퍼센트를 투자해야 하는지를 알게 된다. 입금액을 늘리면 일하는 시간이 얼마나 단축되는지 보고 놀랄 것이다. 예를 들면, 한 달에 50달러만 늘려도 1~2년 일찍 은퇴할 수 있다.

그럼, 다시 앞으로 돌아가서 제시카가 학자금 대출을 더 적극적으로 갚기 전에 세워야 할 이상적인 목표는 무엇일까? 바로 IRA 한도를 끝까지 채우는 것이다. IRA의 연간 납입 한도는 6000달러이므로, 제시카는 한 달에 500달러를 넣어야 한다.

우리가 앞서 살펴본, 재정적 우선순위 목록을 상기하라! 저금리 대출을 갚는 동시에 은퇴 자금에 투자해야 한다. 그래서 마지막으로 남은 신용카드 빚을 갚고 은퇴 자금에 안정적으로 돈을 넣기 시작하면, 버킷2에 있는 자금을 사용해 학자금 대출금을 더 빨리 갚을 수 있다. 이제 제시카는 버킷에 다음과 같이 돈을 분배할 것이다.

버킷①: 필수 생활비 2500달러

버킷②: 로스 IRA에 500달러, 학자금 대출금 상환에 175달러

버킷③: 인생의 즐거움을 위한 지출 825달러

제시카에게는 당분간 이 방법이 효과적일 것이다. 적당히 즐거움을 누리면서도 목표를 충실하게 달성하고 있다.

물론 수없이 강조했듯이, 재정 관리에서 맞추어야 할 초점은 개인마다 다르다. 은퇴 자금을 빨리 모으는 게 버킷3에 돈을 쓰는 것보다 훨씬 중요하다고 생각하는 사람도 있을 것이다. 실제로도 더 많이 투자해서 남들보다 더 빨리 은퇴하려고 노력하는 이들이 많다. 바로 경제적 자립Financial Independence과 조기 은퇴Retire Early의 앞 글자를 합친 파이어FIRE족들이다. 나는 개인적으로 이 중에 전자, 경제적 자립에 더 관심이 있다. 내 회사와 일에 애정을 지니고 있고 사회에 긍정적인 영향력을 미칠 수 있다는 점이 좋기에 빨리 일을 관두려는 계획이 없다. 하지만 지금 나에게 일은 필수가 아닌 선택이다. 한마디로 스물일곱의 나이에, 원하지 않으면 일하지 않아도 된다는 뜻이다. 이런 선택지를 손에 쥔다는 건, 정말 끝내준다!

전문가의 한마디	**어스텐 손더스**Kiersten Saunders
	리치&레귤러Rich & Regular 공동창업자, 《현금화Cashing Out》 공저자

파이어 운동을 처음 접한 건 2015년 무렵이다. 처음에는 '절대 안 된다'며 손사래 쳤다. 왜냐하면 파이어 운동을 이끄는 사람들은 지나치게 '지속 가능성'을 중시했고, 거의 동굴에서 생활

하면서 돈을 절약했기 때문이다. 재사용 화장지를 쓰고, 쌀과 콩을 대용량으로 사서 먹으면서, 매끼에 1.5달러 미만의 돈만 썼다. 이해는 갔지만, 내 방식과는 결이 달랐다.

나는 파이어 운동이 포용성이 부족하다고 생각했다. 특히, 여성에 대해서 말이다. 한 가지 구체적인 예를 들자면, 자녀 돌봄이 그렇다. 특히나 대도시에 살면 아이를 맡기는 데 돈이 많이 든다. 또, 예산은 기본적인 욕구만 충족할 뿐, 헤어 및 메이크업 비용이 포함되지 않는다. 머리를 손질하지 말고 인터뷰하면 안 되냐고? 흑인 여성에겐 불가능한 이야기다. 일반적으로, 나는 파이어 운동이 흑인의 직장 경험을 배제한다는 생각이 들었다. 흑인이 직장에서 어떤 일을 겪는지 다루지 않으면서 수입에 관해 이야기할 수 있을까?

생활비를 대는 동시에 경제적 독립까지 꿈꾸려면 직장에서 얼마 정도 벌어야 할까? 종종 소득이 적으면 지출도 적다고 생각하지만. 현실은 그렇지 않다. 간극은 엄청나게 크다.

그 당시 나는 직장을 잘 다니고 있었고, 원하는 만큼 오랫동안 일할 수 있다고 생각했다. 그래서 파이어 운동에 동참할 동기가 없었다. 나의 반려인 줄리앙은 부동산 포럼과 콘텐츠 크리에이터들을 통해 파이어 운동을 접했고, 함께 파이어족이 되자고 제안했다. 나는 "절대 안 돼"라고 답했다. 램지의 말도 안 되는 논리를 따라 빚을 갚은 후였지만, 파이어 운동은 빚을 갚는 것보다 훨씬 더 힘들어 보였다.

줄리앙과 나는 9월 첫째 주 주말에 결혼했는데, 10월이 되어서야 신혼여행을 갈 수 있었다. 4주 정도 일을 한 후 아프리카를 2주간 여행했다. 신혼여행 중 우리는 스스로에게 중요한 게 무엇인지 다시 생각하기 시작했다. 일에서 한 발자국 떨어져 스스로 어떤 사람인지에 관해서 생각해볼 시간이 충분히 있었다. 바로 그때, 나는 줄리앙에게 물었다. "어떻게 하면 이런 시간을 더 자주 가질 수 있을까?"

우리에게 경제적 자립은 조기 은퇴보다 훨씬 중요했다. 사람들은 은퇴를 일생일대의 사건으로 생각한다. 하지만 은퇴라는 단어는 많은 의미를 내포한다. 그저 일생에 단 한 번 일어나는 사건으로 보는 건 이상하다. 우리는 은퇴를 하나의 스펙트럼으로 인식한다. 은퇴한 후에 일할 수도 있고, 일하면서도 일찍 은퇴할 수 있다고 생각한다. 목표로 한 은퇴 자금이라는 마법의 숫자도 매일 바뀔 수 있다. 많은 사람은 경제적 자립을 한번에 목표를 달성해서 계속 지속되게 만들어야 한다고 생각하지만, 아니다. 한 해 바짝 일한 후 그다음 1년을 그냥 쉴 수도 있는 것이다!

이제 소득을 다른 시각으로 바라봐야 한다. 과거와 달리, 오늘날에는 인터넷 상거래 플랫폼이 활성화되어 있다. 사람들은 이제야 월급 같은 전통적 방식이 아닌 다른 방법으로도 돈을 벌 수 있다는 생각에 눈을 뜨기 시작한 것 같다.

우리 커플은 두 가지 큰 성과를 통해 경제적 자유을 달성할 수 있었다. 첫째, 2017년에 주택담보 대출금을 완전히 상환했다. 2018년 이사하기 전까지, 1년 반 동안 갚아야 할 대출금이 없었다. 청구서 없는 시간은 정말 좋았다. 둘째, 우리는 직장을 그만둘 형편이 됐다. 당시 줄리앙은 스스로를 해치는 직장을 다니고 있었고, 내 상황은 좀 더 나았다. 그만두고 싶을 때 그만둔다는 건 예전에는 절대 불가능한 일이었다. 그런데 일단 직장을 그만둬보니, 모든 사람이 이런 경험을 해볼 수 있어야 한다고 생각한다. 정말 기분이 끝내줬다.

흑인 여성으로 경제적 자립을 달성한 나는 진실을 말할 수 있다. 우리가 처한 상황이 얼마나 거지 같은지, 그리고 그런 상황에서 벗어나려면 어떻게 해야 하는지 이야기할 수 있다. 월급만 받고 있을 때 나는 솔직할 수 없었고, 직장을 쉽게 떠날 수 없었다. 경제적 자립을 이룬 지금, 이제는 그런 회사에 들어가서 "경영진에 흑인이 없다니, 정말 거지 같네요"라고 목소리를 높일 수 있게 되었다.

경제적 자립을 달성하고 싶은가? 관심 있는 분야부터 시작하자. 관심 분야와 거리를 좁히고 동기를 부여받자. 그리고 남은 인생을 내가 원하는 대로 살아가려면 얼마가 필요한지 알아보자. 그 뒤에 내가 살고 싶은 삶을 구축해야 한다. 아무것도 바꿀 수 없다고 생각해서는 안 된다. 그 길을 처음 걸어가기 시작했을 때의 수입이 곧 최종 수입이라고 생각하지 말자. 영혼을 팔아가며 직장을 다니지 않고도 내가 원하는 바를 얻을 수 있는, 기준선이 되는 계획을 짜보자.

사회적 책임을 잊지 말자!

마지막으로 잊지 말아야 할 것이 있다. 바로 사회 책임 투자다. 임팩트 투자(수익을 창출하면서 사회적·환경적으로도 긍정적 영향을 주는 분야에 투자하는 전략—옮긴이)나 ESG(환경Environmental, 사회Social, 지배구조Governance를 조합한 단어로 기업의 친환경 경영, 사회적 책임, 투명한 지배구조 등을 뜻한다—옮긴이)도 사회 책임 투자와 같은 의미로 사용될 때가 종종 있다. 이러한 투자 전략은 기업의 윤리적 측면을 평가하면서 사회와 환경에 해가 되는 기업을 피하고, 긍정적인 영향을 미치는 회사에는 투자해 수익 창출과 사회적 변화를 동시에 얻는 걸 목표로 한다. 이러한 펀드는 일반적으로 기술 관련 기업에 투자하고, 수십 년간 실적이 부진했던 석유 기업을 피하기 때문에 더 높은 수익까지 가져다준다.

물론, 사회적 책임을 하나로 정의하긴 어렵다. 개인의 가치관에 따라 다르기에 월가가 정의하는 사회적 책임과 다를 수 있다. 하지만 사회 책임 펀드는 일반적으로 총기 회사, 석유회사, 사설 교도소 등에는 투자하지 않는 규칙이 있다. 여기서 한 걸음 더 나아가 우리의 가치관에 더 부합하는 기업, 예를 들면 여성이 설립했거나 이끄는 기업, 또는 비콥 인증(B Corporation Certification, 기업의 사회성과 공익성을 측정할 수 있는 국제적인 인증 도구—옮긴이)을 받은 기업, 환경 및 사회적 성과를 낸 기업 등에 투자할 수 있다.

사회 책임 투자는 파이낸셜 페미니즘을 실천할 수 있는 훌륭한 방법이다. 하지만 다음에 소개할 전문가 인터뷰에서는 이 주제를 더 폭넓게 살펴볼 것이다. 사회 책임 투자는 궁극적인 투자 방법도 아니고, 완벽하지도 않다.

전문가의 한마디	팀 내쉬Time Nash
	공인 재무 설계사, <굿 인베스팅Good Investing> 창립자

사회 책임 투자에 관한 용어들은 복잡하다. ESG, 책임 투자, 사회 책임 투자, 지속 가능한 투자 등 같은 의미의 포괄적인 용어가 여러 개다.

경제 체제는 오랫동안 사회나 환경 문제를 외부 효과로 간주해왔다. 하지만 사회 책임 투자에서는 투자 결정 과정에서 사회적·환경적 기준을 고려한다. ESG 투자를 하는 사람들은 자신의 투자 포트폴리오에서 배제하고 싶은 기업이 있는지 살핀다. ESG는 '죄악'을 저지르는 회사를 배제할 수도 있지만, 영리 목적의 교도소나 화석 연료 회사 등을 포트폴리오에서 배제하는데도 초점을 맞추고 있다.

이제 사회는 재무 지표뿐만 아니라 ESG 지표를 바탕으로 기업을 분석하기 시작했다. 하지만 솔직히 말해서, ESG의 의미에 대해 사회적으로 합의된 바는 없다. 월가의 입김이 세기 때문에, 어느 정도 그들의 지속 가능성과 ESG의 관점을 수용하고 있다. 만약 독자가 급진적이고, 페미니즘을 지지하며 진보적인 성향을 띤다면, 월스트리트에서 정의한 ESG에 잘 부합하지 않을 것이다.

나는 개인적으로 임팩트 투자가 정말 흥미롭다고 생각한다.

임팩트 투자는 ESG보다는 더 틈새시장에 속해서 종종 간과되기도 한다. 임팩트 투자란 월가를 완전히 피해 커뮤니티 채권과 소액 금융에 투자하는 걸 뜻한다. 예를 들면, 지역 사회의 한 비영리 단체가 부동산을 사기 위해 자금이 필요하다고 가정해보자. 이 기관에 돈을 빌려준다면, 이자를 얻는 동시에 지역 비영리 단체도 지원하게 된다. 나는 포트폴리오 중 **일부**를 이렇게 구성할 수 있다고 제안하지만, 투자자라면 신중해야 한다. **전체** 포트폴리오가 임팩트 투자로만 구성되지 않게 조심해야 할 것이다.

나는 고객에게 '덜 나쁜' 펀드에 투자하라는 표현을 쓴다. 10~12년 전 업계에 처음 발을 들였을 때는 덜 나쁜 펀드에 투자하는 선택지가 거의 없었다. 하지만 ESG는 순식간에 인기를 얻었고 찰스 슈왑, 뱅가드, 피델리티 등 대형 운용사에서 ESG 펀드를 매입할 수 있게 되었다. ETF가 되었든, 신재생 에너지, 친환경 기술을 개발하는 산업, 수자원 인프라에 초점을 맞추는 채권이 되었든, 임팩트 투자가 되었든, 포트폴리오 일부의 방향을 바꿔 더 좋은 일에 투자할 수도 있다.

책임 투자에는 좋은 점도 있지만, 근본적인 단점도 있다. 첫째, 높은 수수료다. 항상 그런 건 아니고, 다른 선택지들도 있다. 좋은 소식은 수수료가 대폭 낮아졌다는 점이다. 예전에는 유기농 아보카도처럼 수수료가 높았지만, 이제는 얼마만큼 사회적 책임을 지고 싶냐에 따라 수수료가 달라진다.

둘째, 덜 다각적이라는 점이다. 지속 가능한 산업에 더 많이 투자할수록, 거르는 회사가 많기에 포트폴리오의 다각화에 방해가 된다.

셋째, 리스크에 노출된다는 점이다. 오늘날 사회 책임 투자의 수익률을 제한하는 두 가지 산업이 있다. 러시아가 우크라이나를 침공한 이후, 무기 회사와 화석 연료 회사들만이 높은 수익을 올리고 있다. 이 두 분야는 사회 책임 투자 시 배제되기에, 현재 사회 책임 투자 펀드 실적은 저조하다. 가치관에 따라 투자하는 것과 리스크를 줄이기 위해 투자하는 것 사이에는 팽팽한 긴장감이 있다. 일부, 특히 여성들은 이런 회사가 포함됐다는 이유만으로 어떤 펀드에는 투자하지 않을 것이다. 만약 이런 회사를 제외하고 투자하는 게 가치관에 부합하고 옳다고 생각한다면, 고민할 가치도 없다.

나는 고객들에게 이렇게 질문해 균형을 맞추려 한다. "좋습니다. 그럼 재무를 우선으로 할까요, 아니면 사회적 영향을 우선으로 할까요? 고객님의 기준에서 윤리적으로 도저히 용납되지 않는 산업이나 회사는 무엇인가요?" 투자 수익도 중요하지만, 약탈적이고 가부장적인 자본주의에 투자하는 데 역겨움을 느끼는 사람들에게, 에너지와 군수 분야에 투자하는 건 정말 이상하게 느껴진다. 어떻게 하면 이 문제를 헤쳐 나갈 수 있을까? 답은 개인마다 다를 거다.

선택지가 다양하다는 점을 알려주고 싶다. 나쁜 일에 발을 덜 담그려면, 먼저 자신의 가치관을 돌아봐야 한다. 수학적인 관점에서 보면 투자를 거부하는 건 인플레이션을 고려할 때 돈을 잃고 있는 것이다. 완전히 독립해서 자연인처럼 먹거리를 직접 재배하고 자급자족할 수 없는 이상, 나는 세계 경제에 참여하고 있다. 중요한 건 참여하는 방식이다.

어떤 직업을 갖고 어떤 회사에서 일하고 싶은지 선택하는 건 경제에 참여하는 방법을 결정하는 것이다. 대형 할인점과 부부가 경영하는 동네 가게 중 어디서 물건을 살지 선택할 때, 중국에서 만든 것과 내가 사는 곳 근처에서 만든 것 중 뭘 살지 결정할 때, 나는 세계 경제에 참여하는 방식을 결정하는 셈이다. 그중 가장 **중대한 결정**은 투자하는 방법이다. 재정적 독립을 달성하고 은퇴 투자 계획을 세우는 일은 정말 중요하고 큰 결정이다. 특히나 포트폴리오 규모가 큰 사람에게는 더더욱 그렇다. 포트폴리오를 어떻게 꾸릴지 고민하는 것보다 슈퍼에서 아보카도 하나를 고르는 데 더 많은 시간을 쓰는 사람들을 보면 미쳐버릴 것 같다. 최소한, 투자한 펀드의 구성 종목과 회사들을 살펴보라. 이를 살펴본 후 마음이 불편해졌다면, 다른 선택지도 있다는 걸 잊지 말자.

당신은 일종의 게임을 해야 한다. 경제와 시장에 참여하는 일은 중요하다. 시민으로서 우리는 투표권만큼이나 경제에 참여할 책임이 있다. 만약 경제가 붕괴해 세상이 엉망진창이 되어버린다면? 우리의 가장 큰 자산은 공동체가 될 것이다. 그때는 이웃에게 얼마나 친절하게 대했는지, 그리고 얼마나 정원을 예쁘게 가꿨는지가 중요하다. 이런 시나리오 상에서는 내 돈을 어디에 투자했는지는 중요하지 않을 것이다. 하지만 자본주의 체제는 높은 확률로 지속될 것이고, 우리는 은퇴 후에도 재정적으로 자급자족할 수 있길 바랄 것이다. 자기 자신과 가족을 돌볼 수 있을 뿐만 아니라 여윳돈을 기부하고 자원봉사를 할 수 있길 바랄 것이다. 재정적 자유를 얻으면 조기 은퇴할 수 있고, 사회에 이바지하거나 열정을 가진 다른 일을 하기 위해 근무 시간을 줄일 수도 있다. 최악의 시나리오는 약간의 정부 지원 생활비를 타 쓰면서, 체제에 완전히 의존해 살아가는 것이다.

나 역시 균형을 찾으려고 노력하고 있다. 자본주의는 전반적으로 사람을 착취한다는 사실을 인정한다. 하지만, 투자는 돈을 벌고 품위 있는 은퇴를 위한 최고의 방법이다. 나는 자본주의에 나만의 관점을 가지고 균형을 유지하려고 한다. 그게 내가 생각해낸 최선이다. 완벽하지는 않을지라도, 복잡한 상황에서 최선의 선택지다.

그 무엇보다 지속 가능한 투자가 가장 중요하다고 말하지 않겠다. 하지만 관심과 여력이 있다면 누구나 지속 가능한 투자를 할 수 있다고 생각한다. 개인적으로 오늘날 시장과 상장 기업은 정부보다 더 강력하다고 생각하기 때문이다.

투표나 로비를 통해 민주주의에 참여하지만, 주식 시장에는 무턱대고 투자하고 있다면? 일관성이 부족한 사람처럼 보인다. 지키고 싶은 가치가 있는 사람들은 추구하는 방향과 자신이 은퇴하고 싶은 세상에 대한 비전이 맞는 종목에 투자하기 위해, 조금 더 높은 수수료를 감당할 것이다. 포트폴리오가 조금 덜 다각화될지라도, 그리고 일반적인 투자 기준점에서 더 벗어난다고 해도 괜찮을 것이다.

재정 관리에서 투자는 부를 쌓는 가장 강력한 도구다. '완벽한' 투자 플랫폼을 고르느라 몇 주 동안 머리를 싸매거나, 일반 IRA와 로스 IRA 중 뭐에 투자할지 고민할 순 있겠지만, 짧은 시간이라 할지라도 그것을 실제 투자를 시작하는 데 쓰는 게 좋다. 결정 장애 때문에 영원히 은퇴할 수 없어선 안 되니까!

너무 길어서 안 읽은 독자를 위한 핵심 요약

투자를 시작하기 위해 거쳐야 할 5단계가 있다. 추가적인 도움이 필요하거나, 내용이 어렵게 느껴진다고 해도 걱정하지 마라. 천천히 내용을 곱씹어보자.

1. 투자 목표를 결정한다.
2. 직접 투자 종목을 고를 건지 로보 어드바이저를 사용할지, 또는 트레저리에서 안내를 받을지 정하자. 고용주가 지원하는 401(k), 또는 IRA 등과 같은 투자 계좌를 개설하자.
3. 계좌에 돈을 입금하자(최소 100달러는 입금하자).
4. 투자 상품을 구입한다(많은 사람이 인덱스 펀드를 택한다).
5. 3번과 4번을 최대한 자주 반복한다.

1. 할머니가 된 내 모습을 그려보자

오늘은 재미있는 과제를 내주겠다! 65살이 된 나는 은퇴하고 얼마나 멋진 삶을 살까? 미래를 상상해보면서 어떻게 하면 나를 부양할지 궁리해보자. 꼭 그 시나리오가 확정될 필요는 없다. 당황하지 말고, 즐겁게 생각해보자.

미래의 나는 어떤 사람인가? 일상적인 하루를 어떻게 보낼까? 내가 가장 좋아하는 옷과 취미는 무엇이고 어디로 여행을 떠날까? 나의 희망과 꿈은 무엇인가?

그런 다음 6개월, 2년, 10년 후(**'내가 왜 이 많은 돈을 모으는 거지?'라는** 의심이 들고 이 책을 찢어버릴까 고민할 때쯤) 일기장을 꺼내 미래의 나를 다시 한 번 그려보도록 한다. 샘플로 내 글을 짧게 보여주겠다(글을 쓸 때는 시적인 표현을 가미해보자).

나는 시애틀과 이탈리아 시골에 집이 있다. 산속에 오두막도 있는데, 그곳에서 퍼즐을 맞추고 책을 읽는다. 쉬지 않고 여행한다(원할 때 루카도 올 수 있다). 나는 정말 맛있고 건강한 음식을 먹는다. 수준 이하의 음식은 입에 가까이 대지도 않는다. 그리고 매년 〈스팽스〉의 창립자 사라 블레이클리가 그렇듯, 여자 친구들에게 여행을 쏜다. 나는 여성과 젊은 여성에게 용기를 불어넣는 재단을 운영하고 있다. 그리고 어떻게 그렇게 됐는지 설명할 수는 없지만, 기적적으로, 그리고 믿을 수 없을 정도로, 지금보다 더 멋진 사람이 됐다.

2. 오늘 당장 투자를 시작하자

❶ 투자 목표를 결정하라. 과세 혜택을 받을 수 있는 은퇴 자금 모으기나, 다른 장기적인 목표를 정하자. 어디서 시작해야 할지 모른다면, 은퇴용 계좌부터 여는 게 가장 좋다.

❷ 투자 기관을 선택하라. 은행을 결정할 때처럼 신중하게 투자 기관을 선택하라. 직접 종목을 선정하거나 로보 어드바이저를 사용할 수도 있다. 단계별 가이드가 필요하다면, 트레저리를 사용해볼 수도 있다! 직장에서 401(k) 퇴직연금을 지원해준다면, 이미 훌륭한 투자 기관을 하나 선정한 것과 같다.

❸ 선택한 기관에서 계좌를 개설하고 돈을 입금하자. 은행에서 투자 계좌로 송금하는 게 가장 쉬운 방법이다.

❹ 계좌에 돈을 입금했으면, 투자 상품을 선택하자. 인덱스 펀드는 수수료가 저렴하고 리스크가 적기에 가장 인기 있는 선택지다.

❺ 짜잔! 이제 당신도 투자자다!

FEDERAL RESERVE NOTE
KB 56390005 D
B2
THIS NOTE IS LEGAL TENDER
FOR ALL DEBTS, PUBLIC AND PRIVATE
FEDERAL RESERVE SYSTEM
UNITED STATES
Treasurer of the United States.
SERIES
2006
A

6장
소득

연봉을 높이고
새로운 기회를 만드는 2가지 비법

EARNING PLAN

직장인으로 산다는 것

스물한 살 토리를 만나보자. 반짝이는 눈과 덥수룩한 꽁지머리를 한 채, 나는 조직 커뮤니케이션 학과와 연극학과 복수 전공으로 대학을 갓 졸업했다(이런데 재무 전문가가 되었다니, 어떻게 된 일인지 참 신기하다). 이후 도시에서 유명한 마케터가 되어 바지 정장에 하이힐을 신고(이 대목에서 그저 꿈에 불과함을 알 수 있다. 하이힐을 신고 일하는 건 끔찍하다!) 한 손에 커피를 들고 출근하는 커리어우먼의 모습을 꿈꿨다(이것도 허상이다. 사실 내 몸은 카페인이 안 받는다). 30대가 되면 마케팅 회사 부사장으로 진급해 승승장구하리라 생각했다. 많은 경험을 쌓으면서 세상을 정복하겠다는 청사진을 그렸다.

하지만 첫 직장에서 불과 2주도 채 되지 않아 그 뚜렷했던 꿈은 점차 옅어졌다. 이력서에 당당히 기재할 수 있다는 점에서 매력적인 자리였지만(여기서 《포춘》 선정 500대 글로벌 기업 최연소 매니저로 등극했고 직장 동료들도 좋았으며 사무실 위치도 괜찮았다), 기업의 역겨운 실상을 알게 되었다.

보통 몇 달 또는 몇 년이 지나서야 자신이 일하는 회사의 실체를 깨닫지만, 난 이를 고작 한 달 만에 깨닫게 되었다. 내가 똑똑해서라기보다는 최전선에 있었기 때문이다. 직속 상사는 남초 기업의 최고 경영자였다. 사내 문화는 술과 부적절한 행동들로 얼룩져 있었고, "우리는 그냥 직장 동료가 아니라 가족이잖아"라는 말을 자랑스레 해댔다(자고로 가족 같다는 미사여구를 붙이는 회사는 조심해야 한다). 굉장히 해로운 근무 환경이었고 조직 문화에 거부감이 들었다.

존경하지 않는 사람을 부자로 만드는 데 힘을 보태고 싶지 않았고, 가치관을 공유하지 않는 회사에 이바지하는 것도 싫었다. 그러다 보니 9시부터 5시까지 일하는 삶 자체에 싫증이 났다. 여덟 시간 동안 궁둥이를 붙이고 일해야 근무 태만이 없었다는 걸 증명할 수 있었고 휴가를 쓰는 것조차 허락받아야만 했다. 덜 유해한 회사로 떠났을 때도 자리 잡는 건 어려웠다. 어떤 업계에서 어떤 마케팅 직무를 맡든 마찬가지였다.

나는 살면서 항상 뭘 할지 고민하며 다양한 일에 손을 댔었다. 고등학교 때는 음반 가게에서 일했고, 대학에서는 미사 때나 다른 행사에서 피아노를 연주했다(여러분은 여기서 내가 가톨릭 대학교를 나온 걸 눈치챘을 것이다). 입학처에서 캠퍼스 투어

가이드로도 일했고, 교내 잡지 편집장으로서 졸업 앨범 제작을 진행했으며 방학 때는 집 근처 동네 철물점에서 계산대를 지키기도 했다. 이 모든 경험을 통해, 나는 누군가를 위해 일하는 건 어렵겠다고 느꼈다.

돌이켜보면 창업은 예견된 일이었다. 처음 사업을 시작한 건 아홉 살 때다. 사탕과 초콜릿 자판기를 설치해 얻은 수익을 대학 등록금용 계좌에 넣었다. 뭔가를 발명하지도 못했고, 〈샤크 탱크〉 같은 투자 방송에 출연하거나 돈을 많이 벌지도 못했다. 하지만 자신을 홍보하는 법이나 사업 재정을 관리하는 법, 거절에 대처하는 법을 배울 수 있었다. 대학 졸업 후에는 9시부터 5시까지 사무실에서 일하면서, 부업으로 뭘 할지 늘 고민했다. 추가 수입도 원했지만, 본질적으론 사업가가 되기 위해서였다. 처음에는 글쓰기 외주로 시작해서 그다음에는 SNS 관리로 넘어갔다. 그 후에는 20대 여성을 대상으로 한 블로그를 운영했다(이 블로그가 내 사업 설립의 초석이 되었다!). 30대가 되기 전에 사업가가 되는 건 불가능하다고 생각했지만, 5년이나 먼저 그런 삶을 누리게 됐다. 내가 설계하던 건 사업이 아닌 인생의 사명이었다.

내 커리어는 남들이 말하는 '이상적' 커리어와는 매우 다르다. 독자가 꿈꾸는 커리어 역시 일반적으로 생각하는 이상적인 커리어와는 동떨어질 수도 있다. 각자가 꿈꾸는 직업과 커리어의 궤적은 저마다 다르며 어떤 식으로 커리어를 쌓을지,

어떤 모습을 띠어야 할지에 관해서는 단 하나의 정답이 없다. 하지만 그 과정에서 겪을 수 있는 고통과 역경은 대체로 비슷하다. 저임금을 받지만, 임금 인상을 요구하는 건 두렵고 열악한 환경에서 월급만 바라보면서 버틴다. 직원을 중시하지 않는 환경에서 어떻게든 위로 치고 올라가려고 애쓰며 산다.

소득이 당신의 가치 전부는 아니다

파이낸셜 게임 플랜의 모든 부분은 돈 버는 일에서 시작한다. 저축하고 빚을 갚거나 투자할 돈이 없다면 시작조차 못한다. 이게 바로 여성과 유색인종이 재정적으로 불리한 이유다.

성별과 돈에 관해 가장 악명 높고 익숙한 통계는 바로 남녀 임금 격차다. 미국에서는 남성이 1달러를 버는 동안 여성은 82센트를 번다. 흑인 여성은 77센트를, 라틴계 여성은 75센트, 그리고 원주민 여성은 70센트를 번다. 아시아 여성이 95센트로 임금 격차를 제일 근소하게 좁혔다. 더 불편한 진실은 직급이 올라갈수록 여성들에게 임금 격차는 불리하게 작용한다는 사실이다. 예를 들어, 태평양 군도에 거주하는 고위직 여성은 같은 직급의 백인 남성이 1달러를 버는 동안 60센트를 번다.

이미 잘 알려진 사실을 다시 꺼낸다는 게 이상하지만, 아직도 내 틱톡 계정 댓글에는 남녀 임금 격차가 상상에 불과하다고 믿는 사람들이 있다. 주된 반박 내용은 '성별에 따른 임금 차등 지급은 불법이라 있을 수 없다'거나 '남자가 더 유능해서 돈을 많이 받는다'는 식이다. 하지만 직장에 다니는 여성들은 현실에서 임금 격차가 얼마나 심한지 잘 알고 있다.

임금 격차의 이유는 다양하다. 우선, 여성은 남성보다 임금 협상을 잘 안 하고 하더라도 더 많이 거절당한다. 인상은커녕 '배은망덕하다'라고 비난받기 쉽다. 저임금 근로자 상당수는 여성이며, 여성이 주류인 교육 및 의료계에서는 특히나 사회에 이바지하는 가치가 경제적 보상으로 이어지지 않고 있다.

임금 격차가 일어나는 또 다른 이유는 육아다. 모두 함구하고 있는 불편한 진실이다. 끔찍한 육아 휴직 정책은 아이를 가진다는 이유로 여성을 차별한다. 반면, 남성 배우자들은 오히려 '아버지 프리미엄'을 누린다. 아버지가 된 남성들은 더 헌신적이고 안정적으로 일할 수 있으며, 높은 임금을 받아야 마땅하다는 인식이 있기에 임금을 잘 올려준다.

전문가의 여러 책에는 일과 육아를 병행하거나 아픈 가족을 돌보는 여성들의 압박감이 잘 설명되어 있다. 그렇게 돌봄의 짐을 짊어지면서도 무급 감정 노동까지 강요받고 있다. 직장에서 다른 사람의 감정을 돌보거나, 클라이언트와 고객 앞에서 '미소 지으라'는 지시를 받는다. 이런 상황이 얼마나 스트레스를 주는지, 전 세계적으로 논의가 되고 있는데도 임금 불평등은 계속된다(이런 상황에 대해 더 알고 싶다면, 젬마 하틀리의 『남자들은 항상 나를 잔소리하게 만든다』, 캐롤린 크리아도 페레즈의 『보이지 않는 여자들』, 앤 마리 슬러터의 『슈퍼우먼은 없다』를 읽어보라). 코로나19로 실직한 사람 대부분은 여성이었으며, 가족 구성원을 돌봐야 할 때마다 여성은 직업적으로나 재정적으로 불이익을 받았다.

여성은 더 낮은 보상을 받고 저평가된 노동을 하며 고통 받는다. 그런데 자본주의 사회는 인간의 삶에 가격표를 붙여 평가한다. 사람의 금전적 '가치'와 인간의 가치를 동일시하는 경향은 허슬 문화로 이어지는데, 결국 사람들이 항상 자신을 부족하다고 채찍질하며 계속 더 노력하게 된다.

허슬 문화나 자본주의 사회에서 사람은 본질적으로 가치 있는 존재가 아니다. 그 가치를 측정하는 유일한 척도는 노동이다. 얼마나 더 열심히, 똑똑하게, 빨리 일하며 돈을 버는 게 곧 성공이라고 가르친다. 간이고 쓸개고 다 내주면서 일하는 게 허슬 문화에서는 명예다. 휴가를 비웃고, 휴식을 실패와 동일시하며, 내가 할 수 있는 일과 기울일 수 있는 노력보다 더 많은 것을 끊임없이 요구하면서, 그렇게 하지 못하면 나약한 사람이라고 비난한다. 이런 문화는 번아웃과 탈진을 유발하고 조장하며 또 장려한다.

사람들은 오랫동안 더 열심히 일하고 더 많은 유리 천장을 깨면 재정적으로나 개인적인 삶이 안정 궤도를 찾을 수 있다고 믿어왔지만, 현실은 달랐다. 그렇기에 이번 장을 쓰는 건 특히나 어려웠다. 다른 어떤 주제보다도 수입은 통제할 수 있는 범위가 가장 작고, 수십 가지의 요인에 의해 결정되며, 대부분은 얼마나 열심히 일하는지 어떤 자격을 갖췄는지와 무관하기 때문이다. 사는 곳의 최저 임금이나 대학교에 다닐 기회가 있었는지 여부, 발을 담근 산업군의 평균 수입, 근로 중인 회사에 노조가 있어서 고용주로부터 더 많이 요구할 수 있는 상황인지 등 이 모든 요소는 수입 잠재력에 반영된다. 그렇기에 파이낸셜 페미니즘은 개인적인 선택을 넘어, 제도와 체제 변화를 일으키도록 노력해야 한다.

통제할 수 있는 부분만 통제하라

허슬 문화를 따르지 않아도 충분히 열심히 일할 수 있다. '무슨 일이 있더라도 해내야 한다'라는 사고방식 없이도 야망을 품을 수 있으며, 자신이 하는 일에 진심일 수 있다. 하는 일을 사랑한다면 뭐가 되었든 해내려는 자기 자신을 발견하기 때문이다. 〈허 퍼스트 $100K〉를 설립하던 초기에도 그랬다. 기꺼이 희생할 수 있는 부분도 있었지만, 그러지 못한 부분도 있었다. 일주일에 며칠씩 밤새 일할 때가 있었지만 여덟 시간

수면은 포기할 수 없었다. 열심히, 진심을 다해 일하면서 필요한 욕구를 충족시킬 수 있으며, 휴식을 취하면서도 좋아하는 일을 할 수도 있다. 하지만 오늘날의 경제 상황에서 부업은 개인적 선호에 따른 선택이 아닌, 생존의 문제인 경우가 많다는 걸 짚고 싶다.

반복해서 말했듯이, 우리는 통제할 수 있는 부분만 통제해야 한다. 자본주의적 관점에서 자신의 가치를 평가해야 하고, 논리적인 근거를 만들어 연봉 협상을 해야 한다. 어렵고 용기가 필요한 일이다. 또, 이런 노력을 기울이더라도 승진하지 못하거나 연봉을 인상 받지 못할 수도 있다. 하지만 그래도 자신의 가치를 알리는 일을 멈춰서는 안 된다.

전문가의 한마디	**익명의 누군가가 보낸 사연**

나는 학교에서 열심히 공부하고 좋은 성적만 받으면 좋은 직업을 가지리라고 생각했다. 내가 졸업한 연도는 2010년으로, 경기 불황기였기에 채용하는 회사는 거의 없었다. 결국 일주일에 60~70시간씩 일하는 직장에 취직해야 했다. 최악의 근무 환경이었다. 뒷담화도 너무 심했다. 결국 나는 다른 직장을 구하지 못한 채 그만두고 꽃집에서 일했다. 원래 생각하던 직무가 아

니었지만, 절박한 심정이었다. 나중엔 플로리스트와 동업해 꽃집을 함께 경영하게 됐지만, 결국 플로리스트는 다른 도시로 이사 가게 됐고, 동업 관계도 끝나면서 다시 1년 동안 실직자가 되었다.

회사들은 플로리스트 경력이 어떻게 회사에 이득을 가져다줄지, 그리고 업무에 도움이 될지 이해하지 못했다. 자연스레 취업은 난항의 연속이었다. 정신이상자로 보일 정도로 처절하게 절약하면서 살게 됐다. 아침밥을 거르기 위해 일부러 11시나 정오까지 일어나지 않았다.

대학교 직업상담사는 미디어 마케팅 쪽으로 방향을 돌려보라고 권유했고, 이후 쉬지 않고 이메일을 돌리며 내 마케팅 서비스를 홍보했다. 몇 달 동안 사업가의 행정 업무를 담당하는 비서로 일하기도 했다. 그러다 외할머니께서 말기 암에 걸리셨다. 나는 임종 때까지, 그러니까 한 달이라는 시간 동안 할머니의 곁을 지키기 위해 일을 그만두었다.

비슷한 시기에 한 친구가 회사를 그만두면서 후임으로 나를 추천했다. 나는 그 회사에서 정규직으로 경리 업무를 맡았다. 업무에서 두각을 내기 위해 성실히 일했고, 1년 안에 청구서 발송 총괄 담당자로 승진했다.

그 회사는 내 인생의 일부분이 됐다. 직장 동료들이 가장 친한 친구들이었다. 해외여행도 동료와 같이 갔고 사내 연애를 하기도 했다. 마침내 인생의 목표가 생긴 느낌이었다. 회사의 분위기와 환경이 너무 편안했던 나머지 집에 가지 않아도 된다는 느낌을 받을 정도였다. 직장 생활하면서 평생 갈 친구들을 만났고, 인생의 동반자를 만났으며, 시애틀로 파견 가는 등 여러 가지 멋진 기회를 얻었다.

하지만 시애틀에 도착했을 때, 회사는 최소 두세 명이 해야 할 엄청난 양의 업무를 던져주었다. 추가 보상을 받지도 못한 채 하루에 70~80시간 정도 일했다. 일과 삶의 경계를 모를 정도였는데, 회사 안에서 그러지 않는 사람이 없었다. 다들 야근하며 과중한 업무에 시달렸다. 거기에 운 나쁘게도, 삶과 일의 경계를 구분하지 않는 상사가 걸렸다. 멕시코 해변에서 휴가 중일 때 업무 전화를 받은 적도 있었고 추수감사절과 크리스마스에도 정상적으로 업무를 봤다.

그런 강도의 업무는 당연하다고 생각했다. 정말 원하는 것이 있다면 열심히 일해서 성취해야 한다는 믿음이 있었기 때문이다. 하지만 항상 누가 더 열심히 일하는지 경쟁하는 환경은 유해했다. 당시의 반려인이 "넌 정말 일밖에 모르는구나"라고 말한 뒤로부터 사태의 심각성을 깨달았다. 그때부터 나를 위해 스탠드업 코미디를 시작했다. 그 일을 하면서 회사 밖에서 많은 친구를 만났다. 2016년 1월에 1년만 더 일하고 희극을 전업으로 하겠다고 다짐할 정도였다.

그러다 성폭행을 당했다.

범인은 출장 중에 만난 다른 사무실에서 일하는 두 명의 동료였다. 그 이후 계획이 완전히 망가졌다. 난생처음 겪어보는 감정들을 느꼈다. 다른 직장을 찾는 건 불가능하다고 느꼈다. 특히 취업 준비 초기에 얼마나 힘들었는지 과거의 기억을 더듬어보면 더 불가능하게 보였다. 구직 과정과 면접을 거친 후, 새로운 직장에서 능력을 검증받고 자신의 가치를 증명해내야 하는데, 당시 그걸 다 해내기엔 역부족이라고 생각했다. 정말 하루하루를 간신히 버티면서 살아갔다.

먹고 살기 위해선 돈이 필요했기에 직장에 크게 의존했다. 심리 치료를 받으려고 해도, 회사 건강보험이 필요했다. 그리고 정말 오래 심리 치료를 받아야 했다.

하지만 결국 그 해로운 환경에서 과감히 벗어나기로 결심했다. 예전처럼 일에 많은 시간을 쏟지 않았다. 부서도 바꿨다. 언젠가는 회사를 떠나고 싶었지만, 그 전에 심리적인 안정을 되찾는 게 우선순위였다.

새로운 부서와 부서장이 정말 마음에 들었지만, 계획보다 더 오래 회사에 다녀야 한다는 사실이 싫었다. 나아지기까지는 예상보다 오랜 시간이 걸렸다. 6개월 정도 치료받으면 괜찮아지리라 생각했지만, 해리 증상과 이인화 증상이 그나마 나아지기까지 총 3년이나 걸렸다. 비슷한 일을 겪는 사람이라면, 자신이 예전과는 완전히 다른 사람이라는 걸 알 것이다.

2020년 3월, 코로나19가 발발한 뒤 재택근무를 하려고 노력했다. 기저질환으로 인해 출근하는 게 불편하다고 상부에 보고했다. 상부는 기저질환을 증명하라고 요구했고, 결국 정부에서 사회적 거리두기를 3단계로 완화하면 그때 다시 사무실에 출근하기로 합의했다. 원격으로도 가능한 업무였지만, 그걸 증명하기 위해 1년간 새로운 프로젝트들을 추진했다. 2021년 3월에 정부는 사회적 거리두기를 3단계로 완화했지만, 백신 접종이 막 시작하던 시기이기에 아직 출근할 준비가 되지 않았다고 보고했다. 스스로 세운 바운더리였다.

상사는 재택근무를 훌륭하게 해냈다는 데에 동의했지만, 윗선에선 실적보다 정말 재택이 필요한지 건강 상태를 확인하고자 했다. 하지만 이번엔 신체적 건강을 위해 떠날 때가 됐다고 생각했다. 내가 세운 바운더리를 지키고 싶었기 때문이다.

회사에서는 내가 로스앤젤레스에 살고 있었기 때문에 거기서 일할 선택권을 주었다. 하지만 사무실 위치는 중요하지 않았다. 내가 세운 바운더리는 쭉, 그리고 언제나, '사무실에 가는 건 불편하다'였기 때문이다. 윗선은 근본적인 문제에 귀를 기울이지 않았다. 윗선이 요구한 대로 재택근무를 희망한다고 한 달 전에 보고했지만, 사무실로 출근할 것을 강요받았다. 나는 이를 거절했고, 남은 연차를 모두 소진한 후 회사를 떠났다.

그뒤 헤드 헌터로부터 연락이 왔다. 내가 갖춘 모든 업무 스킬과 맡았던 직무를 알려달라고 요청했다. 2주 후, 우연히 예전 직장의 채용 공고를 보게 됐는데, 내가 맡던 직책은 다른 이름으로 불리고 있었다. 직급은 매니저였고, 8년이나 회사에 헌신한 내 마지막 연봉보다 2만 달러 높게 책정되어 있었다.

운이 좋게도 직장을 그만둘 재정적 여유가 있었다. 1년을 쉬기에는 충분한 돈이었다. 할머니가 돌아가시기 전에 할머니를 뵐 기회도 얻었다. 여러 프로젝트에 참가했으며, 몇 달 동안 유럽 여행을 떠날 수 있었다. 공백기 동안 뭘 했는지 이야기할 때마다 사람들과 채용 담당자는 정말 멋지다고 칭찬해주었다. 보통 사람들은 한 직장을 그만두면 바로 다른 직장을 구했기 때문이다.

훨씬 더 많은 경험을 갖춘 지금, 구직활동은 다르게 느껴진다. 이전 직장에서 맡았던 직무에 관해 기술할 때면 내가 이뤄낸 성취가 다시 보인다. 새로운 직장을 잡기까지 오랜 시간이 걸리겠지만, 직무 경험에 대해 이젠 자신 있게 말할 수 있다. 이

전에는 억지로 꾸며내야 했다면 진정성을 담아 말할 수 있기 때문이다.

내 이야기는 복잡하다. 누군가는 내가 직장에서 너무 오래 머물렀다고 생각할 수도 있지만, 안전을 지키고 건강을 되찾기 위해 필요한 일을 했다고 생각한다. 지금도 나는 스스로를 더 친절하게 대하는 법을 배우고 있다. 그래도 배운 것이 있다. 이전까지는 늘 1년 안에 그만두리라고 생각했기에, 항상 내가 하고 싶은 일보다 내가 해야 하는 일에만 신경을 썼다. 지금은 그 생각에서 벗어나기 위해 노력한다. 이 과정을 통해 배운 점은 변화를 일으키고 상황에서 벗어나기 위해서는 먼저 기반을 다져야 한다는 사실이다.

돈을 더 많이 벌면 여러 가지 재정적 문제를 깔끔하게 해결하는 데 도움이 되겠지만, 명확히 짚고 넘어가야 할 사실이 하나 있다. 우리는 돈 그 자체를 추구하는 게 아니란 점이다. 열심히 일하면 다 이룰 수 있다는 허슬 문화와 파이낸셜 페미니즘은 섞일 수 없다. 우리는 너무 열심히 일하는 바람에 지치거나, 소득을 자신의 가치와 동일시하지 않길 바란다. 가능한 많은 돈을 벌고 다른 건 상관없다는 사고방식을 거부하기를 바란다.

수입을 늘리는 건 꿈을 이루기 위한 것이지, 일을 더 많이 하기 위해서가 아니다. 커리어에서 때때로 희생을 감내해야 할 시기가 찾아올 수 있지만 시간과 정신 건강, 휴식을 계속 포기한다면 궁극적으로 여러분은 자신이 바라는 모습과 반대로 살게 될 것이다. 우리는 수입을 늘리고 정당한 보수를 받기 위해 일한다. 정신 건강을 건강하게 유지하고, 재정적 목표를 달성하며, 삶을 안정적으로 살기 위해서 일한다. 그리고 나아가, 더 나은 사회를 일구기 위해 일한다.

자, 지금부터 나는 여러분이 좋아하는 일을 찾았을 때(아니면 최소한 자신이 원하는 삶의 방식을 지탱할 일을 하게 되었을 때) 가치에 합당한 보수를 받는 법을 가르쳐줄 것이다. 직장 상사와 회사, 동료로부터 좋은 대우를 받고, 내 가치에 합당한 보수를 받기 위해 할 수 있는 일을 하자.

커리어 발전과 소득 증가를 막는 7가지 오해들

먼저 커리어 발전과 소득 증가를 막는 몇 가지 오해들을 먼저 살펴볼 것이다. 회사원이든, 프리랜서든, 개인 사업체를 운영하든, 이런 부정적 내러티브의 영향을 받을 수 있다.

오해1. 아직은 때가 아니다

“지금 부업을 시작하는 건 불가능해. 다른 사람들도 다 똑같이 하는데 경쟁력이 있겠어?”

“직장을 그만두고 개인 사업 운영에 전념한다고? 실패하면 어쩌려고?”

“지금 승진시켜달라고 요청해도 되겠어? 좋은 시기도 아니고, 상사 기분도 안 좋아 보이는데.”

다른 사람이 비슷한 사업을 운영한다고 나도 못 하라는 법이 있나? 사업가가 될 잠재력이 있는데도 실패에 대한 두려움 때문에 시도하지 못하면 아깝지 않나? 왜 시도도 안 해보고 직장 상사의 기분만 살피고 있는가?

냉정한 현실을 말해주자. 당신이 생각하는 ‘최적의 시기’는 존재하지 않는다. 얼마나 철저하게 준비를 했든, 적기는 절대 존재하지 않는다. 용감한 결정이란 어떤 상황에서든 항상 약간의 두려움을 극복해야 한다. 내가 정말 좋아하는 작가인 엘리자베스 길버트는 『빅매직』에서 두려움에 관해 이야기한다. 그녀는 새로운 일을 시작할 때, 한 가지 연습을 한다. 정말 끝내주는 연습이다(나도 이 책을 쓰는 동안 여러 번이나 이 연습을 했다). 그녀는 식탁에서 의자를 꺼내 그 자리에 의인화된 두려움을 앉히는 모습을 상상한다. 그다음, 두려움과 대화를 한다. 두려움에게 여행을 떠날 거라고 말해주자. 비록 자리를 발로 차며 비명을 지를지 모르지만, 여정에 동행시키자. 단, 발언권은 없다. 무슨 간식을 먹을지, 어디로 갈지, 무슨 노래를 들을지는 선택할 수 없다. 더 결정적으로, 두려움은 **절대로** 운전대를 잡지 못한다.

커리어 전환을 앞두고 불안해지는 이유는 개인의 성격 때문이 아니라 뇌 때문이다. 인간의 뇌는 새로운 일을 시도하는 것과 죽음을 비슷한 경험으로 간주한다. 누군가에게 데이트를 신청하든 스카이다이빙을 시도하든, 두려움을 인식하는 뇌 부위는 똑같은 공포를 느낀다. 뇌는 위험으로부터 사람을 보호하려고 하기에, 싸우거나 도망치거나 얼어붙게 만든다. 따라서 무언가 새로운 걸 시도하려고 하거나 전문 영역에서 벗어난 일을 할 때, 거부당하거나 수치심을 느낄 수 있는 일을 시도할 때, 마치 생사가 걸린 일처럼 느껴진다. 하지만 실상은 다르다! 임금을 인상해달라고 요청하거나 직장을 그만두거나 부업을 시작한다고 죽는 일은 없다. 오히려 멋진 연인을 사귀거나, 즐거운 취미를 얻거나, 경제적 자립을 이루는 놀라운 일이 펼쳐질 수도 있다.

오해2. 열심히 일하면 언젠간 알아줄 거야

열심히 일하면 저절로 승진과 연봉 인상이 가능할까? 계속 목표를 초과 달성하고, 정시에 출근하며, 혁신적인 아이디어를 제안해서, 상사가 **놓치면 안 될 정도로** 엄청난 성과를 내면 될까? 이러한 내러티브는 '보상을 바라지 말고 열심히 일해'라면서 사람을 향상성의 상태에 묶어놓는다.(1장에서 친구 알렉시스 로클리가 말했듯, "수치심이 우리에게 가장 먼저 요구하는 건 현실에 순응하는 것이다.")

그러나 아무리 좋은 회사라도 저절로 연봉을 올려주거나 승진시켜주는 일은 없다. 급여를 적게 지급하고, 원하는 만큼 과도한 업무를 넘길 수 있다면 고용주는 그렇게 할 것이다. 돈을 아낄 수 있기 때문이다! 우리가 자기 몫을 챙기지 않고 열심히 일만 하면, 그건 그냥 돈을 사장에게 벌어다 주기만 하는 셈이다. 눈앞에 매달려 있는 당근을 평생 맛보는 일은 없을 것이다.

오해3. 충성하면 언젠가 보상받을 거다

이 말은 나를 미치게 한다.

수십 년 동안, 사람들은 직장을 옮기는 사람들에게 눈살을 찌푸렸다. 회사에 헌신하지 않는 '프로 이직러'는 언제든 탈주 위험이 있다고 여겨졌다. 그러나 오늘날에는 직업과 커리어에 관한 생각들이 꽤 많이 바뀌었다. 이제는 시대에 뒤떨어진 이런 내러티브에 속지 말자. 1200명의 MZ세대 직원을 대상으로 한 설문조사에서 91퍼센트의 응답자가 한 직장에서 3년 미만으로 머무를 것으로 예상한다고 답했다. 퇴직연금은 더는 중요하지 않다. 특정 업체나 산업에 10년 이상 머무르지 않는 게 시대적 흐름이다.

새로운 직장에서 일을 시작할 때가 가장 큰 협상력을 발휘할 시기다. 솔직히 나는 한 직장을 2년 이상 다닌 적이 없으며, 재정적 성공의 일부분도 이직 때문이라고 믿는다. 이 방식으로 나는 연봉을 늘렸다.

고용주와 피의 계약을 맺고 불멸의 충성심을 평생 맹세하더라도 회사가 그에 대한 정당한 보상을 안겨주는 일은 없다. 진짜다. 가혹하게 들리겠지만 사실이다. 고용주는 필요하면 당신을 해고할 것이고 계약을 파기할 것이며 복지를 단칼에 삭감할 것이다. 회사처럼 무자비하게 대응해야 한다. 만약 뭔가가 본인과 적합하지 않다면, 떠날 수 있는 모든 방법을 동원해서 더 나은 곳으로 이직해라. 지금 회사보다 더 나은 회사는 얼마든지 있다. 약속할 수 있다. 이는 다음 내러티브로 이어진다.

오해4. 여기보다 좋은 회사는 없지

사회는 계속해서 우리의 존재감을 작게 만든다. 그러면서 현재의 환경이 우리가 누릴 수 있는 최고의 상황이라고 믿게끔 한다. 그래서 버티지 말아야 할 환경에서도 참게 되고, 끝없이 순응하고 희생하는 기업 문화가 정신에 스며든다. 스스로 더 나은 대우를 받을 자격이 없다고 세뇌된다. 최악은 피와 땀과 눈물을 쏟아부으며 다니는 이 회사들이 너무나도 일하기 좋은 직장이라는 말을 끊임없이 듣는 거다(이런 회사들이 꼭 하는 말이 있다. "우리 가족이잖아?!"). 회사는 이런 좋은 회사에서 일하고 이런 연봉을 받으며 중요한 직책을 맡는 게 얼마나 큰 행운인지 떠들고, 우리는 점차 그 말들을 믿게 된다.

빽빽한 나무 사이에 있을 때는 숲을 보기가 어렵다. 매일 반복되는 출퇴근길에 지쳐 있거나 고객과 끊임없이 소통하고 있을 때, 이런 해로운 환경을 참지 말자고 생각하기는 쉽지 않다. 나를 해치는 연인과 사귀는 것과 마찬가지다. 헤어지고 나서야 친구의 말이 옳았고 관계가 건강하지 않다는 걸 깨닫게 된다. 어쩌면 하와이의 해변에서 남자친구가 살 좀 빼는 게 어떻겠냐고 언질을 준 게 최악의 적신호였을지도 모른다(내 경험에서 우러나온 얘기는 아니다).

직감을 믿어야 한다. 지금 직장보다 더 나은 곳은 없다는 생각에 길들었을지라도, 더 나은 곳이 있다는 사실을 믿어야 한다. 장담할 수 있다. 사람을 직원으로서, 또 인간으로서 소중히 여기고, 성장의 기회를 제공하며, 회사에 이바지하는 만큼 보상을 해주는 회사와 조직은 존재한다.

오해5. 돈에 연연하지 말고 열정적으로 일해라

특히 비영리 단체나 공공 부문에서 일하는 사람들이 항상 듣는 소리다. 예술가나 사회적 기업에 다니는 사람도 "월급이 적은 건 어쩔 수 없지"라는 말을 일상적으로 듣는다. 낮은 임금을 주고 과도한 업무를 시키려는 개수작이다. 높은 사명감이 필요한 일을 한다고 무조건 적은 돈을 받아야 하는 건 아니다.

'선을 추구하는' 기업에서 죄책감을 통해 더 많은, 정당한 임금을 요구하지 못하게 만들려는 내러티브일 뿐이다. 하지만 누구나 어느 직장에서 일하든, 공정한 보상을 받을 자격이 있다. 열정을 좇는다고 터무니없이 적은 돈을 감수해야 하는 건 아니다.

물론, 정말로 예산이 적거나 해서 협상이 더 어려울 수 있지만, 아예 불가능한 건 아니다. 나는 교사, 공무원, 비영리 단체 직원 수십 명에게 코칭을 해주었고, 그들은 적절한 근거 자료를 준비해 성공적으로 임금 협상을 했다. 자신의 가치에 합당한 요구를 해 급여도 오르고 더 나은 복리후생도 챙겼다.

전문가의 한마디	**로레나 소리아노**Lorena Soriano
	기업 지속 가능성 컨설턴트, 에브리 포인트 원Every Point One 설립자

여성과 전문직에게 건네는 조언은 복잡하다. 인종이나 출신에 따라 환경이 매우 다르기 때문이다. 예를 들어, 미국에서 가사나 육아는 대부분 유색인종 여성과 이민자들이 가장 낮은 임금을 받으며 도맡고 있다. 백인 여성이 개인적인 커리어 목표를 달성할 수 있었던 데에는 이들의 역할이 크다.

기업의 책임 의식도 지적하고 싶다. 과거에 비해서는 더 많은 유색인종 여성이 회사에 취업하지만, 기업은 여전히 다양한 배경의 직원이 일할 수 있는 환경을 구축하는 데 소홀해서 이직률이 높다. 게다가 그들은 아직 시민권을 취득하지 못한 이민자나 여성, 또는 그들 가족의 상황을 악용해 암묵적 위협을 가한다. 유색 인종 직원이 느끼는 '죄책감'을 무기로 그들을 통제하고 억누른다. "직장이 있다는 사실에 감사하세요"라고 이야기하거나 추방하겠다고 위협한다.

시민권을 가지고 있던 내 어머니마저도 마찬가지였다. 어머니는 일할 기회를 얻게 된 것만으로도 '운이 좋다'고 생각했고, 기업은 그 점을 악용했다. 그녀는 주 6일을 일하셨다. 내가 추가 근무는 불법이라고 말할 때마다 어머니는 "직업을 갖지 못한 사람들에 비하면 나는 얼마나 운이 좋으니"라고 말씀하셨다.

유색인종 여성은 특히 정신 건강에 신경을 써야 한다. 사람은, 그리고 여성 역시 휴가가 필요하고 꼭 휴식을 취해야 한다. 하지만 그럴 때마다 사회는 쉬는 여성은 게으르고 무책임한 사람이며, 직장과 가정에서 더 노력해야 한다고 낙인을 찍는다.

나는 학교를 졸업하고 다닐 수 있는 최고의 직장을 다니게 됐다. 덕분에 돈을 벌고 하고 싶은 일에 대한 선택권을 쥐게 됐다. 이런 경험 덕분에 나는 사회가 강요한 부정적인 내러티브를 재구성할 수 있었다. 또, 친구에게 멘토링을 받으면서 협상을 통해 정당한 내 몫을 챙기는 배웠다. 가족과 나 사이에 건강하게 거리를 두는 법도 배웠다. 정말 힘들지만 반드시 필요한 과정이었다.

오해6. 모든 자격 요건을 맞춰야 취업/이직을 할 수 있다

이제 막 졸업했거나 이직을 결심할 때, 연봉 협상에서 저자세가 되는 경우가 있다. 그럴 땐, 대학교를 갓 졸업하고 기업 인사과 취업을 희망했던 내 친구 헤일리의 이야기를 들어봤으면 한다. 당시 그녀는 다른 사람을 채용하거나 교육한 경험이 전혀 없다는 사실이 걸렸다. 대학 졸업 후에 했던 유일한 일은 중국 음식점 서빙뿐이었다. 헤일리는 채용 후보자들과 면접을 진행하거나 이력서를 분류하는 방법조차 몰랐다.

하지만 여러 회사의 면접을 보면서, 그녀는 서비스직 경력과 인사과 직무를 잘 연결했다. 빠르게 변화하는 레스토랑 환경에서 어떻게 재치 있게 업무를 진행했는지, 동료 직원 모두와 훌륭하게 소통했으며, 고객들의 기대치를 관리하고 상대하기 까다로운 고객과 문제 해결도 얼마나 능숙하게 해냈는지 이야기했다. 헤일리는 자기 주도적이었고, 여러 업무를 한꺼번에 진행할 수 있었으며, 시간 관리를 철저히 해 고객 만족을 위해 최선을 다했다.

특정 직책을 맡은 적이 없거나 특정 산업군에서 일한 경험이 없다고 해서 지원하려는 직무에 사용할만한 기술이 없다는 뜻은 아니다. 서로 상관 없어 보이는 일들 사이에도 가교 역할을 하는 기술, 즉 브릿지 스킬bridge skills이 있다. 헤일리는 다른 사람을 채용해본 경험이 없었지만, 자신의 경험과 능력을 바탕으로 직무에 알맞은 지원자라고 어필했다.

독자도 헤일리와 같은 자세로 취업에 임해야 한다. 브릿지 스킬을 찾아서 이력서에 강조해보자. 팀에서 협업했거나 세세한 디테일을 살펴 성과를 낸 경험을 활용해야 한다. 여성은 특히 이렇게 자기 자신에게 엄격하고 스스로 포장하는 일에 능숙하지 못한 경향이 있는데, 여러분이 알아야 할 상식이 하나 있다. 남성은 자격 요건의 60퍼센트만 충족해도 당당히 일자리에 지원한다는 사실이다. 반면, 여성은 100퍼센트를 충족할 때만 지원한다. 이제는 달라져야 할 때다.

오해7. 지금은 회사 사정이 안 좋으니, 내가 이해하자

여성은 이해심이 많다. 많아도 너무 많다. 심지어 회사의 사정까지 고려한다. 하지만 회사가 전년도에 비해 잘 나가든 말든 직원은 언제나 공정하게 보상받을 자격이 있다. 노동의 대가로 받는 급여는 노동의 질에 비례해 받는 것이지, 회사의 형편과는 상관이 없다. 회사가 잘 된다고 해서 막연하게 임금인상을 바라지 못하는 것처럼, 회사 실적이 다소 안 좋았다고 해서 임금을 덜 받아야 하는 건 아니다. 예산이 빠듯하고 급여 인상이 어려운 정당한 사정이 있는 경우(혼자 예상하지 말고, 직접 답변을 들어보자), 다른 형태의 보상을 받을 수도 있다. 이에 대해서는 나중에 더 자세히 설명하겠다.

우리는 세 가지 방법으로 수입을 늘릴 수 있다. 첫째, 현재 회사에서 더 많은 돈을 받거나, 둘째, 새 회사로 이직해 더 많은 돈을 받거나, 셋째, 스스로 돈을 더 많이 버는 상황을 만드는 것이다. 연봉이나 계약 내용을 협상할 수도 있고, 더 나은 조건의 회사로 이직할 수도 있다. 부업을 시작할 수도 있고 개인 사업을 차릴 수 있다. 어떤 방법을 택하든 본인을 홍보하고 보호하며, 어떻게 하면 많은 급여를 받을 수 있을지 생각하자. 월급쟁이든, 프리랜서든, 사업가든, 아니면 여러 일을 병행하든 모두가 정당한 대가를 받을 자격이 있다.

왜 협상이 필수일까?

수입을 늘리는 핵심은 협상력에 있다. 사람들은 가장 일반적으로는 다음 세 가지 시나리오 중 하나에 직면했을 때 협상하게 된다. 새로운 일을 시작하거나, 성과 검토 시기가 됐거나,

급여가 적다고 생각할 때다.

협상과 관련해 재미없는 사실을 하나 알려주겠다. 연봉 협상을 하지 않는 여성은 연봉을 협상하는 여성에 비해 평생 100만 달러 이상을 적게 번다. 무려 100만 달러나 말이다! 이 사실에도 아직 충격받지 않았다면, 협상 전문가 알렉산드라 디킨슨의 명언을 한번 읽어보자. "불편한 대화 몇 마디를 피하려고 백만 달러를 잃고 싶습니까?"

몸값을 올려 새로운 직장에 입사하거나, 현재 직장에서 연봉을 올리는 게 중요한 이유는 커리어 전반에서 돈이 해줄 수 있는 게 많기 때문이다. 지금 급여를 올리면 직장을 옮겼을 때 더 높은 급여를 받을 수 있다. 그 돈으로 괜찮은 곳에 투자하면 복리로 인해 더 높은 수익도 올릴 수 있다. 재정 상황은 물론, 미래 계획도 더 유연하게 꾸려나갈 수 있게 된다.

전문가의 한마디	**모지 이균** Moji Igun
	〈블루 데이지 컨설팅Blue Daisi Consulting〉 창업자

나는 스물다섯 살까지 연봉 협상을 하지 않았다. 연간 물가상승률에 맞춰 3퍼센트만 인상되면 그저 감사했다. 정규직일 때 연봉은 5만 달러였지만, 회사는 나를 계약직으로 전환하려 했다. 나는 계약직 전환이 손해인지, 세금은 어떻게 되는지 고민

했다. 토리에게 배운 협상의 기술을 실천해본 건 그때가 처음이었다. 처음으로 종이에 대본을 써서 노트북 카메라 옆에 놓았다. 손이 떨렸다. "음, 이 정도 시급은 어떻게 생각하시나요?"라고 혼잣말로 물어봤다. 배은망덕한 직원으로 보거나 돈을 뜯어내려고 하는 것처럼 보여지진 않을까? 회사가 나를 해고하면 어쩌나 걱정했다.

마침내 회사에 말을 꺼냈다. 돌아온 답장은 "죄송합니다, 그건 안될 것 같네요"였다. 하지만 그 덕분에 월급 이외의 추가 요구사항을 얘기할 수 있었다. 더 많은 프로젝트를 받는 걸 거절했고, 워라밸을 챙겼다. 업무 관련해서도 더 자신이 생겼고 대담해질 수 있었다.

나는 동료들도 같은 상황에 놓여 있다는 걸 알게 됐다. 나만 혼란스러운 상황을 겪은 게 아니었다. 커피를 마시며 내 상황을 말하자, 사람들도 "세상에, 저도 같은 경험을 했어요"라고 대답했다. 그 뒤 우리는 화두를 피하는 대신 아주 세세한 내용까지 공유하게 됐다. 동료와 친구와 연봉이나 근무 조건에 관해 논의하면서, 자연스레 변화도 생겼다.

어느 날 시애틀 시청에서 연락이 왔다. 프로젝트를 맡아줄 수 있냐고 제안한 것이다. 그때 나는 '지금이야말로 내 가치에 대해 생각할 때다. 섭섭하게 느껴지지 않고 안정감을 줄 수 있는 금액을 따져봐야겠다'라고 느꼈다.

다른 사람을 불편하게 만들지 않을까 걱정하지 않고 새로운 프로젝트를 시작한 건 내게 엄청난 변화였다. 첫 협상 때는 말 그대로 온몸을 벌벌다. 하지만, 지금은 "아뇨. 그 정도 비용은 들어요. 가능하다면 예산을 늘리시죠"라고 거리낌 없이 말할 수 있게 됐다. 그리고 오히려 상대를 약간 긴장하게 만들기도 한다. 그들이 "다른 컨설턴트는 그렇게 큰 금액을 청구하지 않던데요"라고 말하면, "그 컨설턴트와 저는 다른 사람입니다. 저는 모지고요. 더 나은 성과를 바라시면, 그대로 진행할 수 있지 않을까요?"라고 반박한다. 그러면 "뭐, 사실 진행할 수 있죠"라는 대답이 돌아온다.

원하는 걸 당당하게 요구하는 것. 그것만 하면 된다. 그럼으로써 나 스스로뿐만 아니라 모두에게서 더 존중받을 수 있다. 사회는 흑인 여성인 내가 존재감을 발휘하지 못하도록 길들였다. 예전에는 회사나 기존에 거래하던 기관과 계약 연장을 맺는 것만으로 감사해야 했다. 하지만 지금은 다르다. 노동의 대가가 정당하지 않다고 느껴지면, 언제든 그 일을 거절하거나 자리를 박차고 나갈 수 있다. 그 사실은 내게 큰 힘을 불어넣어 줬다. 왜냐하면, 내 흑인 여성 친구 중 누구도 회사의 부당대우에 자리를 박차고 나오진 못하기 때문이다. 내 삶을 스스로 결정할 수 있다는 것, 그 사실이 주는 힘은 정말 강력하다. 협상 때 어떤 말을 할지, 또 어떻게 내 요구를 들어주게 할지 등 소소한 기술들이 내 삶의 태도를 바꿔놓았다.

협상력은 일과 삶의 바운더리를 설정하는 데에도 도움을 주었다. 회사에서 충분한 급여를 주지 않으면 주당 40시간 이상은 일하지 않았다. 계약서에 업무가 과도하게 늘지 않도록 확고하게 경계선을 그어놨다. 합의한 내용보다 더 많은 걸 요구받으면, "계약 때 합의한 내용과 다르네요. 추가 보상을 주시지 않으면 그렇게 해드릴 수 없어요"라고 대응했다. 이러한 사고방식 덕분에 일과 휴식의 경계를 지을 수 있었다. 이렇게 확실히 하는 게 맞다. 워라밸의 극단을 왔다 갔다 하며 녹초가 되는 건 건강하지 못하다.

협상이 두렵다면 이런 조언을 주고 싶다. 협상을 포기할 때 어떤 일이 일어날지, 그 결과에 대해 스스로 솔직해져라. 늘 같은 연봉과 직책에서, 건강한 업무 환경을 만들 기회조차 주어지지도 않는다면, 당연히 서운한 감정이 들지 않겠는가? 몸과 마음을 해치게 될지도 모른다.

낯설고 두렵더라도 조금씩 첫 발걸음을 떼자. 연습하면 더 나아질 거고, 계속 전진할 수 있다. 시도하고 익숙해지는 게 중요하다.

여기서 '성공적인' 협상의 의미를 재정의하고 싶다. 협상에서 성공은 요구사항을 얻어내는 것 그 이상이다. 원하는 걸 얻으면 기분은 끝내주겠지만, 앞서 살펴보았듯이 원하는 걸 얻을 수 있는지는 우리에게 달린 일이 아니다. 성공에 관해 다음과 같은 관점을 취하면 어떨까. 세심하고 신중하게 자료를 준비하고, 자신의 의견을 단호하면서도 정중하게 관철하고, 용기를 내어 시도하는 것. 결과와는 관계없이 자체를 바로 성공적인 협상이라고 부르자.

우리는 인생을 살아가면서 계속해서 협상해야 한다. 고용주와의 협상뿐만 아니라 다른 분야에서도 마찬가지다. 매번 다음 협상에 적용할 새로운 기술을 익히고 협상할 때 사용하는 근육을 단련하자. 우리의 목표는 단순히 원하는 것을 얻고 나머지를 무시하는 거에서 멈춰서는 안 된다. 가능한 한 준비된 상태에서 협상에 임하고, 내 가치에 맞는 보상을 달라고 설득하는 법을 배우는 게 협상의 진정한 목적이다.

원하는 연봉을 얻어내는 법

많은 사람은 잘못된 생각을 가지고 연봉 협상에 임한다. '○만 달러만 있으면 빚을 갚을 수 있을 거야. 그만큼만 요구해야지.' 또는 '정말 열심히 일했어. ○○달러를 벌 자격이 있어'라고 생각한다. 하지만 그 금액은 많든 적든, 별다른 근거 없이 머릿속으로 지어낸 숫자인 경우가 많다.

개인 재정 관리 블로그 〈나쁜 여자가 돈을 번다Bitches Get Riches〉를 운영하는 내 친구들은(BGR의 공동창업자 피기는 내 출판 에이전트이기도 하다. 피기, 안녕!) 이렇게 이야기한다.

> 적절한 연봉을 어떻게 요구할 수 있을까? 병에 든 젤리에 비유해보자. '난 한 줌만 먹으면 돼. 음, 그러니까 대략 12개 정도?'라는 식의 접근은 전혀 전략적이지 않다. 정확한 정보 없이 접근하는 방식도 현명하지 않다. "회사에 내 몫의 젤리가 210개 정도 있나요? 왜냐면 그 정도는 받고 싶다고 소원을 빌었거든요. 끌어당김의 법칙을 이용해서 소원을 현실로 바꿔볼 거예요." 이렇게 직감을 믿거나 막연한 바람만으로 협상에 나서면, 원하는 결과를 얻을 수 없다. 우리는 가능한 모든 전략과 자원을 동원해, 회사가 줄 수 있고 내가 마땅히 받아야 할 가장 적정한 급여를 산출해야 한다.

협상에 나설 때는 직감이 아니라 본인의 시장 가치를 정확히 알고 무장한 상태에서 들어가야 한다. 시장 가치는 병에 담긴 젤리의 숫자라고 할 수 있다. 확실히 20개보다 많이 들어있고, 100개까지는 병에 절대로 안 들어간다는 걸 파악했다면,

이후의 범위를 좁히는 단계가 중요하다. 상대는 데이터를 기반에 두고 결정할 가능성이 크며, 왜 더 많은 돈을 주어야 할지 근거를 요구할 것이다. 비현실적인 금액을 제시하기보다는, 적절한 질문과 올바른 조사를 통해 시장 가치를 파악하자.

시장 가치는 두 가지 요소를 기반에 둔다. 바로 데이터와 부가가치다.

여기서 데이터란 시장 조사를 통해 동종업계의 비슷한 경력을 가진 다른 사람들에 비교해, 내가 얼마를 받을지를 알려주는 정보다. 즉, 시장 요율을 찾아야 한다.

주변 사람들을 조사해도 좋고, 재직자나 구직자가 이용하는 온라인 사이트를 활용할 수도 있다. 다양한 업체 직원들이 직급별 연봉 정보를 올려놓았을 거다. 하지만 이런 플랫폼에서 얻는 데이터는 시작점으로만 삼아야 한다. 거기 올라온 급여는 매우 2차원적이기 때문이다. 일반적으로 이런 플랫폼들은 직책과 근무 지역, 경력 기간만 묻는다. 사람을 복합적으로 파악하지 못하고, 보이지 않는 고유 기술이나 배경을 보지 못한다. 연봉 범위도 너무 넓어서, 수만 달러까지 차이가 난다. 자신의 가치를 파악하는 시작점으로 삼되, 사람들을 차별화하는 요소를 더 깊이 조사해야 한다.

온라인에 떠도는 구글 스프레드시트를 활용해봐도 좋다. 집단지성의 힘을 엿볼 수 있는 이 시트들에는 다양한 직급과 산업별 익명의 급여 정보가 담겨 있다. 이런 스프레드시트는 익명이기에 더 솔직하고 정확하다.

협상에 활용할 수준의 정확한 데이터를 얻으려면, 가장 바람직한 방법은 직장 동료들과 이야기하는 것이 가장 바람직하다. 네트워크에 포함되어 서로 편하게 생각을 공유할 수 있는 사람이어야 한다. 그들에게 "지금까지 이런 직무를 맡았고, 이런 기술과 경험을 갖추었는데 연봉을 얼마 정도 받으면 좋을까요?"라고 물어보자.

예를 들어 당신이 마케터라면, 다른 마케터와 이야기를 나눠보자. 전 직장 상사나 과거 직장 동료에게 메시지를 보낼 수도 있다. 마케터 채용을 담당하는 친구들이 있으면 그들과 대화를 나누는 방법도 있다. 무작위로 검색하는 것보다 훨씬 더 내 상황에 맞는 구체적인 정보를 얻을 수 있을 것이다.

시장 가치를 파악하는 데 도움이 되는 두 번째 요소는 부가가치다. 누누이 말하지만, 부가가치는 사람으로서의 나의 가치와 무관하다. 그리고 어떤 경우에도 우리는 회사에서 가치를 창출하고 있다. 부가가치를 파악한다는 건 내가 직장에서 하고 있고 할 수 있는 일을 구체적 수치로 표현하는 것이다. 작년 회사에 얼마나 많은 돈을 벌어주었는지, 어떻게 예산을 아꼈는지, 어떤 프로젝트를 성공시켰는지, 누구를 관리했는지, 내가 맡은 일을 넘어 회사에 어떤 부가 혜택을 가져다주었는지, 어떤 부분에서 회사가 절대로 놓치면 안 되는 인재인지, 사내 문화에 어떻게 기여하고 있는지 고민해보고 주변에도 물어보자.

부가가치를 시각적으로 표현하는 일은 매우 쉽다. 연봉 인상을 요청하고 싶은가? 직장에 취업하기 위해 지원했던 공고를 찾아보자. 직무 설명에 나열된 직무의 각 항목을 보고 리포트를 쓰거나 실적을 수치로 작성하자. 항목들에 적인 업무를 진행하며 기대치를 넘어서는 실적을 냈다는 걸 보여줘라.

예를 들어, SNS 마케터라고 가정해보자. 첫 번째 항목이 'SNS 계정 관리 및 키우기'였다면, 다음과 같이 준비해 협상에 임하자. "지난 한 해 동안 저는 모든 채널에서 팔로워 수를 30퍼센트 이상 증가시켰습니다." 가능한 구체적으로 설명해야 하고, 숫자나 통계뿐만 아니라 일화로도 증거를 제시해야 한다. 숫자처럼 이야기도 강력한 힘을 가지고 있기 때문이다.

다음 항목으로 넘어가자. 두 번째 항목이 '온라인 커뮤니티 내 유대감 증진'이라고 한다면 한 회원이 다른 회원의 게시물에 호의적인 댓글을 달고, 이후 그들이 실제 친구가 되어 서로를 돕게 됐다는 이야기를 언급할 수 있다.

이런 사례는 특정 업무에만 국한된 것이 아니다. 유능하면서 함께 일하기에도 좋은 사람은 어디서나 환영받는다. 직장을 다녔던 마지막 해인 2019년, 나는 연례 검토를 준비하면서 연봉 인상 협상에 집중했다. 협상 시에 나는 매주 월요일 팀 회의에서 '감사 연습'을 시작한 것을 강조했다. 당시 회의에 참석한 모든 사람에게 개인적으로나 업무적으로 감사한 일에 관해 이야기를 나누는 프로세스를 구축했는데, 감사 연습 덕분에 직원들은 서로에 대한 신뢰를 쌓았고 취약점도 진솔하게 보여줄 수 있었다. 이는 회사의 가장 핵심적인 가치들이었다. 연례 직원 평가 때 "저는 이러이러한 부분에서 업무와 회사의 성과에 이바지했을 뿐만 아니라 회사 문화에 도움을 주었습니다. 특히 회사의 가치를 하나의 모범 사례로 구체화 시켰습니다" 라고 어필했다. 나중에 상사는 바로 그 사례 덕분에 내 연봉이 20퍼센트 올랐던 거라고 귀띔해줬다.

전문가의 한마디	클레어 와서맨Claire Wasserman
	〈레이디스 겟 페이드Ladies Get Paid〉 공동창업자

많은 수입을 올리려면 협상이 필수다. 프리랜서든 직장인이든, 새로운 직장으로 이직하든 피할 수 없다.

여성은 사회화를 겪으며 자기 자신을 힘들게 만드는 데 익숙해졌다. 스스로 완벽해지길 바라고, 인생의 모든 일에 시험 치듯 임한다. 물론 그 덕에 학교에서는 공부를 잘하고, 대학교 졸업생의 다수를 차지하게 됐다. 거기까지는 잘해온 것처럼 느껴진다. 그다음에는 면접을 보러 가는데, 이 과정도 일종의 시험이라고 여긴다. 그리고 '시험' 결과를 곧 자신의 가치라고 여기며 스스로를 괴롭히고 두려움을 증폭시킨다.

협상에 불안을 느끼는 사람에게 건네고 싶은 말이 있다. 모든 회사는 이미 당신이 협상을 요구할 걸 예상한다는 점이다. 협상을 포기하는 건, 타인에게 주도권을 넘기는 것이다. 이렇게 본인의 가치를 낮춰버리는 건 다음과 같은 두 가지 이유로 조심해야 한다.

첫째, 우리는 우리가 가치 있다고 여기는 것에 돈을 낸다. 가치가 낮다 생각하면, 적은 금액을 낸다. 혹시 연봉 협상을 할 때 기분이 든 적이 없었는가? '이 사람은 왜 내게 이렇게 적은 돈을 제시하는 걸까? 무슨 문제가 있는 건 아닌가?'

둘째, 자신의 가치를 낮게 책정하면 주변 사람의 임금도 함께 낮아진다. 서로 바닥을 향해 달려가는 셈이다. 그럴 경우, 고용주에게 과도하게 큰 권력을 쥐여주게 한다. 상대에게 얼마를 요구해야 할지 모를 때에는 이런 전략을 써보자. "저는 일반적으로 이 정도를 받습니다. 하지만 현재 예산이 빠듯하다는 걸 알고 있어요. 꼭 함께 일하고 싶은데, 비용을 **어느 정도** 생각하셨어요?" 이 대본의 핵심은 바로 내가 먼저 정말 큰 금액을 제시한다는 거다. 큰 숫자부터 시작하면, 나쁘지 않은 타협점을 찾을 가능성이 크다.

더 나은 환경에서 일하기 위해, 높은 연봉을 받기 위해 현 직장을 그만두는 건 무섭다. 특히 여성에게는 더더욱 두려운 일이다. 직장에 남아 있어야 할 이유를 대면서 자신을 설득하는 대신, 다음과 같은 질문을 던져보라 "내가 계속 남아서 일한다면, 어떤 기회를 놓치게 될까?" 놓치게 될 기회를 나열해보자. 직장에 남는 이유가 본질적으로 두려움 때문인지, 아니면 성장하고 싶어서인지 물어보자.

지난 몇 년 동안 우리 사회에는 기존의 직장 문화가 무너지는 바람이 불었다. 이러한 현상의 긍정적인 측면은, 빌어먹을 허슬 문화에 한 방 먹였다는 것이다. 직원들은 그 어느 때보다 더 큰 권력을 갖게 되었다. 우리는 여전히 자본주의 사회에 살고 있기에 당연히 돈이 필요하지만, 상황은 조금씩 바뀌고 있다. 결국, 가장 중요한 건 바로 우리 자신이다. 본인과 본인의 건강, 가족이 제일 중요하지, 직장이 제일 중요한 건 아니다. 우리는 우리가 생각하는 것보다 더 많은 힘을 가지고 있다.

이제 숙제를 마쳤으니, 협상에 도전할 차례다. 새로운 직장을 구하거나 연례 직원 평가에서 협상할 때, 연봉에 관해 이야기하고 준비된 자료를 제시할 자리가 자연스럽게 마련될 것이다.

무조건 성공하는 5가지 협상 비결

첫째, 절대로 금액을 먼저 제시하지 마라

회사는 항상 연봉을 후려치려고 한다. 그래서 당신에게 이렇게 물어볼 것이다. "기대하는 연봉이 어느 정도인가요?" 전형적인 입사 면접 질문이자 여성과 유색 인종들에겐 더욱 불리한 질문이다. 왜냐하면, 여성이나 유색인종, 성소수자 등 사회적으로 소외된 집단의 구성원들은 본인의 실제 가치를 끊임없이 과소평가하고 있기 때문이다.

그렇기에 기업들은 구인 정보를 모호하게 게재하고, 30분 동안 면접을 진행한 뒤, 1차 면접에서 "연봉은 얼마를 예상하나요?"라는 질문을 던져 혼을 빼놓는다. 완전히 방심한 틈을 노린 것이다. 회사에서 구하는 자리와 구직자가 잘 맞기를 원했다면, 분명 직무 설명에 급여 범위를 투명하게 명시했을 것이다(기업에 보내는 메시지: 채용 공고에 연봉을 투명하게 밝히지 않는 회사는 겁나 수상해 보입니다!).

고작 30분의 전화 통화 면접으로 얼마만큼 돈을 받고 이 일을 하는 게 맞는지 그 보수를 정확하게 평가하는 건 불가능하다. 그러므로 다음과 같이 말하는 게 좋다. "현 단계에서는 해당 직책의 책임 범위를 전반적으로 파악하기 어렵습니다. 사내 기준이나 회사의 연봉 예산을 알려주시면 감사하겠습니다."

열에 아홉은 어디서부터 어디까지가 예산이라고 알려줄 것이다. 연봉 범위를 알았으면, 본인의 경력 수준에 맞는 연봉인지 가늠해볼 수 있다. 명심해야 할 건, 회사가 나를 면접 보듯이 나도 이 회사를 면접을 보고 있다는 점이다. 만약 보수에 관해 이야기할 때 회사 측 행동이 좀 이상해진다면 경고 신호가 들어온 거다.

"예산이 얼마인가요?"라는 질문은 프리랜서나 기업가에도 마법처럼 작용한다. 나는 "저희 행사에서 연설해주시면 좋겠어요!", "저희 블로그에 글을 기고해 주세요"와 같은 메시지를 수천 개나 받아봤다. 그런 질문에 나는 거의 자동으로 이렇게 답변한다. "그래서 예산은 어떻게 되죠??"

이런 대응은 특히 자영업자들에게 두 가지 점에서 유용하다. 첫째로 돈 얘기를 일이 다 끝난 뒤에 쭈뼛거리며 꺼내지 않아도 되고, 둘째 "저희는 돈을 드리진 않지만, 미디어에 노출되면 홍보 효과를 보실 겁니다" 같은 멍청한 개소리를 애초부터 못 하게 막을 수 있다.

만약 현재 근무하는 회사가 연봉 인상을 해주리라는 기대가 있어도, 위와 같은 방식을 적용해야 한다. 괜히 들떠서 협상을 시작하자마자 본인의 카드를 다 보여주지 말고, 회사 측이 제시하는 인상안을 먼저 들어보자.

둘째, 협상은 갈등이 아니라 협력이다

너무나 많은 사람이 협상에 나설 때, 마치 복싱 글러브를 끼고 무슨 수를 써서라도 승리하겠노라 다짐한다. 하지만 그건 협상이 아니다.

협상은 타협이자 협력의 과정이다. 당신과 현재 또는 미래의 상사는 적이 아니다. 같은 팀에 속해 있으며, 공정한 보상 문제를 함께 해결해가야 하는 사람이다.

여러분은 스스로 문제를 잘 해결할 수 있다고 생각해야 한다. 문제를 현명하게 해결하는 사람이 뛰어난 직원이다. 그리고 우리가 마주하는 문제는 대개 다른 사람들과 협력해 해결책을 찾는 여정이다. 그러한 능력을 협상에도 발휘해야 한다. 다소 겁이 날 수도 있지만, 한 가지 보장해줄 수 있는 게 있다. 침착하고 차분한 태도가 협상을 더 수월하게 만들어줄 거란 점이다. "어떻게 하면 이 문제를 함께 해결할 수 있을까?"라는 마음가짐으로 접근하면, 획기적으로 원하는 것을 얻을 수 있을 것이다. 그렇기에 회사에 맞서기보단 회사와 **함께** 협력하는 방향으로 프레임을 짜야 한다.

셋째, 실제로 원하는 것보다 높게 부르자

회사는 여러분이 협상하기를 기대한다. 정말 그렇다. 그들은 보상에 관해 대화하길 기대하므로, 일부러 실제 준비한 금액보다 더 적은 금액을 제시할 것이다. 새로운 직책에 대해 협상하거나 급여 협상을 할 때는 더더욱 그렇다. 만약 당신이 회사의 첫 제안을 받아들이면 회사는 **더 크게** 충격받을 거다(최악의 경우, 회사는 당신이 혹시 자격 미달은 아닌지 의심할 수 있다!)

따라서 협상할 때는 상대가 실제로 수락할 법한 금액보다 더 높은 금액을 먼저 제시해야 한다. 예를 하나 들어보겠다. 한 회사에서 5만 달러를 제안했다고 치자. 시장 조사 결과 5만 8000달러는 받아야 한다고 생각했다면, 5만 8000달러를 그대로 요구해서는 안 된다. 그럼 결국 5만 5000달러로 타결될 것이다! 받고 싶은 연봉보다 조금 높은 6만 2000달러 정도를 요구한다면, 그 중간 지점에서 합의할 수 있다. 바로 당신이 처음 받고 싶었던 연봉이다! 이처럼 회사와 협력해야 한다는 사실을 절대 잊지 말자.

넷째, 당신도 회사를 면접보고 있다

사람들은 회사가 모든 협상의 권한을 쥐고 있다고 생각한다. 특히, 연봉 협상처럼 뭔가 많은 걸 요구하는 자리에선, 회사가 모든 걸 통제하는 것처럼 느껴질 수 있다. 하지만 이걸 명심하자. 회사나 클라이언트가 여러분을 면접 볼 때, 여러분 역시 회사를 면접 보고 있다는 것이다. 당신은 회사와 경영진, 조직의 가치에 대한 정보를 수집하고, 회사가 본인에게 적합한 곳인지 결정해야 한다.

협상은 내 가치에 맞는 보수를 받기 위해 노력하는 과정인 동시에, 조직에 대해서도 일종의 테스트를 하는 셈이다. 내가 내 가치를 내세울 때 회사는 어떻게 반응하는가? 보상에 대해 투명하게 소통하고 기꺼이 대화를 주고받을 것인가? 아니면 이상하게 행동하고 방어적인 태도를 보이며, “이 회사에 다니는 것만으로도 감사하게 생각하세요”라고 나설 것인가?

만약 회사가 건전한 방식으로 대화하지 않는다면, 그 회사에서 일하는 걸 다시 생각할 필요가 있다. 정말 이런 환경에서 계속 일하고 싶은지 나 자신에게 물어보자. 아마 누구도 그런 회사에서 즐겁게 일하고 싶지는 않을 것이다. 협상 과정에서 부정적인 경험을 하면 마음이 껄끄럽겠지만, 사실은 이득이다. 회사가 당신에게 호의를 베푸는 셈이다. 자신들의 본모습을 솔직히 보여주는 셈이니까.

당신이 협상에서 고를 수 있는 선택지는 세 가지다. 주어진 제안을 수락하거나, 또 다른 제안을 하거나, 아니면 모든 제안을 거절하는 거다. 회사가 가진 선택지를 바로 당신도 가지고 있다는 점을 명심하면서, 스스로에게 물어보자. 지금 내게 가장 유리한 선택지는 무엇일까? 임금 협상의 단계마다 내가 원하는 걸 정할 선택지를 주체적으로 갖자.

다섯째, 한 번에 끝나는 협상은 거의 없다

다소 지칠 수 있다. 하지만 협상이란 본래 누군가가 제안하면 그 제안에 또 다른 제안을 하는 행위다. 합의에 도달할 때까지 서로 제안을 주고받는다.

나는 협상에 대해 사람들이 이런 환상을 품고 있다고 생각한다. 그냥 월급을 인상해달라고 이메일을 보내면, 회사는 "잠깐만 생각해보죠. 네, 올려드릴게요!"라고 답하길 기대하는 것이다. 누군가에게 카톡으로 데이트 신청을 한 후, 1이 없어졌는지 아닌지 확인하고, 혹시 내 문자는 안 읽었는데 인스타그램에선 활동 중인지 확인할 때 드는 기분과 같다. 상대가 인스타그램에 접속 중이라면 내 카톡도 **높은 확률도 봤다는 걸** 의미한다. 이럴 땐 "별 생각 없이 한 얘기야. 그냥 농담이었어. 푸하하!"라고 말하고 싶어진다. 이렇게 전전긍긍하느니, 그냥 처음부터 협상엔 시간이 걸린다는 사실을 받아들이자.

회사가 답을 주는 데 시간이 걸린다 해서, 내가 뭔가를 잘못했다는 뜻은 아니다. 인사과 담당자 데브라가 아플 수도 있고, 다른 프로젝트를 동시에 진행하고 있을 수 있으며, 다소 복잡한 서류 결재 과정을 거치고 있을 수도 있다.

한 고객의 연봉 인상을 도왔던 적이 있다. 임금 인상 요구를 처음 꺼낸 시점부터 최종 승인을 받을 때까지 3개월이라는 시간이 걸렸다. 안타깝지만, 이렇게 시간이 오래 걸리는 게 일반적이다. 어머니가 내게 항상 하시던 말씀이 있다. "삐그덕거리는 소리를 내야 바퀴에 기름칠을 해준다." 심호흡하자. 당신이 망친 건 없다. 시간이 오래 걸리는 건 정상이며, 잘 될 것이다.

'임금 협상은 한 번 대화로 끝나지 않는다'라는 정신을 받들면서, 여러분이 상기해야 할 점이 있다. 회사가 가진 힘만큼이나 여러분도 힘을 가지고 있다는 것이다. 회사의 제안에 즉시 응답하거나 첫 번째(또는 두 번째!) 제안은 수락해야 한다고 압박감을 느낄 필요가 없다. 시장을 조사하고 멘토와 상의해 결정을 내리는 데 시간이 필요하다고 요청하라. "이 건을 검토하려고 하는데, 월요일까지는 시간을 주시면 좋겠어요. 괜찮으실까요?"라는 간단한 말이면 충분하다.

드문 경우이긴 하지만, 회사가 연봉 인상 요구에 정말 꿈쩍 안 한다면 어떻게 할까? 좋은 소식은 여전히 협상할 거리가 남아 있다는 거다. 유급 휴가, 유연한 근무 일정, 건강 관련 복지 혜택 등을 협상할 수 있다.

내가 협상하기 가장 좋아하는 것 두 개가 있다. 더 나은 직함과 교육비다. 나는 사람들에게 더 큰 인상을 남길 수 있도록 직함을 요청하는 걸 좋아한다. 회사 차원에서는 돈 한 푼도 들지 않는 일이지만, 나는 그 직급을 통해 미래에 더 나은 기회를 얻을 수 있다. 일반적으로 연간 약 수천 달러 정도 되는 교육비를 지원받는 것도 괜찮다. 온라인 강좌를 수강하거나 콘퍼런스에 참석해 업무 역량을 강화할 수 있다. 회사로서도 직원의 역량을 발전시킬 수 있어서 좋고, 개인적으로도 이력서 보강을 할 수 있어 미래의 내 커리어에 도움이 된다.

협상법을 연습할 때에는 별로 중요하지 않은 것부터 시작하라. 예를 들면, 신용카드 업체에 협상 기법을 적용해 이자율을 낮춰달라고 요구해보자. 만약 실패한다고 해도 잃을 게 없다. 만약 자녀를 두고 있다면? 이미 당신은 협상의 베테랑일 것이다.

협상을 시작하기 전에는 스스로 자신감을 북돋는 행동이 필요하다. 나 역시 지금도 중요한 협상을 앞두고선, 비욘세의 신나는 노래를 틀고 허공에 주먹을 몇 번 날린다. 결코 쉬운 일은 아니지만, 이제 어떻게 해야 하는지 알기에 **갈수록 더 쉬워질 것이다.** 마치 연회장에서 춤을 추는 것과 같다. 무대에 나가서 처음 춤을 출 땐 누구나 겁이 난다. 하지만 연습하다 보면, 무대 공포증이 완전히 사라지진 않더라도, 적어도 춤을 어떻게 춰야 하는지는 알게 될 것이다! 절대 공원에서 산책하는 것만큼 편해지지는 않겠지만, 조금씩 용기와 자신감이 생길 것이다.

급여 외에 요구할 수 있는 사항들을 적어봤다. 특정 직군이나 업계에는 해당하지 않을 수 있다.

- **건강 관련 복지 혜택**
- **401(k) 또는 다른 퇴직 연금이나 프로그램 지원**
- **근무지 이전 수당**
- **유연근무제/재택근무**
- **추가 유급 휴가 일수**
- **교통비 또는 대중교통 카드 지원**

- 사이닝 보너스
- 연간 보너스
- 스톡옵션
- 이익 공유 제도
- 판매 수수료
- 건강/웰니스 지원금(예: 헬스장 멤버십)
- 새 장비 지원(예: 새 노트북)
- 자기 계발비 지원 또는 교육비 지원
- 더 나은 직함
- 육아 수당
- 육아 휴직

그래도 회사가 꿈쩍도 안 한다면

와우, 정말 짜증 나는 경우다. 이미 임금 인상을 요구했고, 어렵다는 확답을 받았다면 어떻게 해야 할까? 이렇게 말해보자. "그럼 이 정도 임금을 받으려면, 제가 6개월 안에 어떤 종류의 목표를 달성해야 할까요?"

이 질문은 몇 가지 결과를 가져다준다. 첫째로, 다시 한번 당신이 회사와 협력해 타협점을 찾을 의지가 있다는 걸 보여준다. 상사 또는 잠재적 상사와 함께 이 목표를 세울 수 있다.

둘째, 앞으로 무슨 일을 구체적으로 해야 할지 알 수 있고 그 일을 멋지게 끝낼 수 있다. 과업을 끝내면, 그 증거를 들고 상사의 사무실로 가서 "돈 주세요!!!!!"라고 당당하게 말할 수 있는 것이다.

회사와 협의한 내용은 서면으로 남겨놓자. 미팅 후에 보내는 이메일일지라도 말이다. "오늘 정말 감사드립니다. 미팅에서 이야기 나눈 내용을 간략하게 정리해서 드리겠습니다." 이제 당신은 임금을 인상하는 쪽으로 향하고 있다.

만약 회사가 약속을 어기면 어떻게 할까? 당신은 어떤 제안을 받아들일 수 있는지, 나의 가치가 무엇인지 알고 있다. 다른 기회로 눈을 돌리거나, 스스로 기회를 만들 때다.

부업 시작 전에 꼭 알아야 할 3가지

수입을 높이려면, 연봉 인상 외에도 부업이라는 선택지도 있다. 하지만 먼저 다음 요소를 충분히 살펴야 한다.

시간

시간은 최고의 아군이면서도 동시에 최악의 적이 될 수 있다. 부업을 처음 시작할 땐 누구나 자기 능력보다 더 많은 일을 할 수 있다고 생각하기 쉽다. 그러다 지나치게 일을 늘리면 고객이나 동료와의 관계가 안 좋아지고, 번아웃으로 이어지기 쉽다. 수입원을 늘릴 때는 얼마나 많은 시간을 투자할 의향이 있는지, 또 실제로 얼마나 많은 시간을 쓸 수 있는지 충분히 고려하라.

또, 시간에는 두 가지 살펴볼 요소가 있다. 나에게 얼마만큼의 시간이 **있으며** 얼마만큼의 시간을 **사용하고 싶은가?** 일주일에 10시간 정도 여유가 있다고 가정해보자. 하지만 본업 외에 추가로 10시간을 더 일하고 싶은가?

이런 질문들을 자기 자신에게 던져보자.

- 근무 시간을 스스로 선택할 수 있는, 유연성이 있는 부업을 원하는가? 삶이 너무 바쁘게 흘러간다면, 잠시 부업을 멈출 수 있는가?
- 주말을 자유롭게 보내고 싶은가? 아니면 하루, 또는 주말 내내 일해도 괜찮은가?

내가 가진 시간이 얼만지 정확하게 시각화하는 쉬운 방법은 일주일 스케줄을 써보는 것이다.

기상 시간, 통근, 근무시간, 자녀 돌봄, 헬스장, 사교 활동을 비롯해 매주 하는 일을 다 포함해서 적어보자. 이 목록이 추려

졌다면, 이제 이 질문을 던질 차례다. "무슨 부업이 적합할까?"

일주일 스케줄을 살펴보면서, 내가 일하고 싶은 곳에 공석이 났는지 살펴보자. 부수입을 올리기 전, 최우선으로 해결할 의무가 있는가도 생각해보자. 시간이 많다고 여길 수도 있지만, 대부분 생각보다 시간이 **부족**하다는 걸 깨달을 것이다.

이미 일정이 꽉 차 있다면, 둘 중 한 방향으로 나가자.

① 일정을 비워 부업 시간을 확보한다.

② 현재 라이프 스타일에 맞는 부업을 선택한다.

부업을 할 시간적 여유를 어떻게 마련할지, 부업을 위해 줄여야 할 일의 목록을 만들어보자.

재능

자, 이제 어떤 기술을 사용해 부수입을 얻을지 생각해볼 차례다. 부업에 어떤 기술을 활용할지 알고 싶다면, 다음 세 가지 방법으로 접근해보자.

① 직장이나 학교에서 얻은 경험과 지식을 활용한다.

② 예전에 해왔던 취미 활동이나 하던 일을 다시 시작한다. 효율적으로 부업을 해내려면 그것을 어떤 새로운 시각으로 접근할지, 어떤 최신 정보가 필요한지 알아보자. 그 뒤에 취미

를 부업으로 전환해보자.

③ 새로운 기술을 선택해 처음부터 배워보는 것도 좋다. 시간은 조금 더 걸리겠지만, 정말 열정이 있고 시간과 에너지를 바칠 준비가 됐다면 이 방법을 선택하는 것도 좋다.

개인적으로 나는 첫 번째 접근법을 따랐다. 〈허 퍼스트 $100K〉를 전업으로 하기 전, 나는 SNS 마케팅 매니저였다. 본업에서 배운 기술을 활용해 SNS에서 계약을 따내는 일을 부업으로 했다. 그리고 마케팅 분야에서 쌓은 경험을 바탕으로 〈허 퍼스트 $100K〉를 글로벌 비즈니스로 성장시켰다.

하지만 모든 사람이 본업을 좋아하는 건 아니므로, 파트타임으로 일하는 것도 고려해봐야 한다. 어떤 사람들은 완전히 다른 일, 그러니까 업무처럼 느껴지지 않는 일을 하고 싶어 한다. 예를 들면, 온종일 숫자만 보는 회계사라면 좀 더 창의적인 일을 하고 싶을 수 있다. 즉, 취미 활동에서 쓰는 기술을 활용하거나, 창의력을 키우기 위해 새로운 기술을 배우는 편이 나을 수도 있다.

주의할 점이 있다. 새로운 기술을 배우고 그걸로 돈까지 벌고 싶다면 시간을 투자해야 한다는 것이다. 이미 경험 있는 분야의 일을 부업으로 삼는 것에 비해, 처음에는 급여가 낮을 가능성이 크다.

돈

마지막으로 고려할 사항은 돈이다. 당신이 생각하는 부업의 목적은 취미인가 아니면 수익인가?

① 돈이 필요한가?

부업으로 버는 돈은 언제나 좋다. 빚이 많거나 매달 청구서가 걱정인 사람에게 부업은 필수일 것이다.

② 한 달에 얼마나 벌고 있는가? 예산은 짜봤는가?

부업의 필요성을 이해한다는 건 이미 현재 예산을 속속들이 파악하고 있다는 거다. 아니라면 3장으로 돌아가자.

③ 지금 그 돈이 필요한가?

원점부터 사업을 구축하는 것이 카페에서 아르바이트하는 것보다 수익성은 높겠지만 시간은 더 걸린다. 나 역시 사업으로 상당한 수익을 내고 성장하기까지 3년 이상 걸렸다. 인내심과 끈기, 일관성이 필요했다. 당장 자금이 필요한 상황이라면, 원점부터 사업을 시작하는 건 좋은 방법이 아니다. 광고 등 큰 투자 비용 없이 자연스럽게 사업을 성장시킬 시간이 있는가? 아니면 최대한 빨리 돈을 벌고 싶은가?

④ 직접 일정을 정하고 싶은가 아니면 회사나 클라이언트가 제공하는 일정에 따르고 싶은가?

당신이 갖춘 기술이나 경험, 평판에 따라 다르겠지만, 모든 제안을 반사적으로 수락할 필요는 없다. 어떤 프로젝트를 맡을지 선택하면서도 돈을 벌 수 있다. 하지만 막 시작하는 참이라면 더 적극적인 방식이 바람직할 수도 있다. 경험을 쌓고 포트폴리오를 구축할 수 있기 때문이다.

위의 항목들을 앞에서 살펴본 제시카의 사례를 통해 살펴보자.

- 시간: 제시카는 일주일 스케줄을 살펴본 결과 약 15시간의 여유 시간을 부업에 쓸 수 있다는 걸 알게 됐다. 그녀는 유연한 스케줄로 창의적인 활동을 하고 싶어 한다.
- 재능: 제시카는 그래픽 디자이너로서의 매일 일하는 걸 좋아한다. 업무 외적으로도 디자인 일을 해도 괜찮다.
- 돈: 제시카는 신용카드 빚을 최대한 빨리 갚고 싶어 한다. 최대한 빨리 추가 수입을 올려서 버킷2에 집중하고 싶다.

제시카는 신용카드 빚을 갚겠다는 목표를 설정했다. 부업에 투자할 시간도 충분히 확보했다. 본업을 좋아하며 유연한 작업 일정을 원한다. 전반적으로 살펴보면, 그녀는 프리랜서 그래픽 디자이너로서 부업을 하는 게 좋을 것이다.

전문가의 한마디	알리사 데이비스
	〈믹스드 업 머니MIXED UP MONEY〉 설립자

대학을 졸업하자마자 마케팅과 커뮤니케이션 분야에 취업했다. 신입 때부터 너무나 많은 책임감을 져야 했지만, 급여는 최악이었다. 온갖 청구서를 내고 나면 저축은커녕 한 달 벌어 한 달 먹고 살기 바빴다. 부업으로 레스토랑 웨이터 일도 해봤지만, 낮에 일하면서 진이 빠지는 바람에 저녁엔 힘이 없었다.

나는 마케팅과 커뮤니케이션을 공부하려고 대학교에 다녔고, 두 분야를 좋아했다. 하지만, 성공할 만큼의 돈을 벌지는 못했다. 이러한 사실을 깨닫는 순간, 내 현실이 씁쓸해졌다. 당시 내가 일하는 회사는 비영리 단체였는데, 사회에 공헌하는 일과 먹고사는 일은 양립할 수 없는 것처럼 보였다.

하지만 블로그를 시작하면서 내 인생은 완전히 바뀌었다. 부업 덕분에 새로운 직장을 얻을 수 있었는데, 내 가치를 증명할 수 있는 포트폴리오를 만들었기 때문이다. 나는 이 부업을 아홉 가지 수입원으로 전환했다. 그중에는 작가 일과 콘텐츠 마케터 업무 등도 있었다. 투자 포트폴리오에서 받는 배당금, 책 인세 등은 일반 직장에서 절대 주지 못한 재정적 안정감을 주었다.

내가 가장 중시하는 가치는 안정감이다. 수입원을 다각화하는 이유는 혹시 모를 상황에 대비하기 위해서다. 전적으로 불안감에서 비롯된 행동인데, 나는 어릴 때부터 일하지 않으면 인생을 즐겨서는 안 된다는 마음가짐으로 살았다. 허슬 문화에 심취해 있었는데, 내 경우엔 그것이 불안에 뿌리를 두고 있었다. 실제로 무슨 소망이 있어서 열심히 일한다기보다, 그냥 불안했다. 허슬 문화에 빠져 있을 당시 나는 자유 시간이 없었다. 친구들과 연락을 끊었고 좋아하던 모든 활동을 그만두었다. 왜냐하면 허슬 문화와 내가 좋아하는 활동들을 병행할 수 없다고 생각했기 때문이다.

어느 날, 나는 새로운 계획을 세워야 한다고 느꼈다. 매일 밤 퇴근 후, 천장만 쳐다보며 '이렇게 열심히 일해도 정작 즐거운 일도 할 여유가 없다면, 난 도대체 누굴 위해 이 일을 하는 걸까?'라는 의문이 들었기 때문이다.

나는 동료가 추가 업무를 요청할 때마다 "예"라고 답하는 걸 멈췄다. 내가 중시하는 가치를 목록에 적어놓고, "새로운 기회가 내 가치와 일치하는가?"라고 스스로 물었다. 일 때문에 가족과 친구와 멀어지고 내 자유도 사라진다면, 그 일을 할 가치가 없기 때문이다. 마침내 나는 좋아하는 일만 하고, 싫어하는 지루한 일들을 관리해줄 사람을 고용했다.

성공적인 부업 체계를 구축하려면, 탄탄한 시스템을 갖춰야 한다. 내 남편은 가정에서 전적으로 나를 지지해주고 있다. 정말 최고다. 또, 나는 시간을 잘 나눠서 쓴다. 몸과 정신을 건강하게 유지하기 위해 일정을 엄격하게 고수한다. 주중에는 아침 6시 30분에 헬스장에 간다. 정신 건강을 위한 '나만의 시간'을 확보하기 위해서다. 운동을 마친 다음 오후 3시까지 풀타임으로 일한다. 3시부터 6시까지는 핸드폰과 컴퓨터를 보지 않고, 전적으로 가족과 함께 시간을 보낸다. 그리고 밤 6시부터 10시까지는 부업을 한다. 주말은 가족과 친구들을 위해 비워둔다. 이 모든 건 내가 원하는 삶을 살기 위해서다. 이 스케줄을 지킴으로써, 나는 모든 일을 할 수 있는 원동력을 얻는다. 작년 말에는 부업을 사업으로 한 단계 끌어 올리기로 마음먹었다.

아이나 가족이 있는 사람들은 내가 가진 여러 수입원에 관해 많은 질문을 한다. 아이를 돌보면서 그런 수입원을 구축하는 게 어떻게 가능했냐는 것이다. 강조하고 싶은 점은, '한 번에 하나씩 시작'해서 천천히 다양한 수입원을 만드는 게 중요하다는 것이다. 수입원에는 여러 유형이 있고, 이를 잘 혼합할 수 있다. 여러분은 미래를 준비하는 것만으로도 생각보다 많은 수입을 얻을 수 있다. 투자하거나 변동금리 저축계좌가 있다면, 이미 부업을 하나 하고 있는 셈이다!

내가 줄 수 있는 최고의 조언은 자연스럽게 소득을 창출할 원천을 살펴보라는 것이다. 이미 정규직으로 일하고 있다면, 그 다음에는 뭘 할 수 있을까? 투자하고 있는가? 부업이 있는가? 아르바이트를 하고 있는가? 그다음, 왜 그 일을 하고 싶은지 이유를 살펴보자. 추가 수입을 올리면서도 의미 있는 일을 할 수 있을까? 그에 대한 답이 나오면, 계획을 세우기가 훨씬 쉬워진다. 나에게 의미 있는 건 자녀들이다. 나는 아이들을 위해 저녁과 주말 시간을 투자하기로 했다. 세 번째 조언은 인내심을 가지고 임하라는 거다. 나는 아홉 개의 수입원을 구축하는 데 대략 6년이 걸렸다. 파이프라인을 구축하는 일은 아주 멋지지만, 시간이 걸린다.

어떤 부업을 시작할지 어디서 수입원을 얻을지 아이디어가 필요하다면, 수익을 창출할 수 있는 아이디어를 다 적어보는 게 중요하다. 거기서부터 자기 자신에게 물어보자. 선택지마다 일주일에 몇 시간이나 투자할 건가? 얼마나 벌 수 있을까? 그런 다음 시간 대비 벌 수 있는 돈을 계산해보자. 수지가 맞는가? 내 가치와 일치하는가?

마지막으로 정말 강조하고 싶은 말이 있다. 더 나은 인생을 위해 부업을 하는 것이지, 삶의 질을 낮추기 위해 부업을 하는 게 아니라는 거다. '열심히 일해야 한다'라는 명목 아래 부업을 해서는 안 된다. 부업이 번아웃의 원인이 되고 있고 반드시 해야 하는 상황이 아니라면, 재고해보자. 모든 사람에게 부업이 필수인 건 아니다. 그리고 많은 사람에게 부업은 멋진 선택이기보다는, 생존을 위해 필요한 것뿐이다. 열정과 필요성은 결국 다른 문제다.

기회는 스스로 만드는 것

소득 격차는 아주 크다. 그러한 격차는 체제나 제도적 문제와 연결돼 있지만, 개인적으로 변화를 일으킬 방법도 있다. 서로 얼마나 버는지 터놓고 이야기하는 것이 그 첫걸음이다.

설문조사에 따르면 무려 69퍼센트가 동료에게 연봉을 묻는 게 사회적으로 결례라고 생각한다. 특히 자신이 상대적으로 고소득자라고 인식하는 이들은 연봉을 동료에게 공개하길 꺼린다. 이런 방식으로 현상이 유지된다. 우리가 이런 대화에 익숙해지지 않는다면, 아무것도 변하는 건 없을 것이다.

자, 이제 간단한 방법으로 변화를 일으켜보자. 돈에 대해 편안하게 이야기하는 거다. 모지의 이야기가 기억나는가? 그녀는 동료들과 간단한 대화를 나눈 덕에 모두 저임금과 과도한 업무에 시달린다는 사실을 깨닫게 되었다. 임금, 프리랜서 작업비, 복리후생에 관해 툭 터놓고 이야기하면 덜 외롭다.

나는 사업가로서 종종 개인 재정 관리 분야에 종사하는 여성 동료들에게 이렇게 물어본다. "어떤 회사에서 연설을 해 달라네요. 이 정도를 부르려고 하는데 어떻게 생각해요?" 우리는 서로 투명하게 정보를 공개하기 때문에, 분명 누군가는 "아, 저는 2000달러를 더 받았어요!"라고 말하는 게 가능하다. 우리는 구체적인 숫자를 이야기함으로써, 서로에게 지지를 보낸다.

급여에 대한 논의를 꺼리는 직장이 종종 있을 것이다. 하지만 논의 자체를 금지하는 건 엄연히 불법이다. 그러므로, 우리는 얼마만큼의 급여를 받는지 반드시 서로 논의해야 한다. 백인 여성이라면, 유색인종 동료들에게 자신이 얼마 받는지 꼭 열심히 이야기해주자. 남성들은 자신이 얼마 버는지 여성 동료들과 액수를 공유해야 한다. 급여, 복리후생, 승진에 관해 말해줘야 한다.

이렇게 툭 터놓고 이야기하면 기회가 열린다. 소외된 동료에게 문을 열어주고, 당신이 누리는 특권을 활용해 다른 사람을 도와주라. 나는 《포브스》 등 언론사와 인터뷰할 때, 종종 이런 말로 마무리한다. "기사를 쓰실 때 인터뷰할 누군가가 필요하다면, 저에게 연락주세요. 제가 연결해드릴게요." 나는 유색인종 여성, 성소수자, 장애인으로 구성된 인적 네트워크를 가지고 있다. 이렇게 내 주변 사람들의 삶이 변화할 수 있도록, 많은 기회를 연결해주고 싶다.

공정한 급여를 받고 있는지 알고 싶다면, “위에요 아래에요?” 질문을 사용해보자. 만약 상대가 자신의 정확한 연봉을 공개하길 꺼린다면 이런 방식으로 물어보자. “지금 연봉이 7만 달러 위에요 아래에요?” 동료가 “위요”라고 답한다면 또 다른 질문을 던져보자. “그럼 8만 달러 위에요, 아래에요?” 만약 “아래요”라고 답하면, 연봉은 7만에서 8만 달러 사이라는 걸 알 수 있다.

모두가 더 나은 보수를 받기 위한 투쟁은 개인적 차원을 넘어선다. 클레어가 언급했듯, 우리에겐 집단적인 힘을 발휘해 더 나은 월급을 요구할 기회가 있다. 지난 몇 년간 새로운 고용 트렌드가 등장했다. 유연 근무와 원격 근무가 증가했고, 코로나19 팬데믹 동안에는 창업하는 사람도 많아졌다. 교사나 의료계 종사자들은 임금 인상을 요구하며 파업을 벌였고, 노조를 결성했다. 스타벅스 노조 설립에 관한 기사만 봐도 그렇다.

당신과 동료들의 삶을 개선할 기회가 보이지지 않는다면, 직접 그러한 기회를 만들어나가면 된다. 회사를 다니면서, 나는 늘 스스로 기회를 만들어야겠다고 느꼈다. 오늘날 나는 생각했던 것보다 더 많은 돈을 벌고, 정신 건강도 나아졌다. 내 비즈니스는 매일 여성의 삶을 변화시키고 있다. 12명이 넘는 사람들에게 일자리와 기회를 제공하고 있다. 이 중에서 대부분은 여성이다. 이보다 더 기분 끝내주는 일은 없을 거다.

과제

1. 확언할 시간이야, 얘들아.

메모장을 집어 든 다음, 스스로 되뇌고 싶은 확언을 써보자. 다음과 같이 간단하게 써볼 수도 있다.

"나는 협상을 요구할 만한 가치가 있는 사람이다."

"나는 내 가치를 알기에, 그 가치를 지키겠다."

일주일이나 한 달 정도, 중요한 협상을 앞두었을 때 이 문구를 욕실 거울이나 자동차리에 붙이고, 눈에 띌 때마다 반복해서 확언해보자.

2. 정보를 모아보자.

연봉 정보를 알아보자. 자료를 인쇄하고 형광펜으로 표시한 다음, 클립을 끼워 보관하자. 컴퓨터에 저장해도 좋다. 링크드인이나 메신저, 이메일 등을 통해 두 명의 동료와 연봉에 관한 이야기를 시작해보자. 전 상사나 동료, 채용 담당자, 네트워킹 등에서 만난 사람들에게 물어볼 수 있다.

3. 면접 준비

"현재 급여를 얼마만큼 받으세요?" 또는 "급여를 얼마 받기를 원하세요?" 라는 질문에 어떻게 대응할지 계획을 세우자. 다시 한번 말하지만, 구체적인 숫자를 먼저 얘기하는 건 바람직하지 않다. 친구와 함께 올바르게 답하는 연습을 해보자!

상대가 내 요구에 꿈쩍도 하지 않는 시나리오에 대비하려면, 연봉 외에 어떤 항목을 협상할 수 있을지를 정리해보는 것도 좋다.

FEDERAL RESERVE NOTE
KB 56390005 D
B2
THIS NOTE IS LEGAL TENDER
FOR ALL DEBTS, PUBLIC AND PRIVATE
FEDERAL RESERVE SYSTEM
UNITED STATES
Treasurer of the United States.
SERIES 2006 A

7장
라이프 스타일

당당하고 멋진
파이낸셜 페미니스트로 살기

LIFE STYLE

내 몫의 산소마스크를 먼저 써라

지금까지 잘 따라와줘서 고맙다. 여러분은 세상에서 제일 큰 초콜릿 쿠키를 먹을 자격이 있다. 과제 중 일부를 완료했거나 이미 행동으로 옮겼다면, 특히 더 큰 초콜릿 쿠키를 먹을 자격이 있다.

여러분은 이미 많은 걸 배웠다. 마음 상태와 감정, 그리고 유년기 경험이 성인이 되어 돈을 관리하는 데도 큰 영향을 미친다는 걸 깨달았다. 또, 돈과의 관계를 긍정적으로 변화시키기 위해 과거의 문제들을 어떻게 해결할지도 알게 되었다.

예산을 세우고 그걸 지키는 건 지금의 라이프 스타일을 박탈하는 게 아니다. 진정 가치 있고 사랑하는 것들로 인생을 채우기 위해 신중한 소비를 하는 것이다. 진정 자기 자신을 돌보기 위해선 돈을 저축할 줄 알아야 하고, 빚을 갚고 주식 시장에 투자하는 법을 알아야 안다. 여러분은 이제 파이낸셜 게임 플랜의 단계를 정확히 어떻게 따라야 할지 알고 있다. 또한, 열정적으로 일을 하면서 정당한 임금을 받을 전략을 손에 넣고 마음가짐도 갖추었다. 벌써 놀라울 정도로 많은 걸 이룬 셈이다.

오늘날 우리 사회의 경제 시스템은 뼛속까지 불평등하다. 암울한 정보와 통계들이 이를 증명한다. 끔찍하다. 친구, 가족, 동료, 인터넷상에서 모르는 사람들까지 얼마나 많은 사람이 경제적 어려움을 가지고 살아가는지 알게 되면, 어떻게든 돕고 싶다는 생각이 들 것이다.

하지만 하나 짚고 넘어가야 할 점이 있다. 파이낸셜 페미니즘은 먼저 자신을 돌볼 때만 효력을 발휘한다. 나 자신을 먼저 돌보는 건 이기적이거나 탐욕적인 일이 아니다. 다시 한번 말하지만, 이는 가부장제의 내러티브다. 부와 권력을 가진 이들이 책임져야 할 일을 개인의 책임으로 돌리는 것이다. 당신의 아름다운 이타심을 무기로 쓰는 것이다.

비행기가 이륙하기 직전, 승무원은 승객에게 안전띠 매는 법과 비상구가 어디 있는지 설명해준다. 그때 이런 내용을 들어본 적 있는가? 산소마스크에 관해 설명할 때면 승무원은 늘 이렇게 말한다. "다른 사람을 돕기 전에 먼저 마스크를 착용하십시오." 자신이 마스크를 착용하지 않으면, 다른 사람을 돕기도 전에 죽을 수 있기 때문이다. 먼저 우리가 건강하고 안정적일 때, 다른 사람을 더 잘 도울 수 있다. 이 책의 목적 또한 이와 같다.

당신에게 경제적으로 기대는 가족이 있을 수 있다. 자녀의 대학 등록금을 내야 하거나 돌봄이 필요한 부모님이 있을 수 있다. 그들에게 보답하고 싶고, 돌봐주고 싶을 것이다. 나는 딸을 노후 대책으로 여기는 부모가 있거나, 집에 재정적 지원을 하는 수천 명의 여성을 코칭했다.

다른 사람을 돕고 싶은 마음은 정말 아름답고 선하다. 하지만 먼저 자기 자신을 돌봐야 한다. 빈 잔을 따른다고 물이 나오지 않는다. 심지어 사랑하는 사람이라 할지라도, 그를 위해 내 욕구를 전부 희생하면 삶이 씁쓸해지고 스트레스를 받는다. 자녀의 대학 등록금을 위해 은퇴 자금을 희생하면, 결국 자녀들이 대신 은퇴 자금을 내주어야 한다. 다른 사람을 위해 비상금을 사용하면 나는 쪼들릴 수밖에 없다. 다른 사람을 돕기 전에, 나 자신에게 산소마스크를 **먼저** 씌워야 한다.

심호흡하라. 진심을 담아 하는 얘기다. 숨을 크게 들이마시고 내쉬어라. 차분히 기다리겠다. 나는 우리가 통제할 수 있는 게 한정되어 있다는 걸 상기시켜주고 싶다. 경제적 상황을 개선할 시간이 아직 많다. 할 일이 너무 많고 버겁게 느껴진다면, 책장을 처음으로 넘겨서 다시 읽어봐도 좋다.

모든 걸 한꺼번에 해결하고픈 유혹이 들 수도 있다. 그 열정을 높이 사지만, 자신에게 장애물을 놓지는 않길 바란다. 그것은 마치 한 번도 실천해본 적 없는 아침 루틴을 빽빽하게 짜는 것과 비슷하다. 아침에 일찍 일어나는 것도 어려운데, 어떻게 요가를 하고 일기를 쓰며 건강한 아침 식사를 만들겠는가. 너무 많은 일을 한번에 하려고 하면, 오히려 압도당해서 아무것도 하지 않게 된다. 한 가지 일부터 차분히 시작해보자. 이 책에서 제시하는 활동 하나를 한 다음, 그다음 활동으로 옮겨가는 것이다. 그게 끝나면 다른 활동을 할 수 있다. 천천히, 한 번에 하나씩, 꾸준히 숙제를 해나가자.

일상에서 실천하는 파이낸셜 페미니즘

앞장에서 파이낸셜 페미니즘의 기본 단계를 배웠다면, 이번 장에서는 파이낸셜 페미니즘을 일상에서 실천하는 방법을 알려주겠다.

개인 재정을 관리하는 기술은 평생 필요하다. 그러니까, 이 책은 전 세계적인 불평등과 자본주의가 유발한 거지 같은 위기를 마법처럼 해결해주지는 않는다. 그럼 그다음 단계는 무엇일까? 어디로 가야 할까? 재정적 목표를 설정하는 걸 넘어 그 목표를 달성하려면 어떻게 해야 할까? 어떻게 하면 돈을 많이 벌고 잘 쓸 수 있을까? 난관을 뚫고 어떻게 앞으로 나아가야 할까? 파이낸셜 페미니즘을 관념이 아닌 라이프 스타일로 바꿀 방법은 뭘까? 그건 바로 지속 가능한 방법으로, 재정 관리 영역에서 자기 돌봄을 실천하는 것이다.

오늘날 **자기 돌봄**이란 말은 일종의 유행어가 됐다. 얼굴에 마스크팩을 붙이고 와인 한 잔을 마시며 휴식을 취하는 게 잘못됐다고 말하려는 게 아니다. 다만 그건 상업화된 버전의 자기 돌봄이다. '나에게 좋은 걸 사주는 것'은 나 자신을 진정한 의미에서 돌보는 행위는 아니다. 스스로를 달래는 행위는 **순간적으로** 기분이 나아지는 데에는 도움이 되지만, 어디까지나 임시방편에 불과하다.

진정으로 자신을 돌보는 건 어려운 일이다. 변화를 보려면 자기를 돌보는 습관을 꾸준히 반복해야 한다. 내키지 않을 때도 있지만, 현재의 내가 미래의 나를 위해 꼭 해야 하는 일이다. 명상하기, 먼저 샐러드를 잘 챙겨먹는 것(피타 샐러드가 기억나는가?), 친구와 어려운 대화를 하는 것, 운동하기, 그리고 제대로 돈을 관리하는 것이야말로 진정으로 자기를 돌보는 행위다. 나도 다른 사람들과 마찬가지로 거품 목욕과 마스크팩을 좋아한다. 하지만 진정한 자기 돌봄, 즉 제대로 상담을 받고 필요할 때 선을 그으며 돈을 절약하는 것은 어렵지만 더 가치 있는 일이다. 이런 종류의 자기 돌봄은 장기적으로 스트레스를 덜어주고, 나를 더 자신감 넘치는 사람으로 만들어준다.

여행을 갈 때마다 그렇지만, 특히 그 전날은 완전 정신이 없다. 여행 정보를 확인해야 하고, 필요한 모든 걸 기내용 캐리어에 넣을 수 있게 해달라고 여행의 신에게 빈다. 속옷은 몇 벌이나 가져가야 하나? 핸드폰 충전기를 잊은 건 아니겠지? 매번 여행을 갈 때마다, 나는 집 안을 돌아다니며 떠나기 전에 부엌을 청소할지 말지 내면의 싸움을 벌인다. 어떤 이유가 되었든, 여행을 떠나기 전에도 스트레스가 이렇게 많은데, 거기에다가 부엌까지 청소해야 한다는 건 세상에서 가장 끔찍한 상황처럼 느껴진다. 하지만 내적 갈등에도 불구하고 나는 부엌을 청소한다. 수세미를 집어 들고, 젠장, 그냥 눈감고 해버리는 거다. 그다음에는 어떤 일이 일어나는가? 여행이 끝난 후, 지친 상태로 집에 돌아와 문을 열었을 때, 깨끗한 주방을 보면 기분이 너무 좋다. 싱크대를 닦는데 20분을 할애한 과거의 나에게 정말 고맙다.

돈과의 데이트를 시작해보자!

제일 친한 친구 크리스틴과 그녀의 남자친구는 서로의 관계에 대해 논의하는 시간을 가졌다. 출근하기 전 5분 전이었지만, 감정의 응어리가 곪아 터지기 전에 한자리에 앉아 관계가 어떻게 흘러가고 있는지 이야기했다. 회사에서 실적 검토를 하듯, 무엇을 계속해서 하고 싶은지 어떻게 하면 서로를 더 잘 응원해줄 수 있는지 논의했다.

이는 연인 관계를 건강하게 보살피는 놀라운 연습이다. 그들은 갈등을 함께 풀어나갔다. 애초에 두 사람이 일정을 잡고 대화를 나누었다는 것만으로도, 열린 소통을 통해 관계를 개선하려는 노력을 보여준다.

이게 바로 우리가 돈이랑 해야 할 연습이다. 재정적으로 자기 자신을 돌보는 연습을, 나는 돈과의 데이트라고 부른다. 돈과의 데이트는 재정 면에서 자기 돌봄을 연습하는 시간으로, 다른 날로 미루거나 취소할 수 없다. 나는 돈과 마주 앉아 마치 연인처럼 대화를 나눈다. "너와의 관계에서 내가 뭘 더 잘 할 수 있을까?" 그리고 이런 질문들을 먼저 나에게 던진다. 재정적 목표는 잘 달성하고 있니? 개선점은 없을까? 지출은 신중하게 하고 있어? 직장에서 열심히 일한 만큼 임금을 잘 받으면서 미래를 잘 준비하고 있을까? 현재의 나에게 만큼 미래의 나에게도 투자하고 있을까? 현재의 습관이 내가 원하는 라이프스타일을 뒷받침하고 있나?

그 뒤에 돈에게도 똑같은 것을 요구한다. 돈, 너는 나를 위해 열심히 일하고 있니? 예금 이자보다 IRA 수익이 낫지 않나? 나한테 딱 맞는 혜택을 주는 신용카드는 뭘까? 협상을 통해 할인받을 수 있는 요금이 있다든지 쓰지 않아서 취소할 만한 구독 서비스가 있나?

우리는 돈과의 데이트를 통해 목표를 얼마나 달성했는지 확인하고 때로는 목표를 재조정할 것이다. 또, 목표에 한 발짝 더 가까워졌는지 돈과 친밀한 시간을 보내기도 할 것이다. "지난달엔 무려 1000달러 빚을 갚았어!" 또는 "투자로 500달러나 벌었어!"라며 나 자신에게 박수를 보내기 위해서다.

정신을 차리고 재정 관리를 시작한 것만으로 아주 큰 성취다. 하지만 이런 정신 차린 상태를 장기간 **유지하려면** 일관적인 노력을 쏟아부어야 한다. 러닝을 한 번 하거나 어쩌다 브로콜리 한 입을 먹었다고 갑자기 건강해질 수 없듯이, 노력을 쏟아부어야만 재정을 건전하게 유지할 수 있다.

혹시 두려움이 앞선다면, 걱정하지 말자. 당신만 그런 게 아니다. 나는 이 작업을 최대한 편하게 느끼게끔 돕고 싶다. 돈과의 데이트를 기다려지는 일로 만들자. 나는 위스키 한 잔을 따라놓거나, 내가 제일 좋아하는 인도 음식을 테이크아웃해온 뒤 돈과 데이트를 한다. 종종 전등을 끄고 초에 불을 붙이기도 한다. 더 섹시하게 만들어보자.

만약 연인이나 배우자와 함께 돈 관리를 한다면, 이를 진짜 데이트 방법의 하나로 정하자. 앉아서 성찰하고 목표를 세우는 거다. 이를 통해, 돈이 당신과 당신의 배우자가 원하는 삶을 살 수 있는 도구로 쓰길 바란다.

전문가의 한마디	**앤디 힐** Andy Hill
	결혼·육아·재정 관리 유튜브 크리에이터

니콜과 결혼했을 때, 우리 부부의 수입은 여섯 자리 숫자가 조금 넘어갈 정도로 꽤 괜찮았다. 그리고 우리는 그 돈을 다 썼다. 둘 다 20대 후반이었고, 즐거운 일들을 하며 좋은 시간을 보냈다. 어차피 나를 위해 버는 건데 즐길 의무가 있다고 생각했다. 물론 우리는 곧 딸 조이를 갖게 됐고, 그런 사고방식에 변화가 생겼다. **'어떻게 하면 내 딸에게 편안한 삶을 선사할 수 있을까? 우리가 누린 것들을 딸도 누릴 수 있게 하려면 어떻게 해야 할까?'** 그때부터 우리는 돈 문제에 더 많은 관심을 갖기 시작했다.

원래 나는 숫자 중심적인 사람이었다. 빚을 갚고 자산을 늘리고 백만장자가 되는 일에만 관심이 있었다. 그게 멋져 보이기 때문이다. 하지만 니콜은 그런 것에 관심이 없었다. 다만 그녀는 자기 일에 흥미를 느끼지 못했기에, 돈을 통해 더 많은 시간이 생긴다는 것에는 관심이 있었다. 시간의 주인이 되는 것에 관한 대화는 돈을 소유하고 통제하는 것의 장점에 관한 대화로 변해갔다. 니콜은 정서적 이점을 중요하게 생각했고, 궁극적으로는 나에게도 영감을 주었다.

돈의 감정적인 측면은 우리에게 매우 중요해졌다. 부부로서 우리가 중시하는 건 무엇인가? 우리가 지지하는 가치는 무엇인가? 어떻게 하면 그런 가치와 목표를 이루는데 돈을 쓸 수 있을까? 이걸 고민하는 것이 바로 예산을 세우는 과정이다. 지금 우리는 가슴 두근거리는 목표와 가치관을 이루게끔 지출을 잘 관리하고 있는가? 아니면 별로 중요치 않은, 진짜 목표에서 주의를 분산시키는 일인가?

이런 질문들은 현재 누리고 있는 생활을 박탈하려는 목적이 아니다. 우리 가족은 즐거운 활동을 좋아하고, 휴가를 최우선으로 두고 있다. 하지만 동시에 자녀들이 원하는 삶을 이루며 살았으면 한다. 우리는 아이들의 활동에 많은 돈을 투자하면서, 대학 등록금도 넉넉히 마련 중이다. 우리 가족의 목표를 달성하기 위해 예산을 설정했다.

가계 지출에 관심이 많은 나는 당연히 매주 금전 상황을 확인하고 싶지만, 월 단위로만 확인한다. 예산을 짤 때는 가급적 가볍고 재밌게 하려고 노력하는데, 이런 '예산 파티'를 열 때는 피자를 주문하고 와인도 마신다. 우리는 숫자만 이야기하는 게 아니라 인생 목표와 마음을 두근거리게 하는 것들에 대해 이야기한다. 예를 들면, "그 일을 일주일에 20시간만 하면 멋지지 않을까? 몇 년 후에는 아예 일하지 말자!" 같은 이야기를 했다.

니콜은 얼마 동안 전업주부로 산 후, 다시 일하고 싶어 했다.

지금은 주부와 일 사이의 균형을 찾았다. 우리는 지금 중요한 것과 미래에 중요한 것에 관해 계속 이야기했다. 목표는 항상 바뀔 수 있다. 그게 인생이다. 그래도 괜찮다.

우리 집에선 자녀들도 집안일을 해야 한다. 10살짜리 딸 조이는 열심히 집안일을 하고 일주일에 10달러를 용돈으로 받고, 7살짜리 캘빈은 7달러를 받는다.

우리는 돈을 재미와 저축, 투자, 기부로 나누었다. 이 네 가지 분류는 정말 중요하다. 우리는 온라인 계좌에 돈을 넣어놓은 후 분기마다 이 범주들에 관해 이야기를 나누는데, 최근에는 러시아의 우크라이나 침공이 가장 큰 화두다. 캘빈과 나는 최근 집을 잃은 아이들을 돕기 위해 기부하기로 했다. 캘빈은 기부에 큰 관심을 가졌다. 조이도 동참했지만, 아직 마음은 오늘을 즐겁게 보내는 데 더 관심이 기울어 있다.

투자에 관해 배우려면 시간이 다소 걸리겠지만, 시간이 지나면 아이들은 복리의 힘과 복리가 어떻게 작동하는지 알게 될 것이다. 그 돈을 대학 등록금에 쓸 수도 있고, 큰 모험을 할 수도 있다. 부모가 일찍 재정 관리에 눈 떴다는 사실에 기뻐할 것이며, 열여덟 살이나 스무 살쯤 되면 우리의 조언 중 뭘 따르고 뭘 따르지 않을지 결정할 것이다.

순자산을 늘리고 빚 없는 사람이 되고 싶다는 결심은 훌륭하다. 하지만 인생에서 정말 원하는 게 뭔지 다시 생각해보아야 한다. 10대나 20대 초반에는 자신이 무엇을 원하는지 모를 것이다. 하지만 선택과 경험, 그리고 자신이 어떤 사람이 되고 싶은지 깨달을 수 있는 충분한 공간과 시간, 자유가 생기면 내가 원하는 게 뭔지 발견하게 된다. 그 모든 것은 우리가 돈을 통제할 때만 이룰 수 있다. 돈을 통제함으로써, 우리가 지닌 가장 가치 있는 자산인 시간을 통제할 수 있기 때문이다.

데이트 1단계: 지출을 살펴보자

이제 돈과의 데이트에서 몇 가지 작업을 해보자.

첫 번째로, 어디에 지출했는지 살펴볼 것이다. 신용카드와 체크카드 명세서를 챙기자. 여기서 우리가 찾아야 할 건 구독하고 있지만 까먹고 거의 안 쓰는 서비스, 왜 나갔는지 모르지만 빠져나간 금액, 그리고 이중 청구된 금액이다. 돈과 데이트하는 시간 일부는 사용하지 않는 서비스 구독을 취소하고, 사용하지 않은 아이템을 반품할 계획을 세우는 데 쓰자.

또, 이 시간을 활용하여 자신이 평소에 뭘 샀는지 샅샅이 살펴볼 것이다. 어떤 소비가 기쁨을 주는지 분석하자. 내가 원하는 라이프 스타일과 이루고 싶은 재정적 목표를 반영하는 소비 일기를 기억하는가? 이번에도 미니 소비 일기를 써보자.

청구서를 살펴보면서 작년에 산 물건에 대해 어떤 느낌이 드는지 물어보자. "맞아, 거기 음식 끝내줬지"라던가 "이 코트는 가을 내내 거의 매일 입었어" 등의 반응이 나올 수 있다. 반면에, 이런 생각이 들 수도 있다. "이게 뭔지 기억이 안 나! 기분이 안 좋았나, 엄청 많이도 질렀네.' 항상 강조하는 것처럼, 자신을 비하하거나 수치심을 느끼지 말자. 단지 지출을 분석하고, 곰곰이 생각한 후, 돈을 쓰기로 한 그때의 자신에게 격려의 박수를 보내라. 후회가 되는 일이 있다면, 그것만 교훈 삼자.

데이트 2단계: 목표 달성도를 점검하자

두 번째로, 목표 달성까지 얼마나 남았는지 확인해보자. 1장에서 우리는 목표를 모두 달성했을 때 인생이 어떻게 달라질지 상상해봤다. 그리고 3장에서는 재정적 우선순위 목록을 참고해 내 마음에 드는 구체적 목표를 세워봤다.

① 가장 먼저 비상금을 마련한다. 계좌에 세 달 치 생활비를 마련하되, 회사가 지원해준다면, 401(k) 또는 403(b) 퇴직연금계좌를 적극 활용한다.

② 고금리 대출을 갚는다(보통 이자율 7퍼센트 이상인 대출금).

③ 은퇴를 위해 투자하면서 동시에 저금리 대출을 갚는다.

④ 인생에 중요한 일들을 대비해 저축한다.

이제 계좌 잔액을 전체적으로 살펴보고 목표에 어디까지 도달했는지 확인하자. 당좌예금계좌와 일반예금계좌, 빚을 갚기 위한 계좌 등을 전부 살펴보자. 401(k) 또는 403(b)를 지원해주는 회사에 다닌다면, 급여 명세서를 살펴보면서 퇴직계좌에 얼마나 들어 있는지 더 정확하게 파악할 수도 있다.

비상금을 마련하려고 노력 중이라면, 계획한 금액을 맨날 비상금 계좌에 넣고 있는지도 물어보자. 비상금을 마련했고 401(k) 또는 403(b)에 지원해주는 회사에 다니고 있다면, 회사가 지원해주는 최대 금액을 넣고 있는지, 고금리 빚은 어떤지, 그걸 갚을 계획이 있는지, 집을 사거나 자녀를 갖거나 사업을 시작하는 것 같은 인생 목표를 이루는 데 어디까지 왔는지 체크해보자.

목표 달성 정도를 확인하려면, 지표 중심으로 살펴봐야 한다. 목표 달성을 위해 얼마나 많은 돈을 계좌에 담아뒀는지 알아보자. 이 과정을 통해 목표의 달성 정도를 확인하는 동시에, 목표와 **감정적으로** 다시 연결될 수도 있다. 새롭게 동기 부여를 받고 설렐 수도 있다. 물론 그와 반대로 목표와 단절됐다고 느낄 수도 있다. 아직 빚도 쌓여있고 주식은 하한가라면, 망했다고 좌절할 수 있다. 이런 상황에서 퇴직연금을 넣거나 비상금을 모으는 게 가치 있는지 의문이 들 수도 있다. '그냥 다 때려치우고 파리 여행이나 떠나버릴까?'

침착하자. 내가 스물다섯에 10만 달러를 모으겠다는 목표를 세운 이유는 그 금액을 내 눈으로 직접 보기 위해서였다. 나는 숫자에 집중하는 사람이다. 이직할 곳도 알아보지 않고 직장을 그만두었을 때에는, 모든 걸 포기할까 생각도 들었다. 돈을 모으기는커녕 비상금도 고갈됐고 저축한 돈도 없었다. 하지만 나는 10만 달러가 나와 내 인생, 내가 원하는 삶에 어떤 의미인가 생각해봤다. 10만 달러는 위험하고 도전적인 결정을 내릴 수 있는 재정적 유연성을 가지는 걸 의미했다. 10만 달러를 모으면 회사를 그만두고 사업에 전념하고, 내가 열정을 가진 일에 전념할 수 있었다. 회사에 수익을 내주기보다 직접 성공하는 일을 할 수 있었다. 원할 때 원하는 곳으로 여행할 수 있었다. 내 삶을 바꾸는 차원을 넘어, 사람들에게 일자리를 제공하며 전 세계에 영향력을 미칠 수 있었다. 나는 숫자보다 그런 일을 해나가는 **방법**을 더 중요하게 생각했다.

상황이 힘들수록, 스트레스를 받거나 불안감, 우울감, 패배감을 느낄 때일수록 왜 이 일을 하고 있는지 그 이유를 다시 점검해보는 게 중요하다. 그러면 다시 목표에 집중할 수 있고, 어쩌면 목표보다 더 중요한, 그걸 세운 이유를 다시 떠올릴 수 있을 것이다. 그러한 시기를 앞으로 나아가기 위한 동기로 사용하자(복습이 필요하다면 3장을 다시 살펴보자).

따라서, 현재 '매월 300달러를 변동금리 저축계좌에 넣기' 단계에 있고, 그 단계가 너무 싫다면, 왜 지금 그 과정을 거치고 있는지 생각해보아야 한다. 왜 빚을 갚고 비상금을 마련하고 더 많은 연봉을 받으려고 하는가? 돈을 모으면 집을 사는 데 도움이 돼서? 휴가 비용을 모을 수 있어서? 사업에 필요한 사업 자금을 모으려고?

월 목표를 달성하지 못했어도 괜찮다. 과소비하는 날도 있을 거고, 저축할 여유가 없던 달도 있을 거다. 빚을 져야 할 때도 있을 것이다. 이 책을 쓴 나를 욕하면서, 앞으로 어떻게 살지 고민하는 시기도 있을 것이다. 모두 정상적인 과정이고, 다 괜찮다. 이것만 기억해라. **우리는 완벽이 아니라 매일매일 발전하는 모습을 목표로 삼고 있다는 것을**. 중요한 건 꾸준히 해나가는 것이다. 일이 뜻대로 흘러가지 않을 때도 스스로를 다정하게 대하고, 여기서 뭘 더 할 수 있을지 배우고, 계속 앞으로 나아가자.

계획이 순조롭게 진행 중일 때도 솔직하게 자기 감정을 살펴보자. 신용카드 빚을 올해 안에 갚겠다고 결정했나? 너무 허리띠가 조인다고 느껴진다면, 조금 풀어줘도 좋다. 목표 달성까지 3개월이라는 시간이 더 걸리는 것이, 빨리 빚을 갚았어도 소진됐다고 느끼면서 비참한 시간을 보내는 것보다 낫다. 한편, 계획이 순조롭게 진행되고 있고, 예산과 소비 금액에 불만이 없다면, 버킷2의 납입금을 조금씩 늘리는 식으로 자신에게 새로운 도전장을 내밀어도 좋다.

데이트 3단계: 다음 계획을 세우자

돈과의 데이트의 세 번째 단계이자 마지막 단계는 계획 수

립과 최적화다. 목표를 돌아보고 다시 목표와 연결감을 느끼면서, 스스로에게 물어보자. 수정할 사항은 없는가? 목표를 달성하기 위해 더 많은 돈을 투자할 수 있겠는가? 아니면 지금이 변동금리 저축계좌에 더 많은 돈을 넣고 카드 빚을 갚으며 투자를 늘릴 시점일지도 모른다. 최근 비슷한 경력을 가진 동료가 나보다 더 많은 연봉을 받는 걸 알았다면, 연봉 인상 범위를 조사할 시점일 수도 있다. 방금 재정적 우선순위 목록에 있는 걸 지웠기에, 다음 도전으로 넘어갈 때일 수도 있다.

또한 미루었던 과제들을 처리할 시점이기도 하다. 20분 정도 시간을 내어 변동금리 저축계좌 또는 퇴직계좌를 개설하고 세금 신고도 해보자. 여태까지 미루고 있었던, 달갑지 않은 일들을 할 때다.

위의 작업을 완료했다면 다음은 최적화다. 다른 은행 계좌가 더 높은 이자를 주는가? 프리랜서 작업비를 올려야 할까? 퇴직계좌 납입금을 몇 퍼센트 늘릴 수 있을까?

그런 다음 명확한 다음 달 계획으로 마무리하자. 이번 돈과의 데이트를 통해 얻은 통찰력으로 무엇을 바꿀 것인가? 새로운 예산은 얼마인가? 어떤 방향성을 갖고 지출할 것인가? 다음 데이트까지 실천할 만한 세 가지 행동을 세워보자.

다음 데이트를 계획하는 건 매우 중요하다. 나는 일요일 저녁에 돈과 데이트를 하길 좋아한다. 진지하게 말하지만, 달력에 적어놔서 절대 미루거나 취소할 수 없어야 한다. 최소 한 달에 한 번은 해야 하나, 특정한 목표가 있거나 재정적으로 어렵다면 더 자주 해야 한다. 개인 사업을 하면 재정 상황을 더 빠삭하게 알고 있어야 한다. 나는 돈과의 데이트할 때 개인 상황뿐만 아니라 사업 재정 상황도 매주 살핀다. 그리고 한 달에 한 번씩은 더 길게, 목표 설정을 중심으로 돈과 데이트를 한다.

삶은 정말 바쁘게 흘러간다. 연인이나 배우자가 있든 없든 돈과는 정기적으로 시간을 내자. 절대 미루지 말고 제일 중요한 약속으로 정해두자.

마지막으로 데이트 단계를 정리해보면 아래와 같다.

돈과의 데이트 3단계

① 지출 내역을 살펴본다. 명세서를 꼼꼼하게 살핀다.

② 목표를 설정하거나 확인한다. 왜 그런 목표를 세웠는가? 계좌를 봤을 때 진척 상황은 어떤가?

③ 목표 달성을 위한 새로운 계획을 세운다. 어떤 종류의 체계를 설정해야 최적화를 이룰 것인가?

재정 관리는 인생을 바꾼다, 마치 다이어트처럼

재정 관리나 다이어트는 둘 다 굉장히 어렵다. 지속하는 게 쉽지 않다. 라이프 스타일을 180도 변화시키는 일이기 때문이다. 그 과정에서 스트레스를 받거나, 긴급 상황이 발생하거나, 뜻하지 않은 장애물을 마주할 수도 있다. 돈을 모으지 못하거나 빚을 갚을 수 없을 때도 있을 것이다.

그럴 때일수록 자기 자신에게 꼭 너그럽게 대하자. 개인 재정 관리에 수치심과 판단이 들어갈 자리는 절대로 없다. 특히나 힘든 상황에서는 더더욱 그렇다. 나 자신과 친절하게 대화하라. 스스로를 혼내고 밀어붙이고 싶은 유혹이 들 때면, 나는 내면의 목소리를 180도 바꾸어본다. 우스꽝스럽지만 위로하는 목소리로 나 자신과 이야기해보는 것이다. 나를 사랑과 지지, 이해로 감싸 안도록 하자. 지금 상황은 나쁠지도 몰라도 영원히 이런 상황이 지속되지는 않을 것이다. 어려운 상황을 돌파하고, 끝내 목표를 이룰 수 있을 것이다.

효과적인 재정 관리는 인내심과 엄청난 자애심을 요구한다. 평생 연습해야 한다. 재정 관리란 책임감과 일관성을 기르며, 충분한 시간을 들여 형성되는 습관이다. 다이어트처럼, 평생 건강하게 유지하는 게 중요한 습관이다.

전문가의 한마디	빚 없는 녀석들(존&데이비드)
	〈퀴어 머니 팟캐스트Queer Money Podcast〉 진행자

존: 저희가 〈빚 없는 녀석들Debt Free Guys〉 프로젝트를 시작한 이유는 바로 5만 달러가 넘는 신용카드 빚을 지고 있었기 때문입니다.

데이비드: 금융 서비스 분야에서 총 13년을 일했을 때, 막 빚에서 벗어나기 시작했죠.

존: 저희는 모든 이론적 지식을 갖추고 있었고 그걸 삶에 적용하는 방법을 사람들에게 알려줬어요. 하지만 정작 저희 삶에는 적용하지 않았죠. 저는 성인이 된 후부터 인생 대부분을 '모르는 게 약이지'라는 태도로 살고 있었습니다. 신용카드 빚이 얼마나 쌓였는지 알고 있었지만요. 어느 주말 콜로라도주 윈터파크를 방문한 후, 그곳에 땅을 사서 집을 짓자고 이야기를 나눌 때에서야 재정 상황에 직면할 수 있었죠. 우리에겐 땅을 사서 집을 짓는 건 고사하고 주말에 윈터파크로 놀러 갈 여유조차 없다는 걸 그때 깨달았어요. "왜 우리가 하고 싶은 일을 할 수 없을까?"라는 생각이 들었죠. 계속해서 지금처럼 산다면, 우리 계획과는 다른 목적지에 도달하리라는 사실을 깨달았습니다.

데이비드: 빚에서 벗어나는 건 재정적 진전의 첫 번째 단계

였지만, 그것만으로는 진정한 목표에 도달할 수 없었죠. 5만 달러가 넘는 신용카드 빚을 청산한 지 불과 1년 후에 다시 6천 달러의 신용카드 빚을 지게 됐거든요.

존: 그저 빚을 갚는 게 저희 목표였죠. 하지만 진짜 목적지는 그게 아니라는 사실을 깨닫지 못했어요. 왜냐하면 빚을 지고 갚는 건 평생의 여정이기 때문이에요.

데이비드: 많은 사람이 빚 지기 과거로 돌아가기를 바랄 거예요. 하지만 사실 과거로 돌아간다고 해도 다시 빚을 질 것입니다. 습관이 그대로일 테니까요. 왜 신용카드 빚을 졌는지를 그 이유를 발견하는 과정에서 진정한 목표가 무엇인지, 왜 그걸 이루고 싶은지 알게 됐습니다. 우리는 안전하고, 편안하게 은퇴하는 걸 바랬어요. 더 많은 시간을 함께 보내고 싶었고, 성소수자 커뮤니티에도 기여하고 싶었습니다.

존: 저희는 먼저 "목표가 무엇이고 왜 그걸 목표로 했는가?"라는 질문에 답해보려고 했어요. 양파 껍질을 벗기고 진실에 도달하기까지는 몇 년이 걸렸어요. 우리가 진정으로 원했던 건, 데이비드가 말한 거였어요. 자유롭게 여행도 하고 편안한 노후를 보내며, 성소수자 커뮤니티에도 기여하는 삶이었죠. 하지만 우리는 먼저 이런 질문을 해야 했어요. "왜 우리는 지금 같은 상황에 이르게 됐을까?" 어린 시절 겪었던 고통과 방치당

했던 기억, 그리고 사회에 적응하려는 절박한 욕구를 만회하려 한다는 걸 깨달았습니다. 그래서 우리 자신에게 "더 많은 시간을 함께 보내고 싶은 마음보다 사회에 나를 맞추고 싶은 마음이 더 큰가? 과거의 트라우마를 정말 이루고 싶은 목표가 아니라, 그저 멋지고 비싼 새 청바지를 사서 보상받으려고 하는가?" 라고 물어봐야 했어요.

타조 효과와 맞서 싸우려면 내가 **진정으로** 원하는 게 무엇인지 파악해야 해요. 그럼 그것을 달성하기 위해 무엇이든 하겠죠. 목표를 이루기 위해 기꺼이 변하려는 마음이 없다면, 아마도 진정으로 원하는 것이 아닐 수도 있어요. 사회나 가족, 또는 다른 사람이 내 행복을 대신 정의하게 놔둔다는 신호일 수 있습니다.

데이비드: 재정 관리 방법은 내가 어떤 사람이냐에 따라 달라져야 합니다. 내 성격과 스타일에 따라 지출 방식이 결정되죠. 집에 머무르는 걸 좋아하는 사람이 있고, 꼭 나가야 하는 사람도 있습니다. 여행을 좋아하지 않는 사람도 있어요. 내가 삶을 살아가는 동력을 주는 일에 돈을 써야 해요.

존: 중요한 건 얼마나 빨리 목표에 도달하고, 얼마만큼 달성하냐가 아니에요. 진짜 중요한 건 일관적인 노력입니다. 부정적인 습관으로 돌아가려는 자신을 발견한다면, 조금 더 너그럽게

대하세요. 돈을 빈틈없이 관리하는 사람들도 때론 끔찍한 실수를 저지른답니다.

저는 금융 서비스 회계 감사를 담당했었는데요. 얼마나 많은 재정 자문가가 파산하고, 범죄를 저질렀는지 모를 정도예요. 우리는 다른 사람들은 다 돈 관리하는 법을 안다고 생각하지만, 사실은 그렇지 않습니다. 데이비드와 저만 해도 온갖 종류의 실수를 저질렀잖아요? 먼저 다른 사람들도 실수를 저지른다는 걸 알고, 스스로를 너그럽게 대하세요. 그다음에는 실수를 저질렀다는 사실을 인정하고 어떻게 하면 바로잡을 수 있을지 생각해보세요. 그렇게 조금씩 차선책을 찾아보면 됩니다.

정말 거지 같은 문제가 일어나면 어떻게 할까? 직장을 잃거나, 병에 걸리거나, 전 세계에 팬데믹이 강타한다면? 은퇴 전까지 약 30년 동안은 투자한 돈을 쓸 수도 없는데, 어떻게 동기를 계속 부여할 수 있을까? 돈과 건강한 관계를 맺기 위한 좋은 습관들을 어떻게 평생 유지할 수 있을까?

타조 효과를 다룬 내용을 기억하는가? 충동은 마법처럼 사라지지 않는다는 걸 기억하자. 돈에 관한 이야기를 피하고, 무감각해지고, 무시하고, 그걸 다 써버리고 싶은 유혹은 사라지지 않고, 상황이 힘들어질 때마다 다시 생겨날 것이다. 하지만 그런 때야말로 마음을 단단히 잡아야 할 때다.

위기의 순간에 우리가 기댈 수 있는 게 비상금이다. 그렇기에 저축을 가장 먼저 해야 한다. 다시 일어설 때까지 일정 기간 버티기 위해 저축해야 한다. 예를 들면 신용카드 빚을 갚는 도중에 직장에서 잘렸다고 치자. 그럼 파이낸셜 게임 플랜에 일시 중지 버튼을 누르게 될 것이다. 다시 직장을 구할 때까지는 비상금에 기댈 될 것이고, 버킷2의 돈으로 생활비를 충당할 것이다. 상황이 정말 안 좋아서(비상금을 이미 다 썼거나 비상금을 마련하지 않은 경우) 어떻게 할지 고민이라면, 이자율이 가장 낮은 신용카드를 사용하는 게 차선책이다.

목표를 향해 꾸준히 나아가는 건 어렵다. 또한, 재정적으로 개개인이 처한 상황이나 취해야 할 접근법도 다르다. 사회적인 요인에 영향을 받기도 한다. 때때로 다른 사람들에 의해 궤도를 벗어날 때도 있다. 친구가 비싼 레스토랑에서 밥을 먹자고 하거나 가족이 아파서 보살핌이 필요할 수도 있다. 바운더리를 설정하는 능력은 살아가는 내내 필요하기에, 마음의 근육을 단단히 키워나가자. 다시 말하지만, 다른 이들을 돕기 전에 내가 먼저 산소마스크를 써야 한다는 걸 잊지 말자.

개인적인 영역에만 놓여 있던 재정 관리를 사회적으로 확장해, 다른 사람들과 함께하는 것도 돈과 더 나은 관계를 맺는 방법이다. 재정적 목표를 성취하는 데 다른 사람과의 관계를 활용해 함께 더 큰 책임감을 지고 목표를 응원하며 지침을 서로서로 제공할 수 있다.

워크숍을 진행할 때 나는 참가자들에게 부탁하는 말로 워크숍을 마무리한다. "지금 이제 여러분은 삶에서 활용할 수 있는 많은 정보를 가지고 있습니다. 반드시 그걸 필요한 사람과 공유하셔야 해요. 파이낸셜 페미니스트가 되겠다고 다짐할 때, 우리는 보이지 않는 계약에 서명하는 겁니다. 좋은 정보를 다른 사람에게 공유하면서 세상을 더 나은 방향으로 바꿀 의무가 있습니다. 최소한 우리가 사는 인생을 바꾸는 데 사용해야 합니다."

전문가의 한마디	**심란 카우르** Simran Kaur
	팟캐스트 〈투자하는 여자들Girls that Invest〉 공동 진행자

여자들은 서로서로 소통하면서 학습한다. 우리는 이런 질문을 던지면서 판단을 내린다. "이 물건은 어떻게 써?" "새로 산 청바지는 마음에 들어? 그 회사 믿을 만해? 좋아, 나도 한번 알아볼게" 이렇듯 우리는 주변 여성들의 의견을 정말 중요하게 생각한다.

〈투자하는 여자들〉의 공동 진행자, 소냐와 나는 20년 동안 친구로 지냈지만, 돈에 관해선 이야기한 적이 단 한 번도 없었다. 수입이라든지 투자 금액에 관해 입도 뻥긋한 적 없다. 우리

둘 다 돈을 관리하는 데 관심이 많았음에도 불구하고 말이다. 그러던 어느 날, 우리는 돈에 관해 우연히 대화하게 됐다. 그러자 봇물 터지듯 여러 정보가 흘러나왔고, 서로에게 배울 점이 많다는 걸 깨닫게 됐다. 서로 대화를 나누면서 재정 상황을 한층 더 업그레이드할 수 있었다.

나는 재정 관리를 막 시작하려는 사람에게 이처럼 주변 사람과 대화를 나누라고 조언해주고 싶다. 처음엔 조금 불편하겠지만, 친구와 브런치를 먹으러 가서 "요즘 투자를 시작했어. 지금은 어디에 투자하고 있어"라고 대화를 열어보자.

이런 대화를 불편하게 여기는 친구도 있을 것이다. 괜찮다. 너무 불편하다면, 중간에 대화를 그만두면 된다. 하지만 대부분은 이런 대화를 원하고, 자기 상황도 말하고 싶어 한다. 이런 대화는 내게 큰 도움이 됐다. 왜냐하면 누군가가 "나는 이런 방법으로 집을 샀어" "대출 절차는 이렇게 돼"라는 말을 해준다면, 나도 해내고 싶다는 생각이 든다.

친구와 돈에 관한 대화를 나눌 땐, 장기적인 목표에 대해서도 이야기해보자. "나는 일찍 은퇴하고 싶어." "나는 궁극적으로 이런 일을 하며 살고 싶어." "자식들에게 자산을 넉넉하게 물려주고 싶어." 친구들도 비슷한 목표를 공유한다면, 아마 매달 또는 분기별로 함께 모여 목표를 검토하고 배운 걸 복습할 수 있을 거다.

책임감 있는 친구들과 함께하면 재정 관리가 훨씬 더 재미있어질 뿐만 아니라 우리 모두가 평범한 사람이라는 사실을 깨닫게 된다. 한 친구가 우버 이츠에서 음식을 배달시켰는데 너무 비쌌다고 이야기할 때, 나는 "있잖아, 나도 그런 적 있었어"라고 답했다.

친구와 돈에 관한 이야기를 할 때면, 나는 먼저 취약성을 드러낸다. 내가 목표와 꿈을 공유하면, 친구들도 자신의 목표와 꿈이 무엇인지 고민한다. 그리고 '좋아. 나도 내 꿈을 이야기해 보지 뭐'라고 결심하게 된다. 단, 친구들에게 던지는 질문이 심문처럼 느껴지면 안 된다. 그녀가 어떤 일을 겪었는지 모르기에 조심스럽게 접근해야 한다. 겉으로 이야기하지는 않았지만, 부모님이 파산했고 이런 이야기를 하고 싶지 않을지도 모른다. 그래서 먼저 취약성을 드러내고 친구들도 마음을 열 수 있도록 공간을 마련해주는 게 중요하다. 서로가 마음을 열었다면, 깊은 이야기도 공유할 수 있을 것이다.

이런 대화를 시작할 때, 상대방의 의사를 잘 받아들여야 한다. 단도직입적으로 "돈 얘기는 불편해"라고 말한 친구가 있었는데, 아마 여러분도 비슷한 경험을 분명히 할 것이다. 괜찮다. 차라리 솔직한 게 낫다. 중요한 건, 거절을 두려워하지 않는 거다. 그런 주제를 꺼낸다고 손절 당할 일은 없을 거다. 단순한 거절이기에, 그냥 하던 일을 하면 된다.

친구나 가족과 이야기하면 책임감이 생긴다. 나는 돈과 데이트를 하면서 재정 상태를 검토하는 편이다. 분기마다 소냐와 만나 재정 상태를 검토하고, 나에게 맞는 방법을 찾는다.

서로의 경험을 공유하면 많은 걸 배울 수 있다. 왜냐하면 친구들도 실수할 것이고, 당신도 실수를 저지를 테니까 말이다. 실수로부터 교훈을 얻는다면 실수를 덜 하거나 자주 하지 않을 수도 있다. 다른 사람들과 힘을 합치면 혼자서 노력을 기울일 때보다 훨씬 더 빨리 성장할 수 있다. 나는 돈 관리가 헬스장에 가는 것과 비슷하다고 생각한다. 처음 운동을 시작할 땐 겁이 나고, 힘들며, 하고 싶지 않다. 그렇다고 헬스장에 안 가면 안 된다. 그냥 참고 꾸준히 지속할 때 성과가 난다. 돈도 마찬가지다. 처음부터 돈을 완벽하게 관리하고 싶다는 바람은 너무 순진한 생각이다. 스스로에게 어느 정도 실수를 허용하고, 미래의 나뿐만 아니라 과거의 나에게도 친절해지자. 많은 사람이 "저는 빚이 있었어요" "저는 커리어 관리에서 큰 실수를 저질렀어요"라고 털어놓는다. 괜찮다. 나 자신을 용서하라. 과거가 암울하더라도 더 나은 미래를 일구는 건 가능하다.

일상적으로 돈에 관한 이야기를 나눠보자. 피부 관리 루틴을 이야기하는 것만큼 돈에 관한 이야기도 간단하고 재미있고 유익하다. 돈에 대해 터놓고 이야기할 수 있는 세상이 바로 내가 살고 싶은 세상이다. 돈은 곧 선택의 자유를 의미한다. 여러분, 그리고 여러분의 친구들 모두가 자유롭게 선택권을 가지고 산다면, 이 얼마나 멋진 인생인가.

마지막으로 이 거지 같은 세상을 바꾸고 싶다면

〈허 퍼스트 $100K〉는 변화의 일부에 불과하다. 우리는 5분마다 전 세계 여성들로부터 재정 관리에 성공했다는 메시지를 받는다. "2만 달러 연봉 인상 협상을 타결했어요!", "학자금 대출을 갚았어요!", "로스 IRA를 개설했어요!" 그리고 그 여성들은 〈허 퍼스트 $100K〉가 건넨 조언이 어떤 변화를 가져다줬는지 이야기한다. "삶의 모든 면에서 훨씬 더 자신감이 생겼어요." 내가 가장 좋아하는 종류의 메시지다.

하지만 동시에 사회의 억압과 차별이 얼마나 거대하고 압도적인지 깨닫는다. 내가 연봉 협상을 돕고, 월급을 받고, 빚을 갚고, 투자를 시작할 수 있도록 도운 사람이 있는 한편, 약탈적

금융 관행 기관의 희생양이 된 사람이 존재한다. 한 달 벌어 한 달 간신히 벌어먹는 사람, 정부로부터 제대로 지원받지 못하고 거지 같은 처지에 놓이게 된 사람들이 있다.

나 역시 나만의 도전 과제를 짊어진 한 사람으로서 이런 상황을 고민한다. 나보다 훨씬 더 큰 뭔가를 무슨 수로 변화시킨단 말인가?

하지만 우리가 할 수 있는 건 자신의 특권을 인정하고, 스스로를 돌보고, 불의에 맞서 싸우는 것뿐이다. 그것밖에 없지 않을까? 이러한 상황에서 어쩔 줄 몰라 하는 사람도 있고, 행동으로 옮기는 사람도 있다. 테레사 수녀는 이렇게 말했다. “나 혼자 세상을 바꿀 수는 없지만, 물 위에 돌을 던져 많은 잔물결을 만들 수 있습니다.” 또한, 내가 가장 좋아하는 인류학자 마거릿 미드는 이렇게 말했다. “사려 깊고 헌신적인 소수가 세상을 바꿀 수 있다는 걸 의심하지 마십시오. 사실, 여태까지 그런 사람만이 세상을 바꿔왔습니다.”

나는 여러분도 같은 의무감을 느끼길 바란다. 재정 상황을 돌보고, 정신을 차려 야무지게 돈을 관리할 능력을 갖추고 있다는 사실을 깨우치길 바란다. 세상을 움직이는 건 돈이기에, 이러한 여러분의 노력은 조금씩 세상을 더 나은 방향으로 이끌겠다는 의미도 된다. 돈은 곧 권력이고, 영향력이다. 이성애자 백인 남성으로 구성된 기업, 그리고 억만장자들은 선거 활동을 통해 여성과 유색인종, 장애인, 그리고 성소수자 등을 무시하는 정치적인 결정을 내리라고 압박한다. 2018년 《뉴욕타임스》에 실린 〈돈은 곧 권력이고, 여성에게는 돈과 권력 모두 필요하다〉라는 기사에서, 뉴욕시 주택 및 경제 개발 담당 부시장은 이렇게 지적했다. "정치로 얻은 권력은 생명이 짧다. 사람들은 그의 정치 수명이 끝날 때까지 기다릴 수 있다. 하지만 당신이 세계적으로 부유한 사람이라면, 그 영향력이 사라지는 일은 없을 것이다." 2016년 대통령 선거 운동에서 여성들은 힐러리 클린턴에게 사상 최고의 기부액을 바쳤지만, 결과적으로 가장 많은 기부금을 낸 건 남성들이었다.

그렇다. 이런 문제는 개인적 차원을 넘어서는, 더 거대한 차원의 문제다. 하지만 개인 역시 힘을 합치면 변화를 일으킬 수 있다. 남녀 불평등의 격차를 해소하는 열쇠는 여성들이 손에 더 많은 돈을 쥐는 거다. 경제 교육은 여성이 불평등한 체제에 대항할 수 있는 최고의 수단이다. 나는 이 말을 수십 번 반복했고 앞으로도 계속 얘기할 것이다. 돈이 있다는 건 선택권을 손에 쥔다는 걸 의미한다. 내 의지에 따라 풍요롭고, 편안하고, 열매를 맺으며 인생을 살 수 있다는 뜻이다. 여성들이 재정적으로 안정되면, 돈을 사회 변화를 이끄는 힘으로도 사용할 수 있다.

전문가의 한마디	**탄야 헤스터** Tanja Hester
	금융 전문가, 『월렛 액티비즘Wallet Activism』 저자

《월렛 액티비즘》을 쓴 이유는 내가 그런 책을 읽고 싶었기 때문이다. 나는 경제와 우리의 선택, 그리고 그 선택이 어떻게 세상에 영향을 미치는지 복합적으로 살펴보고 싶었다. 내가 읽은 책들은 복잡한 진실을 말하면 다들 도망갈 게 두려웠는지 진실을 지나치게 단순화했다. 하지만 나는 오늘날 많은 이가 실질적인 정보를 원한다고 생각한다. 그들은 전체 상황을 파악하고 정보에 입각한 결정을 내리려고 한다. 아무리 복잡한 진실이라 해도, 나는 사람들에게 그걸 다룰 능력이 있다고 믿는다.

이 책을 쓸 때, 나는 진실을 어떻게 전달할지에 초점을 두었다. 동시에, 독자들이 직접 실천할 수 있는 시스템을 구축하는 데 집중했다. 책에서 나는 더 윤리적인 구매 결정을 내리는 질문 네 가지를 제시했다.

1. 이 물건의 가격은 어떤 정보를 말해주는가? 가격이 너무 싼 물건을 보고, '혹시 노동자들이 착취당하는 건 아닐까?'라고 생각하는 이는 거의 없다. 나는 저렴한 가격을 다른 방식으로 바라보도록 계속해서 상기할 것이다.

2. 누구를 위한 것인가? 행동주의에는 심미성이 없다. '제로 웨이스트 운동'이나 '100퍼센트 비건'이 되자는 주장 같은 해결

책은 소수만이 할 수 있기에 큰 사회적 영향력을 끼치지 못한다. 이러한 해결책은 '완벽하지 않으면 해결책이 될 수 없다'는 말이기에, 정말 엄격하게 느껴진다.

3. 이 돈이 무엇에 쓰이고, 누구에게 가는가? 여기서는 관점을 유지하는 게 중요하다. 한 해에 두 번 정도 패스트푸드를 먹으러 칙필레에 가는 건, 테슬라나 아마존에서 수천 달러 물건을 잔뜩 사는 것보다 낫다. 기업들의 정치 기부금을 살펴보고 그들이 물건과 노동력을 어디서 조달하는지 알아보자. 가난한 나라의 노동력을 착취하진 않는가?

4. 모두가 할 수 있는 일인가? 우리가 제안하는 솔루션은 돈 많은 사람들이 아니더라도 실천할 수 있는가? 파타고니아가 완벽한 회사라고 가정하자(사실 그렇지는 않다). 그들의 옷과 매우 높은 윤리 기준을 가진 다른 브랜드만 사는 게 해결책일까? 절대 그렇지 않다. 파타고니아는 비싸고 모든 사람이 입을 수 있는 옷은 아니기 때문이다. 그리고 가장 실천하기 쉬운 해결책은 단순히 옷을 덜 사는 것이다. 이는 재정에도 좋고, 환경에도 좋으며, 우리가 구매하는 물건 대부분을 만드는 노동자들에게도 좋다. 만약 아마존이나 월마트를 이용할 경우, 블랙 프라이데이나 아마존 프라임데이 같이 사람들이 많은 물건을 사는 기간에는 쇼핑하지 말자. 이런 빅세일 이벤트 기간에는 직원들

이 지붕에서 떨어지는 등 부상이 급증한다. 압박과 스트레스에 시달리기 때문이다. 이 시기에는 노동 착취가 발생한다. 심지어 직원들에게 화장실도 못 가게 한다.

월렛 액티비즘을 실천하다 보면 낙담하기 쉽다. '내가 뭘 안 산다고 아쉬워할 대기업은 없어. 어떻게 변화를 이끈다는 거지?'라고 생각할 수 있다. 하지만 이익이 단 3퍼센트만 감소해도 기업들은 큰 관심을 기울이고 왜 이익이 감소했는지 고민하기 시작한다. 잘 팔리던 특정 제품의 판매율이 한 자릿수로만 줄어도, 기업들은 소비자에게 귀를 기울일 것이다.

이게 중요한 이유는 여성들이 소액 금융 분야를 다스리기 때문이다. 여성들의 구매는 전체 구매의 55퍼센트지만, 일상품의 경우에는 그 비율이 80~90퍼센트에 이른다. 시장 판도를 완전히 바꿔야 변화가 시작되리라는 생각은 완전히 잘못됐다. 소소한 변화만으로도 기업 관행을 바꿀 수 있고, 우리 역시 계속 희망을 품을 수 있다.

소비 방식을 바꾸는 건 일시적 변화가 아니라, 라이프 스타일의 변화다. 만약 옳은 일을 위해 좋아하는 모든 걸 포기해야 한다면, 그걸 장기적으로 지속하기가 어렵다. 나는 소비 방식을 바꾸고 싶다면 가치관 연습을 시작하라고 권유한다. 자신의 사명과 가치를 파악하고, 재정 관리 사명 선언문을 함께 작성

한다. “저는 ○○하기에 ○○을 안 사요.”

나에게 맞는 시스템을 세우면, 지속적인 변화가 가능하다. 추가적인 의지력은 필요 없다. 자본주의와 모든 영역에서 타협해야 한다고 여기며 얼어붙을 필요 없다. 그 대신 ‘실제로 실천할 수 있는 시스템을 어떻게 만들까?’라고 질문해보라.

나는 언제나 돈을 숨겨두었다. 돈이 보이면 바로바로 썼기에, 눈에 보이지 않아야 쓰지 않을 터였다. 나는 월급을 받을 때마다 50달러를 저축하는 습관을 들인 후, 그 양을 늘려갔다. 모든 건 점진적으로 이루어진다. 작은 목표를 달성하는 습관을 기를수록, 더 큰 목표를 쉽게 달성할 수가 있다. 사람들은 많은 걸 빠르게 이루려는 경향이 있지만, 그런 건 지속 가능한 방법이 아니다.

천천히 시작하는 게 좋다. “나는 5번 플라스틱을 사용한 제품은 아무것도 안 살 거야. 재활용할 수 없으니까”, “나는 아동노동력을 착취해서 생산하는 제품은 안 살 거야” 등으로 시작하는 게 바람직하다. 여러분에게 맞는 시작점이 무엇이든, 거기서부터 천천히 시작하자. 시간이 지나 익숙해지면 다른 걸 추가하라.

작은 것부터 시작해서 차츰 늘려가자.

자, 숨을 크게 들이쉬고 내뱉어보자. 이 모든 걸 혼자서 다 할 필요가 없다. 미디어가 보도하는 내용을 다 볼 수도 없고, 모든 사람과 의미 있는 대화를 나눌 수도 없을 거고, 옷을 전부 벗어줄 수도 없다. 그저 내가 할 수 있는 일을, 내가 할 수 있는 방법으로, 내가 할 수 있을 때 하면 된다. 파이낸셜 게임 플랜에서도 한 번에 하나의 목표 달성을 했듯이, 인생에도 똑같은 방식을 적용하자. 지속 가능한 일을 하고 할 수 있는 일을 하면 재정 상황도 나아질 것이고, 점점 더 많은 일을 할 수 있게 될 것이다.

전문가의 한마디	**빚 없는 녀석들(존&데이비드)**
	퀴어 머니 팟캐스트 진행자

존: 저희 팟캐스트를 듣는 많은 분이 재정적으로 안정됐을 때 죄책감을 느낀다고 하더라고요. 부자가 되는 건 부도덕하고, 다른 사람을 짓밟아야 한다는 편견 때문입니다. 저희 청취자 중 많은 분은 소규모 자영업을 시작하려 하거나, 이미 시작했지만 수익의 일정 비율을 성소수자 단체에 기부하는 데 집중하다가 사업의 동력을 잃습니다. 기부는 물론 중요합니다. 하지만 더 큰 대의를 위해 계속 공헌하고 싶다면 먼저 사업을 안정시키고 지속 가능하게 만들어야 합니다.

저는 멋진 음악이 나오고, 맛있는 음식이 있고, 끝내주는 사람들과 와인들이 있는 기부금 모금 행사가 어떤 분위기인지 압니다. 저녁 행사에 참여했다가 돈을 기부해달라고 요청받을 때면, 누구라도 손을 들고 싶죠.

예전부터 저희도 이런 단체들에 기부하고 싶었지만, 전부 감당할 순 없었습니다. 사실 사람들에게 보여주기식인 점도 있었어요. 나쁜 뒷말은 듣고 싶지 않았거든요. 그건 진정한 의미에서 성소수자 공동체를 돕는 게 아니었습니다. 당시 저희의 재정 상태에도 무리가 됐고요.

지금은 예전보다 훨씬 상황이 나아졌고, 옳은 일을 위해 계속 기부할 수 있게 됐습니다. 저희는 계획적으로 기부를 하고, 더 이상 스스로를 해치고 있지도 않답니다.

4D로 파이낸셜 페미니즘을 실천하자

나는 일상에서 어떻게 파이낸셜 페미니즘을 실천할 수 있을지 고민하다, 그 방법을 네 가지로 정리해보았다. 나는 이를 토론discussion, 기부donation, 결정decision, 자기계발development의 앞

글자를 따 '4D'라고 이름 붙였다.

토론

앞에서도 이야기했듯이, 우리는 돈에 관해 더 터놓고 이야기해야 한다. 자신의 경제 상황에 관해 말하는 건 평생 겪어온 수치심과 두려움을 극복하는 유일한 방법이자, 다른 사람들과 더 나은 관계를 맺는 방법이기도 하다.

'돈에 관한 이야기는 껄끄럽고 무례하다'라는 내러티브에 도전하자. 사회가 금기시하는 대화 주제를 일상적인 대화 주제로 바꾸자. 이 내러티브는 여성들이 영원히 낮은 급여를 받고, 계속 과로하도록 가부장제가 만들어낸 이야기다. 이 내러티브는 여성을 통제하고, 또 여성의 존재감을 짓누른다. 그래서 우리가 월급과 빚, 투자에 대한 두려움, 미래에 대한 희망과 꿈, 두려움에 관해 이야기할 수 있다면 모든 게 바뀌기 시작할 것이다.

또, 돈에 관해 이야기하면 세상을 더 잘 이해할 수 있다. 다른 사람들의 경험을 통해 인식을 넓히고, 연대감을 느끼며, 나와 다른 사람들의 인생 여정을 살필 수 있는 공간이 마련된다. 나는 용감하게 자신의 경험과 생각을 공유해준 사람들에게 엄청난 감사를 느낀다. 그들이 전해준 다른 관점들 덕분에 내가 세상을 바라보는 관점도 수도 없이 바뀌었다.

그렇다면, 돈을 금기로 삼는 세상에서 그에 관한 대화를 꺼내려면 어떻게 해야 할까? 내 비결은 나의 취약한 면을 먼저 보이는 것이다. 예를 들면, 다음과 같다.

- 돈 하면 가장 먼저 떠오르는 어릴 적 기억은 뭐야?
- 빚 때문에 스트레스를 많이 받는데, 어떻게 해결해야 할까? 넌 비슷한 고민한 적 없니?
- 방금 학자금 대출을 다 갚았어. 한 턱 쏠게, 저녁 먹을래?
- 월급이 너무 적어서 속상해. 너도 그런 적 있어?
- 올해 5000달러를 저축하는 게 목표야. 돈을 절약하는 비법 좀 공유해줄 수 있어?

내 취약점을 드러내면 당연히 다른 사람도 편하게 자신의 취약한 모습을 보여줄 수 있다. 나처럼 직설적인 사람이라면 더 쉬울 수 있다. “난 올해 돈을 더 잘 관리해보려고 해. 나랑 같이 노력해볼 사람 없니?” 모든 사람이 재정 관리의 여정에서 같은 단계에 있지 않아도 괜찮다. 우리는 모두 각자의 속도로 여정을 계속할 것이다.

직구를 날리는 성격이 아니면, 이런 이야기를 시작하기 어려울 수 있다. 그래서 나는 여성들이 편하게 돈 얘기를 할 수 있도록 온라인 공간을 만들었다. 무료 페이스북 그룹과 투자 플랫폼 트레저리가 그것이다. “돈에 대해 공개적으로 이야기할 수 있는 유일한 공간이에요.”, “현실보다 이 커뮤니티의 낯선 사람들에게 더 많은 힘을 얻어요." 실제로는 알지 못해도 정직과 투명성을 바탕으로 서로에게 지지를 보내는 여성만의 커뮤니티를 세웠다는 사실이 정말 멋지다고 생각한다. 몇 년 전, 한 토론 주제를 게시했던 일이 생각난다. "지금까지 내린 가장 큰 재정적 결정은 뭔가요?" 답변은 놀라웠다. 죽음이 멀지 않은 부모님을 간병한 것, 미혼모로서 아기를 키우기로 결정한 것, 자신만의 비즈니스를 시작한 것 등이 있었다. 취약성을 드러낼 때 아름다운 일이 일어난다. 자신에게 도움이 될 뿐만 아니라, 다른 사람에게도 도움이 된다.

기부

여유가 있다면, 내 신념과 통하는 단체에 기부하는 것도 변화를 이루는 중요한 방법이다. 우리가 믿는 대의를 실천하면서, 다양한 전문가를 지원하는 가장 좋은 방법이다.

자선단체 평가 사이트에서 높은 점수를 받은 단체를 찾아보자. 사전 조사가 필요한 이유는 기부금을 투명하게 쓰지 않는 단체도 있고, 기부금이 가능한 한 효율적으로 쓰였으면 하는 바람 때문이다. 개인적으로 몇 개의 자선단체를 골라 지원하는 게 소액을 여러 군데에 기부하는 것보다 낫다고 생각한다. 예를 들면, 나는 여성의 권리에 중점을 두고 있고 세 군데 정도의 단체에 기부하고 있다.

돈을 기부할 사정이 안 되는가? 그렇다면 시간을 기부하라.

한 달에 한 시간만이라도 지역 단체에서 봉사활동을 해보자. 내 부모님은 7년 동안 매주 수요일 저녁 지역 푸드 뱅크에서 자원봉사를 하셨다. 또 지역 극장의 이사회로도 활동하셨고, 또 내가 다녔던 학교에서 봉사활동을 하셨다.

결정

여기서 결정의 진정한 의미는 '내가 어떤 가치를 지지할지 정하라'는 뜻이다. 이 책에서 나는 돈과 정치가 얼마나 밀접하게 연결돼 있는지 보여주었다. 여성은 자신의 존재감을 드러내고, 자신의 권리를 위해 싸우며, 돈과 정치 둘 다에 직접적인 영향력을 행사할 수 있다. 예를 들면, 여성의 선택권에 관한 문제는 정치적 문제일 뿐만 아니라 근본적으로는 돈의 문제다. 양육비를 댈 수 없는 상황인데 원치 않는 아이를 낳기를 사회가 강요한다면? 미혼모는 경제적으로 더 쪼들리고 삶의 여유를 박탈당할 것이다.

결정에는 유권자가 되는 것도 물론 포함된다. 전국 규모의 선거뿐만 아니라 지방 선거에서도 의식 있는 유권자가 되어야 한다. 지역사회에 더 심도 있게 공부하고 많이 참여해야 한다. 요구하는 것이 있다면, 시위에 참여하거나 청원을 넣자. 새로 제정된 법에 화가 났을 때나 지지를 표명할 때, 국회의원이나 지방 의회 의원에게 전화하거나 이메일을 보내자. 양질의 정보를 모으고 올바른 결정을 하는 것도 중요하지만, 그 뒤에는 행동이 뒤따라야 한다. 여기서 행동이란 틱톡이나 인스타그램 게시물을 올리는 게 아니다.

결정이란 ESG 펀드에 투자하거나 신용 조합에 돈을 넣거나, 소비를 통해 내 소신을 보여주는 것이기도 한다. 전통적인 의미의 정치와 행동주의를 넘어, '소비를 통해 나의 소신을 보여주는 것'은 변화를 위해 영향력을 행사하는 가장 강력한 방법이다. 여성들은 소비를 통해 선호하는 기업을 지원하고 대의를 지지할 수 있다. 탄야 헤스터가 언급한 것처럼, 유색인종이나 성소수자, 여성, 또는 동네 이웃 부부가 경영하는 가게에서 돈을 쓰는 행위들은 정말 좋은 영향력을 미친다. 매주 열리는 주말 장에서 과일과 채소를 사고, 빈티지 의류나 중고 의류를 구매하며(이는 지역 경제뿐만 아니라 환경에도 도움이 된다), 스타벅스 대신 동네 커피숍에서 커피를 마심으로써 소신을 표명할 수 있다.

소규모 사업을 운영하는 사람으로서, 내 일을 응원해주는 사람이 있다는 건 정말 의미 깊은 일이다. 나는 여전히 페이팔로 들어오는 거래 내용을 보며, 〈허 퍼스트 $100K〉의 대의를 지지하는 분들의 이름을 살핀다.

파이낸셜 게임 플랜에서 한 번에 하나씩 목표를 달성해나갔던 것처럼, 인생에서도 똑같이 해나가자. 모든 걸 동네 가게에서 사다가는 예산이 초과될 수도 있으므로 나에게 맞는 균형을 찾아보자. 자신이 중점을 맞추고 싶은 부분이 뭔지 결정하라. 예를 들어, 지속 가능한 패션이 중요하다면, '패스트 패션 브랜드 매장에선 쇼핑하지 말자'라고 스스로와 약속해볼 수 있을 것이다. 그러다가 재정 상황이 나아지면 지속 가능한 가게나 윤리적인 상점에서만 물건을 사는 등 더 많은 변화를 줄 수 있다.

자기계발

새로운 걸 배우는 걸 꺼리는 사람을 만난 적 있는가? 상대방이 잘 모르는 주제를 정중하게 알려주거나 방금 한 말이 불쾌했다고 말할 때 비웃는 사람이 있는가? 여러분의 할아버지나 친구가 그런 사람일지도 모른다. 그런 태도는 정말로 최악이다!

여러분이 호기심과 탐구심을 가지고, 세상이 어떻게 돌아가는지 곰곰이 생각하는 사람이 되길 바란다. 이 책을 읽었다고 자동으로 파이낸셜 페미니스트가 되는 건 아니다. 책장을 덮은 뒤에도, 더 적극적으로 배우려는 태도를 보여야 할 뿐만 아니라 평생에 걸쳐 배워야 한다. 지속 가능한 방법으로, 장기적으로 노력해야 하며, 안전지대를 벗어나야 한다. 여성이 자신의 재정적 기반을 튼튼하게 만들고, 주변 세상을 더 의미 있게 바꾸려 한다면, 평생 배우고 성장하려고 노력하고 실천해야 한다.

돈의 중요성을 깨닫고, 체제의 억압과 세상 돌아가는 이치를 배우는 건 우리 여성들이 평생 노력을 기울여야 하는 일이다. 인종 간 부의 격차에 관한 최신 연구를 분석하든, TED 강연을 보든, 북클럽을 만들든, 배우고 정보를 얻으며 계속해서 도전하는 방법을 찾아가자.

파이낸셜 페미니즘을 라이프 스타일로 실천하려면 자신의 취약성을 받아들이고, 일관적인 노력을 쏟아부어야 하며, 스스로에게 좀 더 너그러워져야 한다. 이러한 움직임은 개인적인 차원을 벗어나야 한다. 더 나은 경제적 상황을 누리려 노력할 때, 나 자신과 다른 사람을 위해 봉사할 때, 우리는 사회의 방정식을 조금씩 바꾸기 시작하는 것이다. 불편한 상황을 기꺼이 직면하기로 마음먹을 때, 돈은 우리가 원하는 삶을 살기 위한 도구이자 세상을 빚어나가는 도구가 된다. 상황이 좋든 나쁘든 중요하지 않다. 나 자신을 돌보는 데에 진심으로 전념한다면, 누구나 얼마든지 최고의 삶을 살 수 있다.

1. 돈과의 데이트

구글 캘린더를 켜거나 다이어리를 펴서 돈과 데이트할 날짜를 잡자.

그날이 되면, 각 단계에 필요한 것을 준비하자.

1단계. 지출을 살펴보자.

신용카드와 체크카드 명세서를 받자. 소비 일기를 쓰거나 다른 방법으로 지출을 추적하고 있다면, 해당 자료를 참고하자.

2단계. 목표를 설정하거나 확인하자.

이전에 세워둔 목표를 찾고, 진행 상황을 체크하자. 모든 계정의 명세서(당좌예금, 저축, 부채, 투자 등)를 챙긴다.

3단계. 목표 달성을 위해 새로운 계획을 세우자.

어떤 종류의 시스템을 세워야 하는가? 최적화가 필요한 부분은 없는가? 필요한 것이 무엇인지 조사해보자.

2. 토론, 기부, 결정 및 자기계발

토론: 이번 주에 친구, 동료, 가족과 돈에 관해 솔직하게 대화해보자.

기부: 여건이 된다면, 내 신념을 지지하는 자선단체를 선택해 매월 기부금을 내보자.

결정: 어떤 가치를 지지할지, 재정이 그걸 어떻게 뒷받침할 수 있을지 살펴보자.

자기계발: 매주 TED나 유튜브 강연을 보거나 북클럽을 시작해 최신 정보를 얻자.

우리 함께
더 긴 식탁을 만들자

이 책을 여기까지 다 읽었다면, 테이블을 만드는 데 필요한 못과 망치를 얻은 셈이다. 이제 그걸 이용해 튼튼한 다리에 평평한 상판을 덧댄 멋진 식탁을 만들어보자. 식탁에는 활짝 핀 꽃이 장식되어 있고, 반짝이는 은식기가 놓였으며, 그릇에는 쉴 새 없이 치킨이 채워질 것이다.

그 식탁은 풍요와 연대를 상징하는 장소다. 시간이 지나고 다들 배가 차게 되면, 판자를 덧대 식탁을 더 길게 만들고 좌석을 하나둘 추가하면 좋겠다. 그렇게 또 다른 사람들을 초대해 우리가 누리는 풍요와 기쁨, 편안함을 함께 나누자. 나아가, 다른 사람들이 쌓아놓은 울타리를 허물게 된다면 더욱 기쁠 것이다.

자신의 힘으로 만든 멋진 식탁에 기꺼이 자리를 내어 나를 초대해준 여러분에게 감사하다. 빨리 식탁에 올라 함께 음식을 먹으며 이야기를 더 나누고 싶다.

옮긴이 조율리

한국외국어대학교에서 국제통상학·스페인어를 전공하고 동 대학 통번역대학원을 거쳐 독일 하이델베르크대학교 석사과정을 졸업했으며 코칭, 자기 계발, 심리 관련 과정을 다수 수료했다. 글로하나 출판번역 에이전시에서 영어, 스페인어, 독일어 번역가로 활발하게 활동하고 있다.
역서로 『조셉 머피 부의 초월자』, 『조셉 머피 잠재의식의 힘』, 『조셉 머피 성공의 연금술』, 『조셉 머피 끌어당김의 기적』, 『불안을 이기는 철학』, 『스토아 수업』, 『브레이브』, 『돈의 감정』 등이 있다.

파이낸셜 페미니스트

초판 1쇄 인쇄 2023년 9월 11일
초판 1쇄 발행 2023년 9월 15일

지은이 토리 던랩
옮긴이 조율리

편집 김대한
디자인 studio forb
마케팅 ㈜에쿼티
제작 ㈜공간코퍼레이션

펴낸이 윤성훈 **펴낸곳** 클레이하우스㈜
출판등록 2021년 2월 2일 제2021-000015호
주소 경기도 파주시 회동길 530-20, 402호
전화 070-4285-4925 **팩스** 070-7966-4925 **이메일** clayhouse@clayhouse.kr

ISBN 979-11-93235-04-1 (03190)

클레이하우스㈜가 더 나은 책을 펴낼 수 있도록 의견을 남겨주시거나 오타를 신고해주세요.
QR코드에 접속해 독자 설문에 참여해주신 분께 추첨을 통해 선물을 드리겠습니다.